터닝포인트

터닝포인트

WHAT MADE ME WHO I AM

버니 스웨인 지음 | 김은지 옮김

StarRich
Books

터닝포인트

초판 인쇄 2020년 6월 17일
초판 발행 2020년 6월 22일

지은이 버니 스웨인
옮긴이 김은지
펴낸이 이혜숙
펴낸곳 (주)스타리치북스

출판 감수 이은희
출판 책임 권대홍
출판 진행 황유리
본문 편집 이은정
본문 교정 송경희
표지 디자인 권대홍
본문 디자인 스타리치북스 디자인팀

등록 2013년 6월 12일 제2013-000172호
주소 서울시 강남구 강남대로62길 3 한진빌딩 2~8층
전화 02-6969-8955

스타리치북스 페이스북 www.facebook.com/starrichbooks
스타리치북스 블로그 blog.naver.com/books_han
스타리치몰 www.starrichmall.co.kr
홈페이지 www.starrichbooks.co.kr
글로벌기업가정신협회 www.epsa.or.kr

값 16,000원
ISBN 979-11-85982-68-7 13190

내 아내이자 내 삶의 전환점이며 내 인생의 사랑인 폴라와

태어난 순간부터 나에게 영감을 불러일으킨

아이들 티머시, 마이클, 그리고 켈리에게.

CONTENT

터무니없는 아이디어

많은 것을 이루고 진정한 성공을 거둔 사람들의 삶을 들여다보면, 대개는 인생을 바꾼 전환점을 찾을 수 있다. 그것이 어떤 인물일 수도 있고 특정 시기일 수도 있으며 예상하지 못한 사건일 수도 있다. 또는 타인의 기대처럼 손에 잡히지 않는 것일 수도 있고 깜짝 놀랄 만큼 뜻밖의 일일 수도 있다. 그러나 성공과 업적은 어디선가 갑자기 튀어나오지 않는다. 오랫동안 깊은 영향력을 미치는 삶의 경험에서 비롯된다.

이렇듯 성공과 업적을 모두 달성한 사람들에게 인생의 전환점에 대해 물어본 다음 돌아오는 답에 귀 기울인다면, 훌륭한 깨달음과 영감을 얻을 수 있는 일화를 듣게 될 것이다. 우리 모두에게 한 줄기 빛이 되어 줄 그런 일화를 말이다.

이러한 교훈을 나는 25년이라는 세월 동안 워싱턴 스피커스 뷰로 Washington Speakers Bureau를 설립하고 일구면서 배웠다. 워싱턴 스피커스 뷰로는 네 명의 미국 전 대통령 중 세 명, 지난 네 명의 영국 총리, 다섯 명의 전 국무장관, 셀 수 없이 많은 정부 및 군 지도자, 언론인, 작가, 스포츠계의 전설 등 세계적으로 유명한 지도자들을 대표하는 에이전시로 성장했다. 에이전트로 일하면서 나는 고객들과 많은 시간을 보내며 경험을 쌓을 수 있었다. 대화를 하다 보면 에이전시의 고객들은 종종 인생에서 겪은 강력한 영향력과 결정적 순간들에 대해 이야기하고는 했다. 강연을 하거나 청중 앞에 나설 때는 자신들이 겪은 삶의 전환점을 언급하는 경우가 거의 없었지만, 그런 일화들은 내가 살아온 삶을 다시 한번 돌아보고 반성할 수 있는 계기가 되었다.

《뿌리》의 저자이자, 영광스럽게도 우리가 대표해 온 연사들 가운데서도 가장 흡입력 있는 사람 중 한 명인 앨릭스 헤일리Alex Haley에게 모든 공을 돌리고 싶다. 연사들의 일화를 한데 모아 책으로 엮는 것도 그의 아이디어였다. 덕분에 바로 이 책이 탄생하게 되었다. 1980년대 말 어느 날, 앨릭스가 연락도 없이 사무실에 찾아온 적이 있다. 그다운 행동이었다. 미국에서 가장 유명한 작가 중 한 명으로 절정의 인기를 누리고 있던 그였지만, 불쑥 사무실로 걸어 들어와 몇 시간이고 대화하며 일화를 들려주었다.

그날, 앨릭스는 평소에 자주 하던 말을 반복했다. "나이 든 사람의 죽음은 서재에 불이 나는 것이나 마찬가지예요." 나는 이 함축적인 한 마디를 오랫동안 뇌리에서 지울 수 없었다. 며칠이 지나고 또 몇 달이 지나면서 나는 그가 하려던 말이 무엇인지를 이해하기 시작했다. 모든 이의 삶, 이 책에 담겨 있는 삶뿐 아니라 크게 주목받지 못하는 수많은 사람들의 삶에도 본받을 만한 경험이 매우 많다는 사실을 말이다. 한 사람 한 사람의 인생은 지혜와 지식으로 가득한 저장고이자 서까래까지 책이 쌓여 있는 서재나 마찬가지이다.

내가 이 책을 쓴 이유는 크게 두 가지이다. 수년간 나에게 영감을 불어넣어 주고 삶에 대한 교훈을 일깨워 준 일화들을 여러분과 나누고 싶어서이다. 인생에서 만난 강력한 영향력과 결정적 순간을 길잡이 삼아 온 흥미롭고 다방면에 관심이 많은 친구들의 일화를 말이다. 그리고 그들의 일화를 통해 여러분이 자기 삶의 모습을 더 잘 이해하고, 나아가 그러한 과정에서 삶의 전환점이 얼마나 중요한지를 깨닫도록 하기 위해서이다.

이 책에 등장하는 많은 이름이 이미 익숙할 것이다. 그들에 관한 글을 읽었거나 기자회견장, 뉴스 프로그램 또는 경기장에서 본 적이 있을지도 모르겠다. 어떤 업적을 이루었는지, 또 무엇 때문에 명성을 얻게 되었는지도 잘 알고 있을 것이다. CNN과 위키피디아를 통하면 모두 알 수 있다. 그러나 그들이 내게 해 주었던, 이 책을 통해 내가 여러분과 공유하려는 일화는 그보다 개인적이고 유의미하다. 그것은 바로 우리 자신의 모습을 만드는 것들에 관한 이야기이다.

전 세계를 누비는 순회강연을 맨 첫 줄에 앉아 들을 수 있었던 덕에 나는 통찰력과 영감으로 가득한 인생을 살게 되었다. 사실 그 시작과 전개 과정도 이 책에 등장하는 일화들과 비슷한 점이 많다. 조지워싱턴 대학의 체육부 감독 임명을 단 몇 달 앞두고 있던 30대 초반, 아내 폴라Paula와 나는 친구의 농담 반 진담 반인 쪽지에 자극받아, 하던 일을 그만두고 터무니없는 아이디어에 우리 가족의 미래를 걸었다. 해리 로즈

Harry Rhoads는 우리에게 〈순회강연에서 가장 중요한 것은 연설〉이라는 제목의 《포춘》지 기사를 보내왔다. 당시 전 세계에서 가장 큰 규모를 자랑하는 강연 에이전시였던 뉴욕의 해리 워커 에이전시Harry Walker Agency에 관한 내용이었다. 경쟁사 대신에 해리 워커 에이전시와 계약해야 하는 이유를 묻는 헨리 키신저Henry Kissinger의 질문에 해리 워커는 이렇게 대답했다. "우리는 경쟁 상대가 없습니다."

친구 해리는 기사에 이런 메모를 남겼다. '경쟁사가 없다?' 폴라는 해리의 쪽지를 초청장이자 도전 과제로 받아들였다. 나는 그녀의 말이 농담이라고 여겼다. 몇 주 후, 우리를 비롯한 모든 이의 삶에는 예측할 수 없고 말도 안 되는 엄청난 모험이 필요하다는, 간결하지만 열정 넘치는 폴라의 주장에 나는 두 손 두 발을 다 들고 말았다. 경험도 없고 그럴싸한 계획도 없이 한 살 난 아이를 등에 업은 채로 우리는 다니던 직장을 그만두고 그동안의 경력에 작별을 고했다. 그러고는 해리와 함께 강연 에이전시를 차렸다.

첫 사무실은 말 그대로 벽장이었다. 나중에 미국 국방장관을 지낸 척 헤이글Chuck Hagel과 그의 사업 파트너이자 우리의 친구인 빌 콜린스Bill Collins의 비품 창고가 우리의 사무실이었다. 우리 세 사람은 자그마한 책상 두 개와 전화기 두 대를 함께 썼다. 척과 빌 밑에서 일하던 직원들은 사무용품이 필요할 때마다 창고이자 우리 사무실로 걸어 들어왔다. 사무실 밖으로 나가거나 심지어 화장실을 가려면 척의 회의가 끝날 때까지 종종 기다려야 했다.

몇 달 동안 우리는 창고에 앉아 누군가 전화를 걸어오길 기다렸다.

그러나 아무도 없었다. 알고 보니 '경쟁 상대가 없다'던 해리 워커의 주장은 다른 에이전시와의 차별화를 노린 전략적 자랑이었다. 동부 지역에서 온갖 유명인을 대표하는 강연 에이전시가 열 곳도 넘었다. 우리는 이 사실을 전혀 알지 못했다. 1980년에는 잘못된 결정으로부터 우리를 구원해 줄 인터넷이 없었으니 말이다.

나는 밤늦게까지 창고에 앉아 눈을 감고 고개를 흔들며 스스로에게 묻곤 했다. '도대체 우리가 무슨 짓을 한 거지?'

1년이 지난 후에도 달라진 것은 거의 없었다. 여전히 해리 워커와 다른 대형 에이전시들이 업계를 장악하고 있었다. 유명한 연사 대부분이 이런 에이전시와 서면계약을 맺은 상태였다. 우리는 여전히 창고를 사무실로 썼고 소속 연사는 단 한 명도 없었다. 달라진 점은 딱 하나였다. 필요한 물건과 월세, 주소록, 브로슈어, 딱히 효과도 없는 홍보 우편물 발송에 우리가 모아 둔 돈을 다 쓰느라 빈털터리 신세가 되었다는 것.

그런데 우리가 창고 문을 아예 닫으려던 그때, ABC 방송국의 아침 프로그램인 〈굿모닝 아메리카〉의 진행자 스티브 벨Steve Bell과 첫 전속 연사 계약을 맺게 되었다. 몇 해 전 그가 기사를 쓰는 데 필요하다기에 조지워싱턴 대학 수영장에 들어갈 수 있도록 도와준 적이 있는데, 기존 에이전시를 떠나면서 옛 인연을 기억해 준 것이다. 그의 전화를 받고 우리는 뛸 듯이 기뻤다. 조금도 기다릴 수 없었기에 서류도 건너뛰고 간단한 악수로 계약을 마무리 지었다. 악수를 나눈 후에 나는 이렇게 해명했다. "만약 누군가 우리 회사에 만족하지 못한다면, 서명이 담긴

종이 한 장으로 붙잡는다고 무슨 의미가 있겠어요?"

이 의문스러운 악수는 문을 연 지 얼마 안 된 신생 회사의 '결정적 순간' 전략으로 자리 잡았다. 뉴스에 민감한 좁은 워싱턴 안에서 소문이 빠르게 퍼져 나갔다. 놀랍게도 여러 명의 연사들이, 언제든지 우리를 버릴 수 있다는 사실을 잘 알고 있었기에, 우리에게 흔쾌히 기회를 주었다. 그들 중 대부분은 휴 사이디Hugh Sidey, 칼 로언Carl Rowan, 로버트 노백Robert Novak, 마크 실즈Mark Shields 등 워싱턴에서 활동하는 언론인이었다. 그리고 우리는 언제든지 그들을 잃을 수도 있다는 사실을 잘 알고 있었기에 고객을 만족시키기 위해 최선을 다했다.

그 후 7년 동안 우리는 수많은 스타트업의 성공 전략을 따랐다. 매일같이 새벽에 출근했고 밤늦게까지 사무실을 지켰다. 세세한 부분에까지 집착했으며 실수를 교훈 삼아 배웠다. 휴가도 반납했다. 일주일에 7일 근무가 일상이었다. 의욕이 넘쳤으며 늘 생각하고 계획하고 다시 생각했다. 그리고 무엇보다도 네트워킹에 열중했고 관계를 쌓는 데 심혈을 기울였다.

고맙게도 우리의 노력이 빛을 보기 시작했다. 에이전시를 차별화하는 기준인 소속 연사 목록이 피터 제닝스Peter Jennings, 아트 버크월드Art Buchwald, 찰스 쿠럴트Charles Kuralt, 데이비드 브링클리David Brinkley, 조지 윌George Will, 루 홀츠, 짐 발바노Jim Valvano, 테리 브래드쇼 등이 이름을 올리며 점점 더 화려해졌다. 마침내 새로운 사무실로 이사했고, 예정일보다 석 달이나 일찍 900그램의 몸무게로 태어난 딸아이의 출생에 딱 맞춰 건강보험에도 가입했다. 또 향후 10년 동안 훌륭하게 성장할 능력 있는 직원들을 뽑고 에이전트를 모아 팀을 꾸렸다. 처음으로, 연사를 섭외하고 행사를 따내는 우리의 능력을 경쟁 회사와 자신 있게 비교할 수 있게 되었다. 해리 워커 측에서 우리에게 관심을 가졌는지는 알 수 없지만, 회사의 토대를 다졌던 7년이라는 생산적인 시간 동안 업계 내 우리의 명성과 소속 연사 목록은 더욱 탄탄해졌다.

1988년, 백악관에서 보낸 초청장과 함께 중대한 전환점이 우리를 찾아왔다. 대통령직 퇴임을 몇 달 앞둔 로널드 레이건Ronald Reagan은 강연 일정을 잡고 조율할 에이전시를 찾고 있었다. 그리고 우리가 면접 연락을 받은 것이다.

우리 외에도 정치인을 전문으로 담당하는 동부 지역의 대형 회사들과 레이건이 배우 시절에 알고 지낸 할리우드의 에이전시 등 수십 곳의 에이전시가 후보로 선정되었다. 먼저 보좌관들이 1차 면접을 진행했는데, 이를 통과한 에이전시만 후보로 남는다는 점 외에 우리는 아무것도 모르는 상태였다. 워싱턴에서 일어나는 다른 일들과는 달리 백악관 측의 생각을 대략이라도 읽을 수 있는 소문이 전무했다. 확실한 점은 대통령과 영부인이 마지막까지 후보로 남은 에이전시 두 곳을 보좌관들에게서 보고받은 다음 최종 결정을 한다는 것뿐이었다.

워싱턴, 나아가 워싱턴 밖의 그 누구도 로널드 레이건을 대표하는 에이전시로 우리가 선택되리라고 생각하지 못했을 것이다. 그러나 우리는 긍정적이었다. 오랜 시간에 걸쳐 자신의 손으로 무언가를 만들다 보면 자신감을 얻기 마련이다. 힘든 초반을 잘 견딘 후에 찾아오는 어려움을 극복하면서 생기는 자신감 말이다. 우리 역시 자신이 있었다.

하지만 두 달 동안이나 아무런 연락이 없자 긍정적이던 우리의 태도도 흔들리기 시작했다. 정말 단 한마디도 없었다. 그러던 어느 날, 사무실에 있는데 전화벨이 울리더니 비서가 이렇게 말했다. "프레드 라이언 Fred Ryan 전화입니다." 당시 레이건의 수석 보좌관이던 프레드는 지금은 《워싱턴포스트》의 출판인이다. 나는 숨을 죽인 채 수화기를 들고 나쁜 소식을 기다렸다. 프레드는 바로 본론으로 들어갔다. "버니, 대통령님과 레이건 여사님이 당신의 에이전시를 선택했어요." 너무나 간단하면서도 숨이 턱 막히는 한마디였다. 나는 흥분했거나 아마추어로 여기지 않도록 애쓰며 감사의 인사를 한 다음 최선을 다하겠다고 약속하고 수화기를 내려놓았다.

우리를 선택한 결정이 어쩌면 실수일지도 모른다는 의심과 걱정 때문에 어떻게 된 일인지 일부러 묻지 않았다. 하지만 어느 날 사무실에서 나도 모르게 프레드 라이언에게 왜 우리를 선택했는지 물었다. 그가 대답했다. "사실 이곳은 2순위였어요. 해리 워커 쪽이 1순위였죠." 순간 시간이 멈춘 것 같았다. 이어지는 그의 말이 겨우 귀에 들어왔다. "그런데 대통령님이 직접 당신을 선택했어요. 당신과 폴라, 그리고 해리가 새로운 회사를 시작했다는 점을 마음에 들어 했고 기회를 주고 싶어 하셨어요."

그날 나는 사무실에 앉아 대통령이 아직 걸음마 단계인 신생 회사와 경험이 부족한 소수의 우리를 믿고 자신의 업적과 명성을 맡기다니 정말 놀라운 일이라고 생각했다. 그러나 몇 해가 지나면서 나는 왜 대통령이 그러한 선택을 했는지 이해하게 되었다. 레이건은 마음만은 여전히 기업가정신과 보통 사람을 지지하는 시골 청년이었다. 이 책에 일화가 실린 사람들과 마찬가지로 그 역시 인생의 기본 토대가 되어 준 강력한 영향력과 결정적 순간들을 길잡이로 삼고 충실하게 따랐다.

대통령의 결정과 함께 우리의 삶은 상상조차 할 수 없는 방향으로 바뀌었다. 21개월 후, 레이건 대통령의 추천을 받은 마거릿 대처Margaret Thatcher가 미팅도 건너뛰고 바로 우리에게 에이전시가 되어 달라고 요청했다. 다음으로 걸프전쟁이 끝날 무렵 노먼 슈워츠코프Norman Schwarzkopf 장군이 벙커에서 전화를 걸어왔다. 시간이 지나면서 조지 H. W. 부시 George H. W. Bush, 콜린 파월, 매들린 올브라이트, 토니 블레어, 콘돌리자 라이스, 루디 줄리아니, 로버트 게이츠 등 셀 수 없이 많은 사람이 우리의 고객이 되었다. 머지않아 우리가 보유한 고객 목록은 마크 트웨인 Mark Twain, 랠프 월도 에머슨Ralph Waldo Emerson, 수전 B. 앤서니Susan B. Anthony, 프레더릭 더글러스Frederick Douglass 등 남북전쟁 이후의 유명 인사들을 대표했던 최초의 에이전시 레드패스 뷰로Redpath Bureau 다음으로 역사상 가장 인상 깊다는 평가를 받았다.

만약 당신이 20대의 나에게 나중에 내가 대통령과 총리를 비롯해 여러 분야의 훌륭한 위인들의 삶에서 작게나마 일부가 될 것이라고 말했다면, 나는 당신이 제정신이 아니라고 생각했을 것이다. 하지만 그런 일이 실제로 일어났다. 저명한 개개인들을 고객으로 맞았을 뿐 아니라 그들과 개인적인 관계를 형성하게 되었고, 시간이 지나면서 그들의 신뢰와 우정을 얻게 되었다. 바로 이 점이 우리 에이전시의 성공 비결이다. 이 책을 통해 친구들과의 대화에서 내가 무엇을 배웠는지를 여러분과 나누고자 한다. 강력한 영향력과 결정적 순간들 그리고 우리 삶의 전환점이 우리 자신을 바꾸는 것은 아니다. 다만 더욱 강하고 현명한 사람으로 거듭나도록 하며 인성을 다듬고 목적을 달성하는 데 많은 도움을 준다.

이 책을 통해 나는 여러 스토리텔러의 여정을 다시 한번 되돌아볼 것이다. 저마다 자신이 속한 세대를 정의한 이들이다. 바로 이 책에서 그들의 정체성이 결정된 순간을 만날 수 있다. 밥 우드워드는 청소부로 일하면서 탐사보도를 향한 열정을 발견했다. 콘돌리자 라이스가 선택한 삶의 길은 100년도 전에 그녀의 할아버지가 내린, 논쟁의 여지가 다분한 결정에서 비롯되었다. 영국 총리가 되기까지 토니 블레어가 걸었던 길은 하마터면 믹 재거Mick Jagger 때문에 무용지물이 될 뻔했다. 로버트 라이시는 어린 시절에 친구의 죽음을 겪으며 세상을 바꾸는 데 평생을 바치겠다고 결심했다.

이렇듯 시작은 겸허하고 소박했던 특별한 사람들의 일화가 여러분을 깜짝 놀라게 만들 것이다. 깊은 감동과 여운을 남기는 일화도 있을 것이다. 나는 이 책에 실린 일화에서 여러분이 자신의 모습을 발견하고 나아가 각자의 인생에 존재하는 전환점을 제대로 바라보며 깨달음에 이르는 영감을 얻기를 진심으로 바란다. 내가 그랬던 것처럼 말이다.

01

매들린 올브라이트

Madeleine Albright

매들린 올브라이트가 미국 최초의 여성 국무장관으로 임명되기 전만 해도 여성은 아랍 국가들과 협상하지 못할 것이라고 생각하는 이들이 많았다. 하지만 미국 남성들과 일하는 것이 더 힘들었다는 이야기를 언젠가 매들린에게 들은 적이 있다. 워싱턴 D.C.에서 활동한 지 꽤 되었는데도 여전히 관련 업계의 남성들은 그녀를 아내의 친구 혹은 만찬장에서 옆자리에 앉았던 사람 정도로만 알고 있었다. 몇몇 남성들은 아이들을 같이 등하교시키는 학부모였던 그녀를 국무장관으로 받아들이는 데 애를 먹었다고 그녀는 기억했다.

지난 몇 년 동안 매들린이 들려준 그녀 인생의 결정적 순간들과 영향력은 내 예상과는 달리 모두 부모와 자식 간의 관계와 그로 인한 정체성 확립이라는 주제를 바탕으로 하고 있었다. 그녀가 살아온 이야기를 들으면서 나는 여러 번 내 머릿속에 떠올랐던 생각이 옳다는 것을 재확인할 수 있었다. 바로 대부분의 사람들이 어엿한 어른으로 성장하지만, 여전히 마음속에는 부모님을 기쁘게 해 주고 싶다는 강력한 욕구가 남아 있다는 점이다.

─────────

1937년, 나는 건국된 지 채 20년도 안 된 체코슬로바키아 프라하에서 태어났다. 당시 나의 아버지 요세프는 유고슬라비아 베오그라드에 파견된 젊은 공보담당관이었다. 사업가 가문 출신이었지만 정중함과 협동심을 타고났던 아버지는 외교관을 꿈꿨다. 1348년 설립된 프라하 카렐 대학에서 공부를 마친 후 파리로 건너가 소르본 대학을 다녔다. 열정 넘치는 체코슬로바키아 애국자였던 아버지는 비범한 인물이었으며 내 삶에 큰 영향력을 미친 가장 중요한 사람이었다. 불안정하고 때때로 혼란스러웠던 어린 시절을 잘 겪어 낼 수 있었던 것은 모두 명민하고 공정했던 아버지의 성정 덕분이었고, 이는 내가 살면서 본받고자 하는 목표로 자리 잡았다.

내가 막 걸음마를 시작한 1938년 9월 독일과 프랑스, 영국, 이탈리아가 뮌헨협정에 서명했다. 협정에 따라 독일은 대부분 독어를 쓰던 체코슬로바키아 북부를 합병할 수 있게 되었는데, 이는 아돌프 히틀러 Adolf Hitler를 달래기 위한 유화정책으로 간주되었다. 얼마 지나지 않아 유고슬라비아에 있던 아버지가 본국 귀환 통보를 받고 돌아왔다. 나중에야 안 사실이지만, 어머니 안나가 간접적 원인 제공자였다. 어머니는 총명하고 쾌활한 여성이었다. 매력이 넘치고 함께 있으면 즐거웠지만, 자기 생각을 거침없이 말하는 매우 직설적인 사람이기도 했다. 어머니는 뮌헨협정을 두고 협상하는 회의에 체코슬로바키아가 참석하지 않은 데다 합병 결정을 반발 없이 받아들였다는 사실에 분노했다. 어느 만찬 자리에서 어머니는 "맞서 싸우지 않은 군인과 결혼하느니 차라리 거리 청소부를 택하겠다"라고 공표했다. 그녀의 경솔한 언행은 당시 독일의 영향 아래 있던 체코슬로바키아 정부에 보고되었다. 그리고 얼마 안 되어서 아버지가 본국으로 돌아왔다.

1939년 3월 우리가 살고 있던 프라하 시내로 나치가 진군해 들어왔다. 체코슬로바키아 망명정부가 런던에 세워졌고 우리 가족은 아버지가 정부 일을 할 수 있도록 영국으로 건너갔다. 아버지는 체코슬로바키아로 송출되는 BBC 라디오방송에 출연하는 등 독일의 선전에 대응하는 데 중요한 역할을 했다. 라디오에서 흘러나오는 아버지의 목소리를 들으며 그의 지성과 열정에 감동했던 기억이 아직도 생생하다. 아버지를 영웅으로 생각했다고 해도 과언이 아니다.

내 어린 시절은 유럽 내 팽팽한 긴장감과 그 후 벌어진 전쟁에 많은 영향을 받았다. 영국의 시골 마을로 옮겨 가기 전까지 우리 가족은 온 사방으로 폭탄이 떨어지는 런던 대공습 현장의 한복판에 있었고 나는 많은 시간을 지하 방공호에서 보냈다. 심각했던 당시 상황에서 부모님은 민주주의와 도덕, 인권의 가치를 매우 소중하게 여겼다. 시골 마을로 이주한 후 아버지는 매일같이 나를 학교까지 걸어서 바래다준 다음 런던으로 향하는 기차에 몸을 실었다. 등굣길에 아버지는 학교뿐 아니라 인생에서 최선을 다하며 늘 다른 사람을 존중하라고 말했다.

전쟁이 끝나자 우리는 다시 프라하로 돌아갔고, 아버지는 유고슬라비아 대사로 임명되었다. 그 무렵 나는 처음으로 안정적인 유년 시절을 경험했다. 요리사와 가정부, 운전기사까지 제공되는 대사관에서의 삶은 무척이나 안락했다. 베오그라드에서 생활한 지 3년이 되던 해 아버지는 유엔 주재 체코슬로바키아 대사로 임명되어 카슈미르 지역을 둘러싼 인도와 파키스탄의 분쟁을 중재하는 역할을 맡게 되었다.

그러나 곧이어 체코슬로바키아가 공산주의자의 손에 넘어가게 되었다. 공산주의 정부에 힘을 보탤 의사가 전혀 없었던 아버지는 미국행을 결심했고, 아버지와 우리 가족의 정치망명 요청이 받아들여졌다. 당시 록펠러재단에서는 미국으로 건너온 정치적 망명자들이 각자의 재능을 살린 직업을 찾을 수 있도록 도와주었다. 아버지의 첫사랑은 외교 분야였지만, 상황이 여의치 않았다. 결국 아버지는 재단의 도움을 받아 덴버 대학에서 국제관계론을 가르치게 되었다.

아버지는 박학다식하고 진중한 사람이었지만, 전혀 다른 매력을 갖고 있기도 했다. 노래와 피아노 연주를 즐겼으며 나와 여동생, 그리고 남동생과 놀아 주며 시간을 보내는 것을 좋아했다. 저녁마다 가족 모두가 식탁에 둘러앉아 식사할 때면 대화 주제가 자연스레 외교 분야로 흘러갔다. 우리 가족은 이곳저곳으로 옮겨 다녀야 했지만 부모님은 우리가 평범하게 자랄 수 있도록 늘 한결같은 모습을 보여 주었다.

미국으로 건너간 후 우리 가족은 대학에서 제공하는 교수 주택에서 지냈는데, 대사 관저에 비하면 한참 열악했다. 작고 비좁은 집에서 나와 동생들은 1층에 있는 침실을 썼다. 부모님은 지하실에서 잠을 자야 했는데, 아버지는 그곳에 임시 서재를 만들었다. 하지만 문제가 하나 있었다. 지하실이 물에 잠기기 일쑤였던 것이다. 아버지는 책상 밑에 벽돌을 놓고 그 위에 발을 올린 채 일하고는 했다. 우리 모두 웃어넘기기는 했지만, 한 국가의 대사까지 지냈던 사람의 생활과는 확실히 거리가 멀었다. 녹록지 않은 여건에도 부모님은 다시 한번 침착하고 우아하게 대처했으니, 그저 묵묵히 하루하루를 보낼 뿐이었다. 그런 부모님을 보면서 나는 매우 중요한 교훈을 배웠다.

물론 때때로 아버지가 살짝 부끄러웠던 적도 있었다. 미국에 자리를 잡은 이후에도 아버지는 여전히 여러 방면에서 구세계 유럽인의 모습을 잃지 않았다. 동시에 새로운 환경에 적응하려고 노력하기도 했다. 아버지는 콜로라도주의 특색에 맞춰 낚시를 시작했다. 코트에 넥타이를 맨 채로 말이다. 아버지는 맞춤 정장과 잘 빗어 넘긴 머리, 금속 테 안경에 담배 파이프까지 누가 봐도 전형적인 유럽 국가의 대사 차림으로 낚싯대를 던졌다. 한편 나는 그저 평범한 미국의 10대 소녀가 되고 싶었다.

초등학교 영어 선생님은 우수한 성적을 받거나 운동을 잘하고 바르게 행동하며 봉사활동을 열심히 하는 아이들에게 별점을 주었다. 별점을 받을 때마다 집으로 돌아와 부모님에게 말하면 정말 기뻐하셨다. 그래서 별점을 받지 않았는데도 받았다고 말하기 시작했다. 물론 무슨 이유로 별점을 받았는지 꾸며 내야 했다. 어느 날, 학교에서 돌아온 나는 오늘 장미 덩굴에 걸린 선생님을 도와줬는데 용기 있고 똑똑한 학생이라고 별점을 여러 개 받았다고 이야기했다. 거기서 그치지 않고 그동안 모은 별점이 너무 많아 학교에서 최고의 상인 이집트 컵을 받게 되었다고 말했다.

물론 이집트 컵은 부모님을 기쁘게 하고 싶어서 내가 상상으로 지어낸 또 다른 거짓말에 불과했다. 아마도 이때쯤 사건의 진상을 파악하고 있던 아버지는 진귀한 이집트 컵을 언제 집으로 가지고 오냐고 재차 물었다. 거짓말을 들킬까 봐 걱정이 된 나는 말을 바꾸었다. 머지않아 내 별점은 사소한 잘못과 실수들로 인해서 깎인 게 되었다. 물론 모두 부당한 이유 때문이었다. 내 말만 들으면 나는 따돌림과 괴롭힘의 피해자였다. 심지어 한 선생님이 나를 바늘 위에 앉도록 시켰다고 말하기도 했다. 더 이상 참지 못했던 어머니는 날이 밝으면 당장 학교에 찾아가 학생에 대한 잘못된 대우를 멈춰 달라고 요구하겠다고 했다. 결국 나는 어쩔 수 없이 모든 사실을 고백했다. 그 후 내가 의심적은 말을 할 때마다 아버지는 이렇게 물었다. "그런데, 이집트 컵은 어디에 있니?"

나는 덴버에서 공립학교를 다니며 7학년과 8학년을 마쳤다. 그 후 사립 여학교에서 장학금을 받게 되었다. 나는 거절하고 싶었지만, 아버지가 강력하게 밀어붙였다. 모두 열여섯 명의 여학생들이 모여 한 반을 이루었는데, 모두 집이 잘살았다. 하지만 우리 집은 컨트리클럽과는 거리가 멀었다. 처음에는 주눅이 들었지만 다행히 부모님은 내게 자신감이라는 귀중한 선물을 물려주셨다. 가장 좋은 옷으로는 반 친구들과 경쟁할 수 없었다. 그러나 나는 똑똑하고 다독가인 부모님을 두었다는 사실을 잘 알고 있었다. 또한 아버지가 책을 썼으며 국가를 위해 일했다는 점을 잊지 않았다.

고등학교 10학년 때, 유엔에서 주최한 글쓰기 대회에서 입상했고 국제관계론 클럽을 결성했다. 나는 완벽한 딸이 되기 위해서 노력했다. 지금도 마찬가지이다. 얼마 전에 그동안 쓴 글들을 다시 읽어 보다가 고등학교 때 모한다스 간디Mohandas Gandhi에 대해 쓴 에세이를 발견했다. 아마도 인도 주재 외교관이었던 아버지를 기쁘게 하기 위해 간디를 주제로 선택했을 것이다. 나중에 아버지는 체코슬로바키아를 점령한 공산주의자에 대해 긴 글을 썼다. 웨슬리 대학에서 내가 썼던 논문 주제가 무엇이었는지 굳이 말하지 않아도 추측 가능할 것이다.

이성 교제에 있어서 아버지는 매우 엄격했다. 아버지와 어머니는 집으로 나를 데리러 온 이성 친구를 이리저리 훑어보며 체코어로 대화하고는 했다. 물론 안쓰럽게도 친구는 부모님이 무슨 말을 하는지 전혀 알아듣지 못했다. 그런 다음 아버지는 차를 몰고 댄스파티나 영화관으로 향하는 우리를 따라왔다가 우리가 목적지에 안전하게 도착한 것을 확인한 후에야 집으로 돌아갔다. 몇 시간 후 친구와 내가 있던 곳을 빠져나오면 어김없이 아버지는 우리를 집까지 데리고 가기 위해 길가에 차를 대고 인내심 있게 기다리고 있었다. 집에 돌아온 후에는 우유와 쿠키를 먹고 가라며 친구를 집 안으로 초대했다. 그래서 대학에 갈 때까지 이성 친구 한 명과 한 번 이상 데이트를 해 본 적이 손에 꼽을 만큼 적었다.

미국을 향한 부모님의 애정은 점차 깊어졌다. 부모님은 미국에 정착하게 된 것을 매우 감사하게 생각했다. 아버지는 종종 "자유국가에서 교수로 학생들을 가르치는 것보다 행복한 일은 없어"라고 말했다. 아버지는 가르치는 일을 사랑했고 학생들을 사랑했으며 강의실에서 벌어지는 국제관계에 대한 열띤 토론을 사랑했다. 아버지 밑에서 공부한 콘돌리자 라이스는 그녀의 사고와 성숙에 아버지가 큰 영향을 주었다고 기억한다.

대학 졸업 후 나는 결혼을 하고 기자 일을 시작했으며 세 명의 딸을 낳았다. 국제관계학 석사를 땄고 국무장관 후보로 지명된 후 미국 의회에서 찬성 99표 반대 0표로 동의를 받아 임명되었다.

요즈음 나는 그 어느 때보다 바쁘게 지내고 있다. 학생들을 가르치고 글을 쓰며 할머니의 역할도 게을리하지 않는다. 내가 하는 모든 일에서 아버지의 존재를 느낄 수 있다. 아버지는 내 어깨 위에 앉아 여전히 나를 따라다니며 내게 영감을 불어넣어 준다. 동유럽의 불안정한 정치 상황 때문에 아버지의 외교관으로서의 경력은 짧게 끝이 나야 했다. 나는 이 점이 늘 마음에 걸렸다. 조금이나마 아버지가 나를 자랑스러워하기를 바랄 뿐이다. 국무장관은 너무나도 어려운 직책이었다. 그러나 나는 단 한순간도 집중력을 잃지 않았다. 물이 넘친 지하 서재에서 벽돌 위에 발을 얹고 열심히 일하는 아버지의 모습을 떠올리면 어떤 일도 문제 되지 않았다.

02

데이브 배리

Dave Barry

때때로 농담을 던지는 쪽이 오히려 당하는 경우가 있다. 1988년, 《마이애미 헤럴드》 신문사에서는 저자이자 전국의 신문과 잡지에 주기적으로 글을 기고하는 칼럼니스트이며 유머 작가인 데이브 배리를 깜짝 놀라게 할 장난을 계획했다. 여덟 살 난 아들 로브와 함께 키웨스트로 향하던 데이브는 기사에 대해 의논할 것이 있으니 사무실로 오라는 편집장의 전화를 받았다. 데이브가 사무실에 도착했을 때 사람들은 모두 뉴스실에 모여 그를 기다리고 있었다. 바로 그가 퓰리처상을 수상했다는 사실을 알리기 위해서였다. 여행을 취소해야 했기에 잔뜩 실망한 아들의 얼굴을 본 데이브는 로브의 귓가에 이렇게 속삭였다. "아빠가 닌텐도 게임 사 줄게." 로브는 금세 신이 나서 아빠 품으로 뛰어올랐고, 누군가 부자의 모습을 사진으로 남겼다. 다음 날 《헤럴드》 신문 1면에 실린 사진을 본 사람들은 아버지의 수상 소식에 아들이 얼마나 기뻐하는지 보라며 사진에 대해 이야기했다. 하지만 진짜 재미있는 점은 어린 로브가 그저 닌텐도를 살 생각에 신이 났던 것이라고 배리는 기억한다.

나는 남다른 성격을 가진 사람들의 비결이 무엇인지, 어떻게 그런 모습을 갖게 되었는지 늘 궁금하다. 데이브의 경우에 그는 사람들을 웃게 하는 재주를 타고났다. 살면서 경험한 강력한 영향력을 돌이켜 본 데이브가 자신의 비밀을 알려 주었다. 우리가 생각하고, 느끼고, 또 행동하는 방식이 그렇듯이, 아주 어릴 때 받은 강력하고 때로는 심오한 인상이 우리의 유머 감각을 좌우한다는 점을 말이다.

———

어머니 매리언은 내가 아는 사람들 중에 단연코 가장 재미있다. 1987년에 돌아가신 후로 나는 어머니가 얼마나 유쾌하고 신랄한 사람인지 다시금 깨닫고 있다. 어머니의 손에서 자라면서 그녀의 날카로운 관점을 당연하게 받아들였는데, 집을 벗어나 세상으로 나온 이후에야 대부분의 사람들이 그녀와 다른 견해를 가지고 있다는 사실을 알고 무척 놀랐다. 어머니는 무슨 일이든 유독 이상한 부분에 관심을 가졌다.

내게는 남자 형제 두 명과 여자 형제 한 명이 있다. 우리 집에서 경쟁의 기준은 성적이나 운동 실력이 아니었다. 누가 더 재미있는 말로 모두를 웃기는지가 진짜 경쟁 기준이었다. 우리 가족은 그 어떤 것도 심각하게 받아들이는 법이 없었는데, 우리 자신도 예외가 아니었다.

나는 1950년대 뉴욕 교외에 있는 아몽크에서 자랐다. 아버지는 기차를 타고 출퇴근했고 어머니는 가정주부로 매끼 식사를 준비하고 빨래를 했으며 우리를 이곳저곳으로 태워다 주었다. 그녀는 매우 건조한, 때로는 어두운 유머 감각의 소유자였다. 예컨대 어느 여름날, 나는 여동생 케이트와 함께 집 근처에 있는 연못에 수영을 하러 가고 있었다. 어머니는 부엌 창문을 열고 인자한 목소리로 "얘들아, 익사하면 안 된다!"라고 외쳤다. 우리는 어머니를 향해 "조심할게요, 엄마"라고 대답했다. 누군가 어머니와 우리의 대화를 들었다면 깜짝 놀랐을지도 모른다. 하지만 우리에게는 그저 유머일 뿐이었다.

어머니는 자그마한 구멍가게들이 즐비하게 늘어선 아몽크 빌리지에서 필요한 물건을 구입하고는 했다. 한번은 어머니와 함께 브리세티스 마켓에 갔는데, 그곳은 1950년대의 전형적인 주부들로 가득 차 있었다. 레이 브리세티가 계산대 너머로 물었다. "오늘 어때요, 매리언?" 어머니는 이렇게 대답했다. "그냥 엉망진창이네요, 레이." 다른 손님들은 말을 잇지 못했지만 나와 레이는 어머니의 대답이 웃기다고 생각했다. 당시만 해도 평범한 주부가 그런 식으로 말하면 안 된다고 생각하던 시절이었다.

어머니 못지않게 탁월한 유머 감각의 소유자였던 아버지 데이비드 덕분에 내가 가장 좋아하는 유머 작가들을 만날 수 있었다. 아마도 내가 작가가 된 것은 로버트 벤츨리Robert Benchley, P.G. 우드하우스P. G. Wodehouse, 아트 버크월드, 맥스 슐먼Max Shulman과 같은 작가들의 글을 읽으면서 자랐기 때문일 것이다. 아버지는 매우 건조하면서도 은근히 재치가 있는 사람이었는데, 터무니없기로는 둘째가라면 서러울 정도였다. 신랄하고 거침없는 어머니의 유머 감각과 절제된 아버지의 재치가 한데 뒤섞여 내 정체성을 형성했다.

나는 학교에서 유머 감각을 활용해 인기를 얻고자 노력했다. 하지만 늘 원하는 바를 이루지는 못했는데, 특히 선생님들이 싫어했다. 당시 나는 우쭐대고 나대는 경향이 있었다. 빈틈없고 엄격한 선생님을 만나면 더욱이 말을 함부로 하고는 했다. 덕분에 벌로 방과후교실에서 많은 시간을 보내야 했다. 어떻게 설명하면 좋을까? 그때 나는 남들에게 인정받기 위해 웃기려고 애썼던 몸집이 자그마한 애송이였다. 실제로 플레전트빌 고등학교 1965년 졸업반에서 '가장 웃긴 반 친구'로 뽑히기도 했다. 유머라는 분야에서 내가 이룬 최고의 업적이다.

어머니의 유머 감각은 어느 정도 고통을 감추기 위한 수단이었다. 어머니는 걱정이 많고 여러모로 불행했는데, 나중에는 정신과의사에게 상담을 받기도 했다. 하지만 어떤 상황에서도 유머 감각만은 잃지 않았다. 1984년, 심장병으로 오랫동안 고생했던 아버지가 끝내 숨을 거뒀다. 아버지는 뉴욕에서 사랑받는 장로교 목사이자 사회복지사였다. 추모 예배가 끝난 후 나와 형제들은 어머니와 함께 묘지로 향했다. 어머니는 아버지의 유골이 든 종이 상자를 들고 있었다. 우리는 이미 파 놓은 구덩이 안에 유골함을 넣고 짧게 몇 마디를 건넸다. 모두 눈물을 흘리며 훌쩍였다. 그 후 묘지를 떠나는데 어머니가 근처에 있는 묘비를 큰 소리로 읽었다. "그래서 그가 보이지 않았군요. 땅속에 묻혀 있으니까." 순간 우리는 모두 울다 웃기를 멈출 수 없었다.

어머니는 직설적이고 꾸밈없는 성격이었다. 아버지는 캔자스주 출신이었다. 그래서 부모님 모두 중서부 출신 특유의 성향이 강했다. 위선이나 우월감은 조금도 용납하지 않았다.

아버지는 뉴욕시 미션 소사이어티라는 단체를 도맡았는데, 도심 지역의 아이들을 위한 프로그램을 운영하는 곳이었다. 아이들 중에는 흑인과 푸에르토리코인이 압도적으로 많았다. 뉴욕시 미션 소사이어티에서는 여름이 되면 뉴욕주 북부에서 여름 캠프를 열었다. 나와 형제들 모두 여름 캠프에 참가했는데, 정말 즐거웠다. 아몽크에서는 백인 외에 다른 인종은 거의 찾아볼 수 없었다. 하지만 여름마다 캠프에 가면 소수집단에 속하는 사람들과 어울릴 수 있었다.

나는 늘 작가를 꿈꿨다. 고등학교 때도, 하버드 대학 재학 4년 동안에도 학교신문에 실릴 기사를 썼다. 졸업하고 나서는 펜실베이니아주 작은 마을의 일간지 기자로 일했다. 하지만 내가 유머 작가로서 돈을 벌고 생활할 수 있으리라고 생각한 적은 한 번도 없었다. 그러다가 연합통신Associated Press, AP으로 옮기게 되었고, 그 후에는 기자를 그만두고 대기업에서 글쓰기 강의를 했다. 기본적으로 나는 여러 명의 사람들을 한 공간에 모은 다음, 화려한 표현을 피하고 적은 단어로 글을 완성하는 방법을 가르치려고 노력했다. 대개는 실패했지만 말이다.

당시 나는 30대였다. 첫 직장이었던 작은 규모의 신문에 매주 유머 칼럼을 기고하고 있었는데, 칼럼 한 편의 원고료는 23달러였다. 나는 딱히 야망이 큰 편이 아니어서 칼럼 기고와 더불어 그다지 효과 없는 글쓰기 강의료로 가족을 먹여 살렸다.

그러다가 절호의 기회가 찾아왔다. 아들 로브가 태어났을 때 나는 베이비부머 여피족 사이에서 크게 유행하던 자연분만에 대한 재미있는 에세이를 썼다. 나와 아내가 자연분만 수업에서 배운 것과 실제 경험은 너무나도 달랐기에 자연분만을 비꼬는 글을 썼던 것이다.《필라델피아 인콰이어러》의 계열 잡지인《일요 매거진》에 내 글이 실렸다. 그 후 전국의 거의 모든 신문에서 그 글을 옮겨 실은 것을 보면 내가 뭔가 신경을 건드렸던 모양이다. 하루아침에 유머 작가라는 타이틀이 주어졌고 여기저기서 나를 찾기 시작했다. 그러다《마이애미 헤럴드》로부터 일자리를 제안받았고 지금도 그곳에 몸담고 있다.

나는 늘 내가 하는 일이 어떤 면에서는 마술 혹은 스탠드업 코미디와 비슷하다고 생각해 왔다. 문제를 분석하는 것이 아니라 사람들을 즐겁게 하는 것이 내게 주어진 재능이다. 글을 통해 사람들에게 생각할 거리를 던지는 것이 내 일이지만, 늘 내가 자격이 부족하다고 느낀다. 그래서 죄책감이 들 때도 있다. 나보다 좋은 일을 훨씬 더 많이 했던 아버지야말로 그럴 자격이 있는 사람이라고 생각한다. 아버지는 나보다 훨씬 좋은 사람이었으니까.

내 인생의 하이라이트를 꼽자면 단연 록 보텀 리메인더스Rock Bottom Remainders라는 이름의 밴드 활동 시절일 것이다. 밴드 활동을 통해 문해율 제고 기금으로 200만 달러를 모으기도 했다. 밴드 멤버들은 스티븐 킹Stephen King, 스콧 터로Scott Turow, 미치 앨봄Mitch Albom, 리들리 피어슨Ridley Pearson, 로이 블런트 주니어Roy Blount Jr., 그레그 아일스Greg Iles, 에이미 탠Amy Tan 등 모두 동료 작가들이었다. 브루스 스프링스틴Bruce Springsteen이나 로저 맥귄Roger McGuinn, 워런 제번Warren Zevon이 함께할 때도 있었다. 브루스 스프링스틴은 "밴드가 최악은 아닌데, 딱히 뛰어나지도 않아요. 하지만 실력이 늘지 않도록 조심해요. 그랬다가는 그저 그런 밴드가 될 수도 있으니까요"라고 말했다. 나는 종종 우리의 연주 실력이 메탈리카Metallica의 글솜씨와 비슷하다고 말하고는 했다. 어머니는 거두절미하고 이렇게 말씀하셨겠지만 말이다. "너네들 정말 형편없어."

03

토니 블레어

Tony Blair

토니 블레어가 자주 이야기하는 일화를 들으면 영국인이 얼마나 정중한지를 알 수 있다. 정치 육탄전을 펼치는 와중에도 영국인은 신사다운 매너를 잃지 않는다. 영국 총리 재선 선거 당시 토니 블레어의 맏이와 둘째인 유언과 니키 역시 두 팔을 걷어붙이고 런던 동네들을 돌아다니며 투표를 독려하는 유세 활동을 펼쳤다. 한번은 니키를 알아보지 못한 주민 한 명이 총리를 향해 맹비난을 퍼부었다. "토니 블레어는 영국 역사상 가장 최악의 총리예요." 그의 집을 떠나면서 유언을 본 니키가 이렇게 말했다. "유언, 저 집에 한번 가 봐. 집주인이 아버지의 열혈 팬이야." 유언 역시 그 남자에게서 같은 불만을 들었는데, 동생과 달리 유언은 참지 않았다. "그만하세요. 당신이 말하는 사람이 바로 우리 아버지라고요." 그러자 집주인은 조금의 흔들림도 없이 이렇게 덧붙였다. "아, 사실 그가 그렇게 최악은 아니죠. 들어와서 차 한잔 하겠어요?"

토니 블레어가 나에게 들려준 인생의 전환점은 어떤 면에서는 존 던John Donne의 유명한 시구 "인간은 섬이 아니다"를 떠올리게 한다. 우리는 인생을 살면서 저마다의 길을 찾아가지만, 혼자서는 살 수 없기 때문이다. 어떤 사람은 타인이 이루지 못한 꿈을 완성하는 운명을 타고났다는 점을 토니를 통해 다시 한번 깨달을 수 있었다.

⸻

어린 시절 나는 말썽꾸러기였고 심지어 반항적인 아이였다. 늘 문제를 일으켰고 통금 시간을 어겼으며 교실에서는 까부는 아이였다. 1960년대 세대에 속하는 베이비부머였기에 자칫하면 진짜 반항아가 되어 골칫거리에 휘말릴 수도 있었다는 생각이 든다. 하지만 열 살이 되던 해, 내 짧은 인생에서 중대한 사건이 일어나면서 나는 완전히 다른 소년이 되었다.

먼저 약간의 배경 설명부터 하자면, 나는 에든버러에서 태어났다. 아버지 레오는 글래스고의 아주 가난하고 힘든 동네에서 위탁 아동으로 자랐다. 할아버지는 선박의 인양 인부도 했고 사무실 직원으로도 일했지만, 일을 구하지 못할 때가 더 많았기에 가족이 고생했다. 아버지는 키가 165센티미터 정도로 작았다. 그래서 놀림을 많이 받았다. 하지만 매력이 넘치고 성실했던 아버지는 그 동네에서 벗어나기로 결심했다. 열심히 공부했고 성적도 잘 받아 수월하게 대학에 진학할 수 있었다. 그러나 제2차 세계대전이 발발하면서 아버지는 입대 통지서를 받았고 사병으로 입대해 소령으로 전역했다.

전쟁이 끝난 후 아버지는 어머니 헤이즐을 만나 결혼했다. 어머니의 가족은 북아일랜드 출신으로 글래스고에서 살고 있었다. 외할아버지는 정육점을 운영했다. 탐스러운 붉은 머리에 미인이었던 어머니는 사랑스러운 여인이었고 훌륭한 어머니였다. 그런 그녀가 얼마나 강인한 인물이었는지 나는 나중에야 알게 되었다.

전장의 포화가 멈춘 세상에는 엄청난 변화가 휘몰아쳤다. 젊은이들은 전쟁을 겪으며 말로 다 하지 못할 끔찍한 일들을 목격했고 전례 없이 많은 여성들이 일터로 뛰어들었다. 이런 혼돈의 시기에 윈스턴 처칠 Winston Churchill이 영국을 이끌었지만, 그는 1945년 총선에서 패배하고 말았다. 겉으로 보기에는 영국이 처칠의 노력을 나 몰라라 한 것 같았지만, 처칠은 이미 오래된 관습의 상징이었다. 당시 영국 국민들은 자신들이 그리는 대로 세상을 만들어 가기를 원했다. 전쟁이 시작될 때만 해도 보수당을 지지했던 많은 영국인이 전쟁이 끝나자 노동당으로 돌아섰다. 모든 계급의 국민들이 너나없이 국내와 전장에서 함께 일하고 함께 싸운 경험이 사람들의 마음과 생각을 바꾸었던 것이다.

그러나 아버지는 달랐다. 전쟁 이전에는 사회주의자였지만 전쟁이 끝나자 보수당을 지지했다. 아마도 당신보다 위에 있는 출세한 사람들에게 동질감을 느꼈고 당신도 높이 올라가고 싶어 하셨던 것 같다. 아버지는 대학에 들어갔고 그 후 법정 변호사이자 교수가 되었다. 멋진 연설가이기도 했고 논리정연했으며 사람들의 마음을 움직일 줄 알았다. 아버지는 정치에 관심을 가지기 시작했다. 내가 열 살 때 이미 인생의 목적을 많이 달성했으며 보수당 선거구를 대표하는 국회의원 입후보를 앞두고 있었다. 모두 아버지가 정치가로서 승승장구할 것이라고 말했다.

그러던 어느 날, 학교에서 돌아왔는데 아버지가 뇌졸중으로 쓰러져서 병원에 입원해 있었다. 죽음 직전까지 갔던 아버지는 몸 한쪽이 마비되었고 말도 할 수 없었다. 아버지의 나이는 겨우 마흔이었다. 나는 엄청난 충격을 받았지만 어머니를 보면서 마음을 다잡았다.

아버지는 몇 달 동안 병원 신세를 져야 했다. 마침내 퇴원해 집으로 돌아온 후에는 영국인답게 차 한 잔을 달라고 한 뒤 "좋구나"라는 말밖에 하지 못했다. 어머니는 밤낮으로 아버지 곁을 지켰다. 어머니가 아버지에게 다시 말하는 법을 가르쳤다고 해도 과언이 아니다. 아버지는 아주 천천히 그리고 아주 많이 노력해 단어들을 하나씩 배워 나갔다. 어머니의 훌륭함이 내게도 영향을 끼쳤다. 나는 어떤 상황에서도 절대로 포기하면 안 된다는 것을 배웠다. 3년이라는 시간이 걸렸지만, 결국 어머니의 노력과 의지가 결실을 맺었다. 아버지는 다시 법정으로 돌아갔고 퇴직할 때까지 판사로 일했다. 그러나 아버지의 정치 경력은 시작도 하기 전에 끝나 버렸다.

아이러니하게도 어떤 면에서 아버지의 병이 내게는 축복이었다. 어쩔 수 없이 어른이 되어야 했기 때문이다. 그 전만 해도 나는 학교에서 다루기 어렵고 문제를 일삼는 반항심 가득한 소년이었다. 아버지가 계속해서 성공 가도를 달렸다면 아마 나는 지금과는 전혀 다른 삶을 선택했을 것이다. 60년대는 마약과 어리석은 반항으로 얼룩진 시대였다. 나는 시대의 피해자가 되어 인생을 망쳤을지도 모른다.

아버지가 뇌졸중으로 쓰러지면서 인생이 내가 생각한 것보다 훨씬 더 어렵다는 사실을 깨달았다. 당시 나는 에든버러에 있는 사립학교에 다니고 있었는데, 가정 형편이 어려워지면서 계속 학교를 다니기 위해 서는 장학금을 받아야만 했다. 매우 굴욕적이었고 벼랑 끝에 몰리는 기 분이었다. 어려움을 감내한다는 것이 어떤 의미인지 본능적으로 알 수 있었다. 이때부터 나는 절박함과 의지로 살았다. 나는 아버지를 매우 존경했다. 어려운 환경에도 아버지는 굴복하지 않고 극복해 냈다. 나는 자랑스러운 아들이 되겠다고 결심했고, 아버지의 훌륭한 점을 본받고 싶었다. 예전과는 달리 이제 내 마음대로 행동하거나 즐거움을 좇는 일 이 그리 중요하지 않았다. 그 대신 내 잠재력을 충분히 발휘해야 한다 는 깊은 사명감을 느꼈다.

뇌졸중으로 쓰러지기 전에 아버지는 엄청난 음악 애호가였다. 집에 손님이 올 때면 예외 없이 아버지는 독학으로 마스터한 피아노 솜씨를 보여 주었다. 그런 아버지의 모습이 매우 인상적이었다. 음악을 향한 아 버지와 손님들의 열정이 집 안을 가득 채웠고 기분을 즐겁게 만들었다.

고등학교를 졸업한 이후 나는 1년 동안 런던에서 음악을 해야겠다 고 충동적으로 결심했다. '스윙잉 식스티스(swinging sixties, 1960년대 영국을 중 심으로 한 문화혁명 시기 – 옮긴이)'가 절정에 달한 시절이었다. 런던에는 딱 한 번, 아주 잠깐 가 본 것이 다였다. 나는 주머니에 달랑 5파운드만 챙긴 채 에든버러에서 런던으로 히치하이크를 했다. 런던에 아는 사람이라 고는 친구의 친구 한 명뿐이었다. 그래서 그 친구의 집으로 가서 문을 두드렸지만, 아무런 인기척이 없었다. 결국 런던에서의 첫날 밤을 공원 벤치에서 보냈다. 여름이라 천만다행이었다. 그러다 음반 가게에 취직했고 월세를 낼 수 있을 만큼의 돈을 벌게 되었다.

얼마 지나지 않아 밴드를 꾸리고 싶어 하는 친구들을 만났고 1년 동안 함께 일했다. 밴드 매니저 정도로 생각하면 될 텐데, 나는 사실 그다지 전문적인 일을 하지는 않았다. 우리 밴드는 그야말로 오합지졸이었지만, 내가 나서서 공연 기회를 여러 번 잡기도 했다. 그러면서 나도 조금씩 노래도 하고 연주도 했다. 하지만 꼭 대학을 가겠다고 아버지와 약속했기 때문에 1년이 지난 후 나는 약속대로 옥스퍼드 대학 세인트존스 칼리지에 입학했다.

세인트존스 칼리지의 공부량은 엄청났지만 나는 그곳에서도 음악을 계속했다. 몇몇 동기들과 함께 밴드 활동을 했는데, 흔히 볼 수 있는 로큰롤 밴드였다. 나는 밴드 활동을 무척이나 좋아했다. 공연하는 것은 훌륭한 배움의 기회이자 훈련이다. 군중 앞에 서서 그들의 관심을 자극하고 즐거움을 주어야 한다. 내게 잊을 수 없는 인상을 남긴 믹 재거를 보면 공연이 가진 힘을 금방 알 수 있다. 당시 셀 수 없이 많은 콘서트를 가기도 했다. 롤링 스톤스와 데이비드 보위David Bowie, 두비 브라더스, 루 리드Lou Reed 등등 여러 뮤지션의 공연을 직접 가서 보았다. 록 음악 팬들 사이의 결속력은 음악을 초월했다. 음악이 사람들을 뭉치게 했다. 나중에 깨달은 사실이지만, 좋은 정치인이라면 누구든 하고자 하는 일 역시 다를 바 없다.

나는 밴드에서 리드보컬이었는데, 기타도 가끔 연주했다. 음악 업계에서 꽤나 성공한 친구 한 명이 최근 그쪽 분야에 관심을 가지게 된 계기에 대해 질문을 받았다고 한다. 그는 이렇게 대답했다. "60년대에 어떤 여자애가 폴 매카트니_{Paul McCartney}의 운전사의 형과 데이트를 했다고 자랑을 하더군요. 바로 그때 이 일을 시작해야겠다고 생각했죠."

사실 나는 꽤 진지하게 음악을 하고 싶었고 정치에는 큰 관심이 없었다. 그러다가 법학을 공부하면서 사법 체계가, 더 나아가 정부가 돌아가는 방식에 큰 흥미를 느끼게 되었다. 그리고 자연스럽게 공직에 몸담게 되었다. 음악가보다는 안정적인 직업을 원했던 것도 사실이다. 또 아버지의 인생이 동기로 작용하기도 했다. 이러한 이유로 나는 머리를 자르고 공부에 온 힘을 쏟았다. 그러나 사람들 앞에 나서는 감각만큼은 사라지지 않고 그대로 남았는데, 이는 정치에 있어서도 매우 중요한 역량이다.

04

테리 브래드쇼

Terry Bradshaw

테리 브래드쇼는 미식축구의 쿼터백 포지션을 둘러싼 경쟁은 필드 밖에서도 계속된다고 설명한 적이 있다. 세월이 지나 TV 프로그램 〈덕 다이너스티〉의 스타로 활약한 필 로버트슨Phil Robertson도 루이지애나 공과대학 재학 당시 그 자리를 테리에게 넘겨주어야 했다. 미식축구보다 낚시와 오리 사냥을 더 좋아했던 필은 결국 미식축구를 그만두었다. 테리와 함께 낚싯배를 타고 나갈 때면 필은 테리의 머리에 천을 씌운 다음 가장 아끼는 낚시 장소에 다다를 때까지 엎드려 있도록 했다. 테리에게 낚시 장소로 향하는 길을 들키면 바로 다음 날 그가 나타나 고기를 모두 훔칠 것이라고 생각했던 것이다.

내가 이 책에서 전하는 테리의 삶에서 결정적 순간은 우리에게도 커다란 메시지를 던진다. 우리는 종종 타인이 원하고 바라는 대로 살아간다. 하지만 테리의 인생에서 볼 수 있듯이, 외부로부터 받는 압박과 남들이 강요하는 그릇된 기대에 신경 쓰지 않을 때 더욱 큰 행복을 찾을 수 있다.

———

1970년, 선수 선발식이 있는 날이었다. 낚싯대를 들고 문을 나서려는데 아버지가 불러 세우더니 스포츠코트를 입으라고 말했다. "TV 중계차가 곧 올 거야." 아버지의 말이 무슨 뜻인지 이해하지 못한 나는 우두커니 서 있었다. 당시만 해도 선수 선발식은 요즘처럼 언론의 큰 관심을 받는 행사가 아니었다. 나는 기껏해야 세 번째 지명식에서 뉴올리언스 세인츠의 선택을 받아 조용히 입단할 것이라고 생각했다. 잘하면 지역신문에 자그마한 기사가 실릴지도 모른다고 말이다. 그런데 갑자기 피츠버그 스틸러스에서 첫 번째 선수로 나를 선택했다는 전화를 받았다. 그 이야기를 듣자마자 '아, 잘됐네… 그런데 피츠버그가 어디에 있더라?'라는 생각이 머리를 스쳤다. 두 번째로 든 생각은 '작년 성적이 1승 13패로 형편없지 않았나?'였다.

피츠버그에 도착한 후에 고생길이 펼쳐졌다. 나는 단순한 데다 지능은 평균 수준인 철부지에 불과했다. 공부 습관은 엉망이었고 사회성도 부족했다. 프로 미식축구의 세계가 얼마나 진지한 곳인지 꿈에도 몰랐다. 루이지애나 공과대학에서 보낸 지난 4년은 완벽했다. 실제로 프로선수로 뛰면서부터는 대학 시절만큼 즐겁게 운동하지 못했다. 그때는 코치들과 동문들 모두 가족처럼 대해 줬고 우리는 미식축구에 대한 순수한 열정만으로 필드를 뛰어다녔다. 게다가 인적이 드문 시골 학교라는 매력도 마음에 들었다. 어렸을 때 여름이 되면 삼촌네 농장에 놀러 가고는 했는데, 밧줄을 오르거나 말을 타면서 며칠이고 맨발로 돌아다녔다. 그래서 루이지애나 공과대학의 소박한 시골스러움을 정말 좋아했다. 훈련이 없을 때는 낚시를 하거나 말을 타면서 시간을 보냈다.

말할 필요도 없이 피츠버그는 농장이나 루이지애나 공대와는 전혀 다른 세상이었다. 설상가상으로 스틸러스를 이끌던 척 놀Chuck Noll 코치가 나를 선택한 것도 아니었다. 구단주 때문에 어쩔 수 없이 나를 영입했을 뿐이었다. 나는 그가 원하던 쿼터백이 아니었다. 코치는 꽤 단순한 공격 전략을 구사한 반면 나는 이것저것 섞어서 응용하는 방법을 선호했다. 코치가 바라는 만큼 훈련하지도 못했다. 루이지애나 공대에는 쿼터백 코치도, 공격 코디네이터도 없었다. 피츠버그의 새로운 틀 안에서 운동하려니 마치 누군가 내 고삐를 죄는 기분이었다. 적응해야만 하는 혹독한 시련 앞에 나는 흔들렸다. 그리고 필드 위에서 난폭하게 날뛰었다.

첫 경기 상대는 휴스턴 오일러스였다. 나는 후반전 내내 벤치를 지켰다. 사실 첫 시즌 내내 비슷한 패턴이 반복되었다. 선발로 출전했다가 교체당해 벤치를 지키고, 선발로 출전했다가 또 교체당해 벤치를 지켰다. 그렇게 인정받지 못하고 비참하게 사이드라인에 앉아 어쩌다가 내가 여기까지 오게 되었는지 생각하기 일쑤였다.

물론 내 잘못이 가장 컸다. 적응하려고 노력하는 대신 나는 반항을 선택했다. 가장 먼저 지명을 받았다는 사실에 우쭐해 하느라 제대로 된 판단력을 잃어버렸다. 코치가 오른쪽으로 가라고 하면 나는 왼쪽으로 몸을 던졌다. 그러고는 짜증을 내고 자기 연민에 빠졌으며 마땅히 해야 할 숙제도 하지 않았다. 훈련할 때도 빈둥거렸다. 혼자 힘으로 경기를 이길 수 있다고 자신했다.

문화충격 역시 매우 컸다. 남부에서 태어나 자란 나는 그 전까지 남부를 벗어난 적이 거의 없었다. 물론 평생 백인과 흑인으로 분리된 사회에서 살았지만, 아프리카계 미국인에 대한 편견이 없는 가정에서 자랐으며 늘 다른 인종이 공존하는 모습을 봐 왔다. 그러나 아프리카계 미국인 선수들과 함께 운동한 적은 한 번도 없었다. 스틸러스에서는 흑인 선수들과 백인 선수들이 따로 떨어져 앉아 식사를 했다. 하루는 러닝백이던 프렌치 퓨콰Frenchy Fuqua가 백인 선수들이 앉는 자리에 앉자 또 다른 흑인 선수가 이렇게 말했다. "이봐, 뭐 하는 거야? 당장 이리로 와." 프렌치는 이렇게 대답했다. "그냥 점심 먹는 것뿐이잖아? 여기 앉아서 먹을 거야." 피츠버그에서 뛰면서 시골 출신인 나의 무지함이 때로는 현실을 외면하기 위한 방편이라는 사실을 깨닫게 되었다.

힘든 상황을 극복하고 살아남기 위해 나는 어른이 되어야 했다. 루이지애나 공대에서는 최고의 스타였지만, 피츠버그에서는 팬들에게 야유를 받는 신세였다. 화를 참을 수 없었다. 언론 역시 이때다 싶었는지 머리가 텅 빈 시골뜨기라며 나를 깎아내렸다. 어느 순간 압박감과 언론의 관심, 그리고 사람들의 기대가 천배는 늘어나, 내가 감당할 수 없는 지경에 이르렀다. 결국 나는 집에서 한 발짝도 나오지 않는 은둔자가 되었다. 말 그대로 밖으로 나오기가 무서웠다. 팬들이 나를 조롱

하리라 확신했기 때문이다. 팬들과 내가 나 자신에게 바란 것은 하나였다. 미식축구 경기에서 승리하는 것이었다. 그러나 현실은 기대와 너무나도 달랐고 나는 그저 몸을 잔뜩 웅크린 채 방어 태세를 취했다.

그러던 어느 날 밤, 나는 TV 앞에 앉아 펑펑 울고 있었다. 수치심을 떨쳐 낼 수 없었다. 마치 길을 잃은 듯한 기분이었다. 하느님에게 제발 도와 달라고 매달렸다. 필드에서 그리고 경기장 밖에서도 당당하게 고개를 들고 싶었다. 삶에서 침착함과 평화를 찾고 싶었다. 내게 돌아온 것은 번쩍이는 벼락도 '아하!'라며 무릎을 치는 순간도 아니었다. 정신을 똑바로 차리라는 부드러운 목소리가 들릴 뿐이었다. 누구나 살면서 시험대에 오르고 시련을 겪기 마련인데, 나는 어려움 앞에 비참하게 무릎을 꿇고 스스로를 안쓰러워하기 바빴다. 참담함에 허덕이며 경기에 형편없이 임하는 것이 내가 원하는 바였을까? 아니면 북부 대도시에서 활약하는 미국 프로 미식축구 연맹NFL 쿼터백의 현실에 적응하고 싶었을까? 마음 깊은 곳에서 내가 내 인생의 주인이고 그 열쇠도 쥐고 있다는 믿음이 생겼다. 다른 사람이 내 인생을 마음대로 휘젓도록 내버려 두는 것이 더욱 부끄러운 일이라는 확신이 들었다. 그렇게 기도를 끝낸 다음 날, 나는 완전히 새로운 자세로 훈련에 임하기 시작했다.

매일 조금씩 예전의 오만한 태도를 버리고 코치와 동료들의 말에 귀 기울이는 방법을 배워 나갔다. 언론은 여전히 힘든 상대였는데, 맞서 싸우면 오히려 더 큰 공격을 야기할 뿐이었다. 그래서 나는 미소를 지으며 유머로 긴장을 완화하는 요령을 익혔다. 내가 먼저 나 자신을 놀리면 언론에 선수를 칠 수 있었다. 그러나 무엇보다 최선을 다해 운동했다. 그 결과 두 번째 시즌 때는 꽤 실력 좋은 선수가 되어 있었다.

그 후로 모두 좋았던 것만은 아니다. 두 번이나 슈퍼볼에서 우승했지만 사람들은 여전히 나를 멍청한 쿼터백으로 대했다. 슈퍼볼 XIII에서 댈러스 카우보이스와 경기를 치렀는데, 당시 댈러스의 라인배커였던 토머스 '할리우드' 헨더슨Thomas "Hollywood" Henderson이 기자들에게 내가 "너무 멍청해서 알파벳 C와 A를 손에 쥐어 줘도 CAT이라는 단어를 쓰지 못할 것"이라고 한 말이 크게 회자되기도 했다. 시즌을 매우 성공적으로 마무리했는데도 나는 여전히 시골에서 올라온 멍청이라는 비난을 받아야 했다. 솔직히 말해 나를 자극하려는 할리우드의 말이 정말로 신경 쓰였다.

예전에 비해 많이 나아지기는 했지만, 누군가 내 지능을 공격할 때면 나는 금세 불같이 화를 냈다. 고등학교를 졸업하기 전 루이지애나 주립대학에서 입학 제안을 받은 적이 있다. 하지만 대학 입학시험인 ACT를 통과해야 한다는 조건이 붙었다. 나는 한 번도 아니고 두 번이나 시험에서 낙제했다. 그러자 대학 측에서 먼저 전문대학을 다녀야 받아 줄 수 있다고 알려 왔다. 나는 어림없는 소리라고 생각했다. 돌이켜 보면 참 잘한 결정이었다. 그 대신 루이지애나 공대에 입학했고 즐거운 대학 생활을 보냈기 때문이다. 하지만 쉽게 지울 수 없는 상처로 남았다. 누군가 나를 '촌뜨기'라고 부를 때마다 낙제 점수와 내가 느꼈던 감정들이 고스란히 떠올랐다.

할리우드 헨더슨의 모욕적인 말에 나는 공개적으로 대응하지 않았다. 그러나 속으로는 끓어오르는 화를 참기 어려웠다. 정말이지 강한 분노를 느꼈다. 프로 미식축구 선수로서 몇 년간 활동한 후에 깨달은 것이 있다. 바로 감정적으로 휘둘리거나 신경 쓸수록 성적이 부진하다는 점이다. 만약 통제 불능의 상태가 되도록 자신을 내버려 두었다면 나 때문에 우리 팀이 우승을 놓쳤을지도 모른다. 그 시즌과 앞서 치른 시즌 동안 내면의 평화를 찾기 위해 그리고 비난과 책망, 두려움이 닿지 않는 공간을 찾기 위해 나는 수많은 시간을 할애했다. '침착'이라는 단어를 몇 번이고 되뇌었다. 우승을 차지하려면 더욱 엄격하게 훈련해 마음속에서 경건하고 평온한 공간을 찾아야 했다.

슈퍼볼 경기가 프로선수 경력과 인생을 통틀어 가장 눈부신 하이라이트였다는 사실이 매우 자랑스럽다. 내가 던진 공이 세 번 터치다운을 했고 300미터를 날아갔으며(개인 최고 기록이었다) 35 대 31이라는 아슬아슬한 점수로 팀을 승리로 이끌었다. 나는 그날이 삶이라는 여정의 기준점이라고 생각한다. 화를 내거나 불평하는 대신 시련에 당당히 맞서는 강한 의지와 믿음이 없었다면 그런 순간은 오지 않았을 것이다.

몇 년이 지나고 나는 댈러스 공항에서 할리우드 헨더슨과 우연히 마주쳤다. 무슨 일이 벌어질지 전혀 예상할 수 없었다. 그러나 할리우드는 굉장히 정중했다. 자신이 한 말을 사과한 다음 나를 안아 주었다. 개인적으로 매우 감동적인 순간이었다. 우리는 내 편과 남의 편을 가르면서 살아가지만, 사실 인생이 어떤 식으로 우리를 놀라게 할지 아무도 모른다.

나는 스틸러스에서 성공적인 선수 생활을 보냈다. 그리고 1983년, 공을 놓을 때가 되었다고 생각해 NFL을 떠났다. 과거를 돌아보는 편은 아니지만, 피츠버그에서 배운 핵심적인 교훈이 한 가지 있다면 아마도 훌륭한 철학자 뽀빠이의 명언과 같은 맥락이라고 할 수 있을 것이다. "나는 나일 뿐." 피츠버그에서 새로 시작할 때만 해도 나는 불안과 자만심으로 가득했다. 나의 똑똑함과 재능을 인정받고 싶어 안달했지만 오만한 나머지 필요한 노력은 기울이지 않았다. 나는 올바른 태도와 자신감으로 무장한 톰 브래디Tom Brady 또는 페이턴 매닝Peyton Manning과 같은 쿼터백이 아니었다. 만약 그랬다면 내 인생은 좀 더 수월하게 풀렸을 테지만, 내게는 다른 길이 주어졌다. 나 자신으로도 충분하다는 것과 솔직해도 괜찮다는 것을 직접 경험하며 배웠다. 나 자신을 받아들이면 내가 남들과 다름을 설득하려고 애쓸 필요가 없다.

어쩌면 나는 한 번도 똑똑한 적 없는 순진한 시골 촌놈에 불과할지도 모른다. 그러나 다른 삶을 얻기 위해 내 삶을 포기하는 일은 결코 없을 것이다. 몇 달 전, 하와이에 있는 집 근처 교회에 간 적이 있다. 내가 다니는 교회는 바다에서 60미터 정도 높이에 우뚝 서 있는데, 야자수가 물결치듯 춤을 추고 활짝 열린 문 사이로 부드러운 바람이 불어온다. 집에서와 마찬가지로 맨발로 걸어 다닐 수 있다. 고향에서 수천 킬로미터를 떠나와 수백 번의 경기를 치렀다. 때로는 실패하고 때로는 성공했으며 같은 일을 수없이 반복했다. 어떤 면에서는 삼촌의 농장이 떠오르는 이 작은 천국에 오기까지 끊임없이 싸웠고 휘청거렸다. 온전히 내 것이라고 할 수 있는 이 인생을 살고 있다니 나는 정말 운이 좋고 복도 많은 사람이다.

05

톰 브로코

Tom Brokaw

톰 브로코는 자신의 뛰어난 지능에 매우 겸손한 사람이다. 그는 모교에 대한 이야기를 종종 한다. 톰이 NBC 방송국의 〈나이틀리 뉴스〉 앵커가 되고 난 후, 세인트루이스 워싱턴 대학 측에서 그가 다녔던 사우스다코타 대학의 대학 카운슬러에게 전화를 걸었다. "학부 시절 톰 브로코 씨의 학문적 소양에 대해 더 알고 싶습니다. 우리 대학에서 브로코 씨에게 명예학위를 수여할 예정이거든요." 이 말을 들은 대학 카운슬러는 곧바로 이렇게 대답했다. "글쎄요, 우리는 쭉 톰 브로코 씨가 학부 때 명예학위를 받았다고 생각해 왔는데요. 전공 학위를 받기엔 성적이 뛰어난 편이 아니었거든요."

톰이 내게 들려준 그의 인생은 멘토의 역할과 그들이 어떻게 타인의 삶을 바꾸는지를 보여 주는 매우 유의미한 공익광고라고 할 수 있다. 물론 이는 톰의 개인적인 경험이다. 하지만 잘 주목한다면 우리의 인생에서도 찾을 수 있는 영향력과 결정적 순간들을 엿볼 수 있다.

———

　　1940년에 태어난 나는 가족 대대로 살아온 사우스다코타주의 산물이다. 부모님 두 분 모두 시골 노동자계급 출신으로 대공황 시절에 성장기를 보냈다. 어머니 진 콘리는 자갈을 채굴하는 농장에서 자랐다. 아버지 앤서니 '레드' 브로코는 자그마한 철도 호텔을 운영하는 집안에서 태어났다. 외가와 친가 식구 모두 밤낮으로 일했지만 돈을 많이 벌지 못했다. 그 대신 정직, 공정, 성실과 같은 가치관을 바탕으로 삶을 이어 나갔다.

　　아버지는 육군 공병 소속의 공사 현장 간부로 일했다. 아버지가 새로운 프로젝트에 투입될 때마다 옮겨 다녀야 했기에 내가 어렸을 때 여러 번 이사했다. 아버지는 타고난 기계 천재였다. 모터가 달린 기계라면 무엇이든 작동시킬 수 있었다. 고장 난 기계도 아버지 손을 거치면 말끔하게 고쳐졌다. 주말이면 아버지는 부업으로 자동차나 트랙터를 고쳤다. 우체국 직원이었던 어머니는 대학에 가고도 남을 만큼 매우 똑똑한 여성이었지만 경제적인 사정이 여의치 않았다. 그녀는 열렬한 독서광이자 좋은 작가였으며 내가 만난 최고의 편집자였다.

　　어머니는 늘 세상일에 관심이 많았다. 매일 밤 나는 어머니와 함께 에드워드 R. 모로Edward R. Morrow의 한 마디 한 마디를 귀에 담으며 라디오 뉴스를 들었다(열다섯 살이 될 때까지 우리 집에는 TV가 없었다). 어머니는 또 정치를 사랑했는데, 나도 그 열정을 물려받았다. 해리 트루먼Harry Truman이 토머스 듀이Thomas Dewey를 따돌리고 당선되었던 1948년 대통령 선거는 우리 집의 큰 행사였다. 더트 로드dirt road 민주당 지지자(산간과 농촌 지역에 사는 민주당 지지자 – 옮긴이)였던 우리 가족은 해리 트루먼에게 동질감을 느꼈다.

아버지의 직업 덕분에 우리는 중산층으로 올라갈 수 있었지만, 부모님은 그 어떤 것도 당연하다고 생각하지 않았다. 대공황처럼 어려운 시기를 겪고 나면 고생했던 기억을 쉽게 떨칠 수 없다. 하지만 1950년대 초가 되자 낙관주의가 미국을 휩쓸었다. 경제가 활기를 띠기 시작했고 우리를 비롯해 수많은 가정 앞에 장밋빛 미래가 펼쳐졌다. 우리 가족은 인구가 9000명 정도인 사우스다코타주 양크턴에 자리를 잡았는데, 그곳은 그동안 우리가 살았던 도시 중에서 가장 규모가 컸다. 훌륭한 학교도 있었고 내 삶에 큰 영향을 준 중서부 특유의 가치들이 지역사회의 든든한 기둥 역할을 하는 그런 곳이었다.

나는 양크턴에서 두각을 나타내기 시작했다. 학생회 회장을 도맡았고 세 종목의 운동 팀에서 활약했다. 또 학급 연극에서는 주인공을 연기했다. 아메리칸 리전 보이스 스테이트(American Legion Boys State, 미국 재향군인회가 후원하는 남고생을 위한 리더십 교육 프로그램– 옮긴이)의 사우스다코타 주지사로 임명되기도 했는데, 사우스다코타의 주지사와 함께 뉴욕을 방문해 TV에 출연한 적도 있다. 성과를 내거나 상을 타는 일이 어렵지 않았을 뿐더러 어느 순간부터 당연하게 여겼다. 결국 학교 친구 한 명이 나를 갑자기 불러 세우더니 이렇게 말했다. "톰, 너 동네방네 엄청 티를 내고 다니잖아."

고등학교 때 같은 반에 메러디스 올드Meredith Auld라는 친구가 있었다. 그녀의 아버지는 양크턴에서 존경받는 의사였다. 메러디스는 우리 반에서 2등으로 졸업할 정도로 우수한 학생이었다. 부반장이었고 음악에도 소질이 있었으며 졸업 후 사우스다코타 대학에 진학했다. 심지어 미스 사우스다코타에 당선되기도 했다.

메러디스와 나는 좋은 친구 사이였다. 그녀는 치어리더였고 나는 운동선수였는데, 함께 있을 때면 깔깔거리고 웃기 바빴다. 메러디스는 모두가 생각하는 가장 완벽한 소녀였다. 하지만 이성 교제에서만큼은 확실하게 선을 그었다. 그때 나는 바람둥이라고 평판이 나 있었는데, 메러디스는 친구들에게 "걔랑은 사귈 생각 전혀 없어"라고 말하기도 했다.

고등학교를 졸업하고 나는 아이오와시티에 있는 아이오와 대학에 들어갔는데, 우리 집안에서 처음 있는 일이었다. 그때만 해도 천재 소리를 들었기에 모두 내가 세상을 바꾸는 훌륭한 일을 하리라고 믿어 의심치 않았다.

그러나 나는 이내 바닥으로 추락했다.

대학에 들어간 이후 난생처음 주어진 자유를 감당하기에 나는 많이 부족했다. 강의에 제대로 출석한 적이 손에 꼽을 정도였고 그 대신 맥주와 이성이라는 전공을 택했다. 한번은 야밤에 도로에서 히치하이크를 해 중서부를 가로지른 적도 있다. 그렇게 미니애폴리스에 도착해 친구 집 소파에서 자며 닷새 동안 얹혀살았다. 물론 부모님은 까마득하게 모르고 있었다.

결국 대학을 그만두고 아이오와주 수시티에서 별 볼 일 없는 직장을 구했다. 주변에 아등바등 사는 사람이 많았는데, 대부분 투잡을 뛰고 결혼 생활에 문제가 있었다. 나는 '내가 원하는 삶은 이런 게 아니야'라고 생각하며 다시 집으로 들어갔다. 그러다 메러디스로부터 편지한 통을 받았다. 나에 대한 그녀의 생각이 매우 신랄하게 적힌 편지였다. 그녀의 편지는 내가 정신을 차리는 중요한 계기였다. 친구를 위한 진정한 사랑의 매나 다름없었다.

나는 다시 버밀리언에 있는 사우스다코타 대학에 입학했지만, 똑바로 처신할 준비가 덜 되어 있었다. 그러다 윌리엄 '닥' 파버William "Doc" Farber 박사를 만났다. 대공황이 한창이던 시절 사우스다코타 대학의 교수가 된 그는 뛰어난 정치학자로, 대학을 거쳐 간 수많은 학생에게 멘토 역할을 해 오고 있었다. 그가 가르친 학생들이 나중에 주지사나 상원의원, 로즈 장학생, 성공한 사업가 등등이 되기도 했다. 닥 박사의 업적은 지금도 계속 쌓이는 중인데, 최근에 사우스다코타에서 선출된 두 명의 상원의원인 공화당 소속 존 슌John Thune과 민주당 소속 팀 존슨Tim Johnson 모두 '파버 교수의 학생들'이다.

닥 파버는 165센티미터 정도의 작은 키에 좀 통통한 편이었는데, 에너지와 열의, 격려, 그리고 호기심으로 꽉 찬 사람이었다. 그는 학교와 학생들에게 모든 열정을 아낌없이 쏟았다.

대학에 들어간 지 얼마 되지 않았을 때 파버 박사가 나를 저녁 식사에 초대했다. 식사를 하면서 우리는 책이나 정치, 학교처럼 평범한 주제에 대해 이야기했다. 커피와 디저트가 나오자 그가 이렇게 말했다. "자네를 위한 계획이 있네. 학교를 관두게. 그리고 이제 됐다 싶을 때까지 와인을 마시고, 이성 친구와 사귀고, 노래도 부르게. 다른 사람에게 민폐 끼치지 않을 준비가 되면 다시 학교로 돌아오는 게 좋겠군." 처음에는 깜짝 놀라 아무 말도 할 수 없었다. 매우 만족스러운 저녁 식사였다고 생각했기 때문에 더더욱 따뜻한 격려의 말을 기대하고 있었다. 그러나 이내 '맙소사, 파티 하면서 놀아도 좋다는 말이잖아'라는 생각이 들었다. 집으로 돌아가 부모님에게 박사가 해 준 조언을 그대로 전달했다. 부모님은 그리 달가워하지 않았다.

그러나 현실은 내 기대에 한참 못 미쳤다. 1960년 여름, 스무 살이었던 나는 부모님 집에 얹혀살고 있었다. 이런저런 잡다한 일을 하며 스스로에 대한 약간의 죄책감에 시달렸다. 리처드 닉슨Richard Nixon과 존 F. 케네디John F. Kennedy가 출마한 대통령 선거만이 유일하게 신나는 일이었다. 어머니와 나는 선거 과정에 온 관심을 기울였다. 선거일은 11월 8일 화요일이었다. 나는 저녁 일곱 시부터 거실 TV 앞에 앉아 다음 날인 11월 9일 아침 여덟 시가 될 때까지 일어나지 않았다. 케네디의 당선 소식이 전파를 타는 순간까지 자리를 지켰던 것이다. 그날 밤, 내 인생을 송두리째 바꾼 일이 일어났다. 쳇 헌틀리Chet Huntley와 데이비드 브링클리가 역전에 역전을 반복하는 득표수를 보도하는 장면을 보면서 나는 이렇게 중얼거렸다. "바로 저게 내가 하고 싶은 일이야."

나는 아이오와주 수시티에 있는 방송국에서 기상예보와 프로그램 중간광고, 그리고 뉴스를 진행하는 일을 시작했다. 엉망진창인 성적을 만회하기 위해 대학 강의도 같이 들었다. 새벽 다섯 시 반에 일어나 여섯 시에 차를 몰아 강의실로 향했다. 그러고는 열두 시까지 강의를 듣고 다시 수시티로 돌아와 밤 열한 시까지 방송국에서 일했다. 다음 날에도 같은 일상을 반복했다. 주 6일 출근하고 75달러를 받았다.

닥 파버는 내가 일과 공부를 병행할 수 있도록 내 일정에 맞춰 커리큘럼을 짜 주었다. 그는 나를 처음부터 끝까지 도와주었는데, 심지어 반드시 받아야 하는 최저 점수를 정해 주기도 했다. 하지만 파버 박사의 강의는 매우 어렵고 까다로웠으니, 학기말에는 석사논문 수준의 리포트를 제출해야 했다. 나는 당시만 해도 잘 알려지지 않았던 헨리 키신저를 리포트 주제로 정했다. 그런데 일을 하고 있었기 때문에 정해진 기한까지 리포트를 끝내지 못했다. 동기들과 함께 1962년에 졸업할 수 있도록 파버 박사가 리포트 제출을 면제해 줬으면 하고 바랐다. 어림없는 소리였다. 그는 "자네, 나한테 리포트를 빚졌어. 제출하기 전까지 졸업할 생각을 말게"라고 말했다. 결국 다른 졸업 조건을 모두 충족했는데도 1964년에 리포트를 끝낸 후에야 겨우 졸업장을 손에 쥘 수 있었다.

포기를 모르는 파버 박사가 내 인생을 바꿨다. 나는 그가 세상을 떠나기 직전까지 거의 매주 연락을 주고받았다. 우리는 뉴스에 보도되는 일들이나 주요 이슈들을 내가 어떻게 다룰지 등등에 대해 이야기하고는 했다. 때로는 칭찬을 아끼지 않았고 때로는 날카롭게 분석했으며 때로는 비판적이었지만, 그는 언제나 건설적인 조언을 주었다. 그런 다음 이런 말을 덧붙였다. "도움이 필요한 학생이 있다네. 장학 기금에 기부하는 것은 어떻겠나?" 2007년 파버 박사가 숨을 거두었을 때 사우스다코타에서는 사흘 동안 조기를 달아 그를 추모했다.

인생을 제대로 살기 시작한 이후 메러디스와 다시 연락이 닿았다. 그녀 역시 조금씩 바뀌고 있었다. 그녀가 대학 새내기 시절 만난 룸메이트 중에 텍사스 남부 출신의 캐리라는 친구가 있었는데, 자유로운 영혼의 소유자였다. 그녀는 메러디스에게 학점이나 도서관 밤샘 공부가 대학의 다는 아니라는 점을 일깨워 주었다. 내가 인생의 갈피를 못 잡고 있을 때 메러디스는 다시는 나를 보고 싶지 않다며 경멸에 가득 찬 편지를 보냈다. 파티를 즐기는 내 행동이 친구들과 부모님을 혼란스럽고 슬프게 만든다는 내용이었다. 그 편지 덕분에 나는 인생의 방향을 새로 잡을 수 있었다. 다행스럽게도 내가 개선의 의지를 보이자 메러디스도 마음을 바꿨다.

그렇게 우리는 다시 만나기 시작했고 18개월 후에 결혼했다. 그녀와 내 친구들 모두 깜짝 놀랐다.

인생에서 만난 행운의 순간들 중 메러디스가 단연 최고일 것이다. 반백 년이 넘도록 나는 그녀의 지성과 수많은 재주에 감탄하고 있다. 예컨대 나이 쉰에 그녀는 승마 전문가가 되었다. 그녀는 훌륭한 어머니이자 할머니이며 작은 사업을 일구는 여성 사업가이다. 또한 기업의 이사회 임원, 자선가, 환경운동가로 활동 중이며 스키와 배낭여행, 브리지를 즐긴다. 브리지 애호가로 잘 알려진 워런 버핏Warren Buffett은 이런 말을 하기도 했다. "돈을 따기 위해 브리지를 하는 것은 아니지만, 만약 그렇다면 메러디스와 같은 편이 되고 싶군요."

나는 사우스다코타주의 양크턴에서 자랄 때만 해도 상상하지 못했던 삶을 살아왔다. 역사상 가장 중요한 사건과 가장 위대한 비극을 두눈으로 목격했다. 전 세계를 여행했으며 손꼽히는 지도자들을 인터뷰했다. 가장 필요할 때 내 인생에 불쑥 들어와 나를 채찍질하고 길을 안내해 준 닥 파버의 너그러움과 변함없는 지지, 그리고 솔직함이 없었다면 지금의 삶은 불가능했을 것이다. 덕분에 내 안에 있던 진실성, 성실, 그리고 타인에 대한 배려라는 중서부의 가치를 다시금 일깨울 수 있었고 인생의 지표로 삼을 수 있었다. 한결같은 닥 파버, 부모님, 그리고 반세기가 넘도록 함께하는 아내 메러디스가 있기에 지금의 인생을 살고 있는 것이다.

06

벤 카슨

Ben Carson

신경외과 전문의 벤 카슨은 심한 압박 속에서 얼마큼 침착함을 유지할 수 있을까? 그에 대한 답을 찾을 수 있는 유명한 일화가 있다. 1987년, 카슨 박사는 머리 부분이 붙어 있는 샴쌍둥이를 분리하는 수술을 했다. 《타임》지와 《뉴스위크》는 이를 가리켜 역사상 가장 복잡한 수술이라고 표현했다. 수술실에서 환자의 심장이 멈출 때까지 체온을 떨어뜨린 다음 피를 뽑아내고 식염수를 집어넣는 과정을 거쳐야 했다. 그래야 수술의가 과다 출혈의 걱정 없이 환자의 혈관을 자르고 고칠 수 있기 때문이었다. 수술이 끝나면 환자의 몸을 따뜻하게 하고 피를 다시 흘려보낸 다음 자동심장충격기로 심장을 다시 뛰게 만들어야 했다. 그런데 한 가지 중요한 제약 조건이 있었다. 환자의 심장이 다시 뛰기까지 주어진 시간이 겨우 한 시간에 불과하다는 사실이었다. 실제 수술은 59분을 살짝 넘기고 끝이 났다.

벤이 겪은 삶의 전환점을 살펴보면 우리 인생에서 교육이 얼마나 핵심적인 역할을 하는지, 그리고 청년들이 양질의 교육의 가치를 이해하는 것이 얼마나 중요한지를 알 수 있다.

━━━━━━━

나는 디트로이트 출신이다. 부모님은 테네시주 시골을 떠나 디트로이트에 자리 잡았다. 부모님이 결혼할 때 아버지 나이가 스물여덟, 어머니 나이가 열셋이었다. 어머니는 스물네 명의 형제자매 중 한 명이었다. 스물네 명의 아이들은 늘 이곳에서 저곳으로 옮겨 다니며 자랐다. 한곳에서 오래 머무는 법이 없었다. 어머니는 학교를 3학년까지밖에 다니지 못했다.

디트로이트로 옮겨 온 부모님은 90제곱미터 남짓한 집을 구입했다. 작은 마당이 있는 집이었는데, 남동생 커티스와 나는 그 집을 무척이나 좋아했다. 우리는 그 집이 전혀 비좁다고 느끼지 않았다. 더없이 완벽한 집이었다.

하지만 사실 완벽과는 거리가 멀었다. 커티스와 나는 몰랐지만, 아버지는 술과 마약, 그리고 여자에 빠져 있었다. 어머니도 짐작은 했지만 참고 살았던 것 같다. 아버지가 두 집 살림을 한다는 사실을 알기까지는 말이다. 내가 여덟 살이 되던 해, 부모님이 이혼했다. 어머니는 위자료로 집을 받았지만, 생활비를 감당하기에는 역부족이었다. 그래서 월세를 놓았다. 어머니와 커티스, 그리고 나는 보스턴으로 건너와 이모와 윌리엄 이모부와 함께 살았다.

나는 이모부의 성실함에 깊은 인상을 받았다. 우리 형제를 갑작스럽게 떠맡게 된 이모 부부는 가진 게 많지 않았다. 쥐와 바퀴벌레, 갱단, 그리고 주정뱅이가 들끓는 공동주택에 살고 있었는데, 폭력으로 얼룩진 동네였다. 나보다 나이가 많은 사촌들 중 두 명인 보와 루이스 에이버리가 그곳에서 살해당하기도 했다.

어머니의 목표는 오직 하나, 디트로이트로 돌아갈 수 있는 충분한 돈을 모으는 것이었다. 어머니는 두세 가지 일을 동시에 했다. 여러 집을 차례로 돌아가며 청소했는데, 새벽 다섯 시에 집을 나가 자정이 넘어 돌아오는 일이 비일비재했다.

어머니는 키가 162센티미터였다. 아름다운 외모 때문에 따라다니는 남자들이 끊이지 않았지만, 어머니의 관심은 오로지 나와 커티스였고 우리가 당신보다 더 나은 삶을 살게 하려고 애썼다.

믿음이 어머니가 살아가는 힘이었다. 하느님에 대한 믿음뿐 아니라 더 나은 미래가 기다리고 있다는 강한 믿음이 있었다. 어머니는 현재 상황에 절대 만족하지 않았으며 주어진 것에 순순히 타협할 이유가 전혀 없다고 여겼다. 몇몇 사람들의 눈에는 그런 어머니가 이상해 보였을 것이다. 하지만 나는 어머니가 현명하다고 생각했다.

또 어머니는 검소했다. 일요일 아침이면 어머니와 함께 차를 몰고 시골로 향하고는 했다. 농장이 보이면 차를 멈추고 문을 두드린 후에 옥수수나 사과 등을 추수하는 데 일손이 필요한지 물었다. 품삯으로는 추수한 곡식의 4분의 1을 달라고 했다. 대개는 우리의 제안이 타당하다고 생각한 농부들이 일거리를 주었다. 갓 수확한 곡식을 집으로 가져가면 어머니는 통조림을 만들었다.

우리 형제가 입는 옷도 대부분 어머니가 직접 만들었다. 커티스와 나를 위해 어머니는 상상력을 마음껏 발휘했다. 한번은 굿윌 매장에서 무릎 한쪽에 구멍이 난 청바지를 찾은 적이 있다. 어머니는 청바지를 집으로 가져와 구멍에 천을 덧댄 후 멀쩡한 반대편 무릎에도 똑같이 천을 덧댔다. 어머니가 수선한 청바지를 학교에 입고 갔더니, 꽤 멋져 보였는지 많은 친구들이 천을 덧댄 비슷한 청바지를 어디서 살 수 있는지 궁금해했다.

2년 후 우리는 다시 디트로이트로 이사할 수 있었다. 하지만 여전히 사정이 좋지 않아 옛날에 살던 집으로 바로 들어가지는 못했다. 끔찍한 동네에 위치한 보잘것없는 아파트에서 살았지만 그래도 우리 가족만의 공간이었다. 시간이 지나 마침내 예전의 집으로 다시 옮기게 되었다.

나는 학교 공부를 잘하지 못했다. 오히려 형편없는 학생이었다. 스스로 바보라고 생각하다 보니 남들도 다 나를 바보라고 여겼다. 하지만 어머니는 동의하지 않았다. 내가 똑똑하지 않다고 생각한 적이 한 번도 없었다. 어머니는 우리보다 나은 사람들이 세상을 어떻게 살아가는지 유심히 지켜보는 뛰어난 관찰력을 지니고 있었다.

예컨대 어머니는 당신이 파출부로 일하는 부잣집 사람들의 경우 우리 가족에 비해 책을 읽는 시간이 많고 TV를 보는 시간이 적다는 점을 알아차렸다. 그래서 어머니는 한 가지 계획을 세웠고 이로써 우리 가족의 삶이 완전히 바뀌었다. 바로 TV 시간을 엄격하게 제한한 것이다. 우리는 일주일에 두세 가지 프로그램만 볼 수 있었다. 남동생과 나는 어머니의 결정이 조금도 반갑지 않았다.

그런데 우리 마음에 들지 않는 부수적인 규칙이 하나 더 있었다. 매주 도서관에서 책 두 권을 빌려와 읽은 다음 독후감을 써야 했다. 3학년까지밖에 다니지 않은 어머니는 살면서 한 번도 독후감을 써 본 적이 없었을 것이다. 그런데도 우리가 독후감을 쓰면서 무엇을 배울 수 있는지 알고 있었다.

책을 읽으면서 해답을 얻는 듯한 기분이 들었다. 그 전에는 나보다 똑똑한 아이들이 셀 수 없이 많은 것을 알고 있다는 사실이 늘 신기했었다. 선생님이 무엇을 질문하든 답을 아는 친구들이 꼭 있었다. 그토록 많은 것을 어떻게 알고 있는지 상상할 수도, 이해할 수도 없었다. 하지만 책을 읽기 시작한 이후로 선생님의 질문에 종종 나도 모르게 손을 들었다. 얼마 지나지 않아 어머니가 시키지 않아도 스스로 책을 펴고 읽어 나갔다. 급기야 저녁 식사 시간에 "벤저민, 책 좀 그만 보렴"이라는 날카로운 잔소리를 듣는 일이 잦아졌다.

나는 흥미로운 주제의 책부터 읽기 시작했다. 동물을 좋아했기 때문에 동물에 관한 책을 많이 읽었다. 디트로이트 공공도서관에 있는 동물 관련 어린이 도서를 모두 읽은 후에는 식물에 관한 책으로 넘어갔다. 그다음에는 돌에 관한 책을 읽었다. 집 근처에 있는 철도 주변으로 돌이 놓여 있는 것을 보고 돌에 대해 더 많이 알고 싶다는 생각이 들었기 때문이다. 책을 읽다 보니 제법 전문가가 되었다. 돌을 보기만 해도 어떤 종류인지, 어디서 왔는지, 어떻게 형성되었는지를 설명할 수 있는 수준에까지 다다랐다.

그러다가 5학년 과학 선생님의 눈에 띄게 되었다. 선생님 덕분에 나는 학교 실험실에서 조수로 일하면서 동물을 보살피고 현미경을 사용하는 방법을 익혔다. 연못 물 한 방울에 엄청난 수의 미생물이 살고 있다는 사실을 이때 알았다. 나는 조금씩 내 길을 찾아가고 있었다. 독서가 낳은 변화였다.

그렇다고 해서 남은 학교생활을 수월하게 보낸 것은 결코 아니다. 남들과 마찬가지로 고등학교라는 시험대를 무사히 통과해야 했다. 괜찮은 친구들을 사귀었는지, 이상한 옷을 입지는 않았는지, 여자애들의 관심을 얻을 수 있는지 모든 것이 의문투성이였다. 농구와 공부 중에 무엇을 선택해야 하는지도 확신이 없었다. 게다가 디트로이트 도심 지역이어서 주변에 불량 조직도 정말 많았다. 나는 불량 조직 우두머리의 숙제를 대신해 주고 친하게 지내려고 애쓰기도 했다. 동네에서 가장 터프하고 위험한 친구들도 숙제 걱정을 한다는 사실이 이상했지만 정말로 그랬다. 일종의 공생관계였다. 그들은 필요한 것을 손에 넣었고 나 역시 보호막을 얻었다. 그런데 이런 친구들과 점점 더 어울릴수록 성적은 떨어졌고 태도는 불량해졌다.

나는 어머니에게 제대로 된 옷이 없다며 불평을 늘어놓았다. 새로 사귄 친구들이 입는 그런 옷들이 필요하다고 투덜거렸다. 어머니는 우리가 먹고 입고 가진 모든 것이 바닥을 닦고 화장실을 청소하는 등 모두가 하기 싫어하는 더럽고 하찮은 일들을 해서 얻은 것이라고 말했다. 그런 다음 실험을 하나 제안했다. 어머니는 그 주에 번 돈을 모두 내게 주었다. 내게 주어진 숙제는 장을 보고 고지서를 내는 것이 다였다. 그리고 남은 돈은 얼마든지 새 옷을 사는 데 써도 좋다고 했다.

말할 것도 없이 모든 계산을 마친 나는 어머니가 재무 천재라고 생각했다. 그길로 옷에 집착하거나 불량배 흉내 내는 것을 그만두고 다시 책 속에 머리를 파묻었다.

지금 와서 보면 내가 따라 하려고 애쓰던 친구들의 삶이 그때 생각과는 다르게 전개되었다. 예컨대 에자드라는 친구가 있었다. 2년 정도 유급해서 나보다 나이가 많았다. 늘 좋은 옷에 차도 있었고 가끔 오토바이를 몰고 오기도 했다. 또 22구경 소총과 여러 자루의 칼을 가지고 다녔다. 당연히 그를 따르는 애들이 정말 많았다. 그런데 제25회 동창회에서 에자드를 비롯해 예전에 잘나가던 친구들이 죽었다는 소식을 들었다.

나는 최근 메릴랜드주 볼티모어에 있는 존스홉킨스 병원 소아신경외과 과장 자리에서 은퇴했다. 서른세 살 때부터 과장 자리를 지켰는데(지금은 예순다섯 살이다), 의사로 일하면서 1만 5000명의 환자를 수술했다. 지금도 환자들과 자주 마주친다. 많은 환자들이 건강하게 지내고 있는 모습을 보면 큰 보람을 느낀다. 얼마 전, 생후 9개월 때 나에게 수술을 받은 한 젊은 청년을 만났다. 그의 부모님은 아들이 오래 살지 못할 것이라는 통보를 받았다. 그러나 청년은 어언 스물한 살이 되었다.

어떻게 보면 디트로이트에서 보낸 나날과 스스로 바보 같다고 생각해서 수업 시간에 손 들기를 주저했던 시절이 아주 오래전 이야기처럼 느껴진다. 3학년까지만 학교를 다닌 어머니는 남동생과 나를 위해 헌신했고 우리의 인생을 완전히 바꿨다. 의사로 일하면서 환자의 뇌를 수술할 때마다 어머니를 떠올렸다. 그리고 그녀가 내 뇌를 위해서 한 모든 일에 감사의 인사를 했다.

07

제임스 카빌

James Carville

1993년, 대통령 선거가 끝나고 몇 달이 채 지나지 않은 시점에 빌 클린턴Bill Clinton의 고문으로 활동하던 제임스 카빌이 조지 H. W. 부시의 컨설턴트이자 선거 책임자이며 공화당 지지자인 메리 매털린과 결혼하자 나를 비롯해 많은 이들이 깜짝 놀랐다. 그 후 20년 동안 두 사람은 어떻게 행복한 결혼 생활을 유지해 왔을까? "우리는 그저 서로 함께하는 것을 좋아합니다. 물론 의견이 다를 때도 있고 문제를 겪을 때도 있지만, 안 그런 부부가 어디 있겠어요. 정치적 견해의 차이 때문에 상황이 나빠질 수도 있지만, 우리는 늘 넓은 시야를 유지하죠. 서로 다른 정당 소속이라는 것 말고도 결혼 생활을 하다 보면 훨씬 더 끔찍한 스트레스가 있기 마련이니까요."

우리는 종종 자신을 이해하고 설명하기 위해 유전의 힘을 빌린다. 나는 제임스와 함께 그의 인생에서 중요했던 순간들에 대해 이야기하면서 우리가 누구인지, 또 어떻게 삶을 살아가는지에 주변 환경과 지역 사회가 유전적 요소만큼이나 많은 영향을 미친다는 점을 알게 되었다.

나에 대해 꼭 알아야 할 중요한 점이 있다면 내가 루이지애나 카빌에서 자랐다는 사실이다. 카빌은 미시시피강 북류 구부러진 지점에 자리한 작은 마을로, 배턴루지에서 남쪽으로 약 26킬로미터 정도 떨어져 있다. 카빌에는 제66번 해양 병원이 있었다. 당시에는 나병으로 더욱 잘 알려진 한센병을 치료하고 연구하는 병원으로는 세계에서 가장 규모가 컸다.

그렇다면 이제 카빌이라는 이름의 유래를 살펴보자. 사실 우리 중 조부가 루이지애나 역사에서 중요한 역할을 한 인물이기 때문이라는 등의 숭고한 이유와는 거리가 멀다. 옛날에는 카빌을 아일랜드라고 불렀는데(실제로 섬은 아니다), 주변에 시실리아일랜드나 피컨아일랜드와 같은 실제 섬이 있었다. 그런데 편지가 자꾸 다른 섬으로 배달되자 우체국에서 마을의 이름을 바꾸기로 결정했다. 당시 우체국장이었던 할아버지는 가문의 영광이 될 만한 새 이름을 골랐다. 1909년 6월 8일, 그렇게 마을의 이름이 아일랜드에서 카빌로 바뀌었다.

나는 1944년에 장남으로 태어났다. 형제가 모두 여덟 명인데 1940년대 루이지애나의 가톨릭 가정에서 흔히 볼 수 있는 규모였다. 나는 우리 집과 할아버지 집을 오가며 매우 행복한 어린 시절을 보냈다. 환경에 변화를 주고 싶을 때면 말을 타고 2킬로미터 떨어진 할아버지 집에 가고는 했다. 카빌 마을 사람들에 비해 우리 집은 부유한 편이었다. 침실이 세 칸 있는 집에 살았고 차도 있었다. 아버지 체스터는 잡화점 주인이었는데, 당신의 아버지와 마찬가지로 우체국장이기도 했다.

아버지가 운영하던 잡화점은 증조할머니로부터 물려받은 것이었다. 신발에서부터 샌드위치, 나사못, 옥수수 통조림, 아스피린, 맥주, 연장까지 팔 수 있는 온갖 물건을 다 팔았다. 그런데 길이 새로 뚫리자 배턴루지에 문을 연 대형 슈퍼마켓으로 물건을 사러 가기가 훨씬 수월해졌다. 어린 내 눈에도 온갖 종류의 물건을 파는 시골 상점이 곧 세상에서 사라질 것이 분명했다. 아버지에게 재고를 줄이자고 말했지만, 지역 사회를 위해 봉사해야 한다는 의무감을 느꼈던 아버지는 변화를 거부했다. 결국 아버지는 잡화점 문을 닫아야만 했고, 나는 걱정과 괴로움에 시달리던 아버지의 모습을 지켜봐야 했다. 아버지는 젊은 나이에 심장마비로 눈을 감았다. 잡화점이 서서히 죽어 가는 것을 보며 내가 배운 교훈은 상황이 악화될 때 공격적으로 행동해야 한다는 것이었다. 내가 너무 빨리 플러그를 뽑을 때도 있긴 하지만, 전반적으로 매우 성공적인 전략이라고 할 수 있다.

카빌 인구의 약 85퍼센트는 아프리카계 미국인이었다. 나는 자연스럽게 흑인 친구들과 함께 놀며 자랐다. 사실, 마을에 있는 아프리카계 미국인에게 동질감을 느꼈다. 민주당 지지자가 된 것도 이 때문이다. 나는 귀를 기울이는 누구에게나 이렇게 말했다. "이 사람들은 부당한 대우를 받고 있어요. 열심히 일하는 훌륭한 이웃인데도 우리와 같은 권리를 누리지 못하죠." 이런 생각을 모두가 환영하지는 않았다.

　나는 자라면서 동정심을 배웠다. 어머니 루실은 우리에게 모든 사람을 똑같이 존중하라고 가르쳤다. 아버지보다 훨씬 성격이 강했던 어머니는 만만찮은 여성이었다. 미스 니피라는 멋진 별명도 가지고 있었다. 대공황 시절에는 노숙자들이 화물기차를 타고 미국 시골을 떠돌아다니며 아무 데서나 자고 손에 잡히는 대로 먹었다. 한동안 닙이라는 남자가 어보이엘르 교구教區 근처 숲속에서 살았는데, 어머니는 닙에게 음식을 가져다주고는 했다. 그러자 사람들은 어머니를 미스 니피라고 부르기 시작했다. 별명을 왕족의 이름을 따서 짓는 경우도 있고 스포츠 영웅이나 유명 배우의 이름에서 따오는 경우도 있다. 하지만 나는 늘 어머니의 별명이 떠돌이의 이름에서 유래되었다는 사실에 큰 자부심을 느꼈다.

　또 어머니는 내가 아는 가장 뛰어난 판매원이었다. 잡화점 장사가 잘 안되자 어머니는 집마다 돌아다니며 《월드북 백과사전》을 파는 일을 시작했다. 그런데 종종 나를 조수로 데려갔다.

　"자, 제임스, 자전거랑 낚싯배가 있는 집을 찾으렴." 어머니는 이 동네 저 동네의 평범한 집을 지나치며 이렇게 말했다.

　"왜요?"

　"자전거가 있으면 애가 있다는 뜻이니까. 배가 있다는 건 배를 살 만큼 여유가 있다는 뜻이고."

　자전거와 배가 보이면 차를 세우고 정문까지 난 계단을 따라 올라가 문을 두드린다. 그러고는 안주인이 나올 때까지 기다린다. 안주인이 문을 열고 들어오라고 말하면 거실에 앉아 간단한 인사치레를 나눈다.

그런 다음 어머니가 나를 보며 이렇게 묻는다. "제임스, 버몬트의 주도가 어디지?"

"몬트필리어요." 나는 충실하게 대답한다.

"프랑스혁명이 언제 일어났지?"

"1789년부터 1799년까지요."

어머니는 나의 방대한 지식이 모두 《월드북 백과사전》 덕분이라고 설명한다. 그러면 안주인은 잠시 고민하다가 이렇게 말한다. "남편에게 물어봐야 해요."

곧 모습을 드러낸 남편에게 어머니는 영업을 시작한다. 어머니의 말을 가만히 듣던 남편이 이렇게 말한다. "카빌 부인, 귀한 시간 내주셔서 감사합니다. 백과사전에 대해 다 맞는 말씀을 하셨을 테지만, 지금 저희는 내야 할 공과금이 있답니다. 나중에 다시 오셔서 이야기하는 게 좋을 것 같네요."

"그런데 선생님, 댁에 낚싯배가 있더군요."

"예, 그렇습니다." 어머니가 놓은 덫에 걸린지도 모른 채 남편이 으스대며 대답한다.

"아이들을 위한 교육용 자료는 구입을 미루시면서, 취미용 낚싯배에는 돈을 아끼지 않으시는 건가요?"

십중팔구 판매 성공이다.

어머니는 내게 훌륭한 판매원이 된다는 것은 영광스러운 일이라는 점을 가르쳐 주었다. 특히 값어치를 하는 물건을 팔 때는 더욱 그렇다. 정치 역시 물건을 파는 일과 다르지 않다.

나병 환자를 치료하는 제66번 해양 병원은 교구에서 가장 좋은 직장이었다. 카빌의 수많은 흑인 주민들이 병원에서 일하며 건강보험과 연금 혜택을 누렸다. 루이지애나의 다른 곳에 비해 해양 병원은 차별이 덜 심한 편이었다. 게다가 종종 부모에서 자식으로 대물림되는 병원 일자리는 명망 있는 직업으로 생각되었다.

전 세계의 연구자와 의사들이 병원으로 몰려들었다. 그중에는 몇 달, 심지어 몇 년 동안 머무는 사람들도 있었다. 나는 그들과 친하게 지내며 아이들과도 함께 놀았다. 그들은 이국적인 장소에 대한 이야기를 들려주었다. 내 호기심은 나날이 커졌다. 시골에 사는 사람들 대부분이 집에서 멀리 떠나지 못한다. 그러나 제66번 해양 병원에서의 경험 덕분에 나는 더 넓은 세상을 알게 되었고 하루빨리 탐험해 보고 싶었다.

우리 집안은 대대로 정치에 관심이 많다. 할아버지는 교구 운영을 담당하는 위원회의 일원이었다. 아버지는 큰 소리로 신문을 읽으며 "이런 멍청이들이 무슨 짓을 벌이는지 믿을 수가 없군"과 같은 논평을 끼워 넣고는 했다. 정치와 관련된 일을 처음으로 시작한 것은 고등학생 때였는데, 주 의회 선거에 출마한 후보를 돕는 일이었다. 마을을 돌아다니며 우리 후보의 선거 팻말을 설치하는 동시에 상대편 후보의 팻말은 떼어 버렸다.

고등학교 여름방학에는 배턴루지의 은행에서 일했다. 심부름을 정말 많이 했는데, 가끔 주 청사에 들어갈 때도 있었다. 그럴 때면 개회 중인 의회를 구경하고는 했다. 루이지애나는 오랫동안 흥미진진하고 때로는 부도덕한 정치인들을 배출한 역사를 가지고 있다. 그런 국회의원들의 모습에서 눈을 뗄 수 없었다.

1973년 법학 학위를 받은 후에 나는 배턴루지에 있는 법률회사에 취직했다. 그곳에서 6년간 일했지만 변호사 일이 적성에 맞지 않았다. 지루했고 제대로 쉴 수도 없었다. 평생을 책상에 앉아서 보내게 될까 봐 두려웠다. 그러던 중에 친구 한 명이 배턴루지의 시장 선거에 출마했고 나는 컨설턴트로서 선거를 도왔다. 매일 아침 투지와 에너지로 가득한 채 침대에서 벌떡 일어났다. 우리는 선거에서 이겼고 나는 선거의 매력에 흠뻑 빠지게 되었다.

요즘 나는 매우 운이 좋다고 생각한다. 지금은 카빌에서 강을 따라 남쪽으로 113킬로미터 정도 떨어진 뉴올리언스에서 살고 있다. 나를 지탱하는 내 뿌리와 여전히 가까이 있다. 아버지는 더 넓은 세상을 향한 내 호기심에 불을 붙여 주었다. 잡화점을 지역사회의 소중한 자원으로 여겼던 아버지의 헌신이 자랑스럽다. 한편으로 변화에 적응하지 못했던 아버지를 보면서 공격적인 태세를 갖추는 방법을 배웠다. 백과사전을 판매하는 어머니의 노하우를 보며 사람들의 머릿속에 들어가야 한다는 사실을 깨달았다. 카빌에 있던 제66번 해양 병원 덕분에 좀 더 폭넓은 사고를 하게 되었고 타인을 향한 동정심을 배웠다. 아프리카계 미국인들과 함께 자라면서 약자의 어려움을 이해하고 그들을 위해 싸우겠다는 의지를 불태웠다. 어쩌면 카빌은 작은 점에 지나지 않는 마을이다. 하지만 카빌 강바닥에 쌓인 흙은 매우 깊고 비옥하다.

08

데비 필즈

Debbi Fields

유명한 사업가 데비 필즈에게 성공의 비밀을 물어본다면, 기꺼이 그녀는 쿠키 사업을 처음 시작했던 날에 대해 이야기해 줄 것이다. 데비는 혼자 힘으로 동네 쇼핑몰 안에 있는 글로벌 푸드코트에 첫 매장을 열었다. 전날 밤 한숨도 못 잔 그녀는 동이 트기 전에 매장에 도착해 빵을 굽기 시작했다. 아홉 시가 되면 문을 열고 손님들이 몰려오기를 기다렸다. 그러나 점심시간이 다 될 때까지 쿠키를 하나도 팔지 못했다. 순간 그녀는 생각했다. 쿠키를 공짜로 나눠 주면 어떨까? 그녀는 베이킹 트레이 위에 쿠키를 담고 가게를 나섰다. 그러고는 지나가는 사람에게 쿠키를 먹어 보라고 권했다. 그날 데비는 75달러를 벌었고, 다음 주에도, 그리고 다음 달에도 매일 같은 수익을 냈다. 그녀는 쿠키를 홍보하는 데 무료 시식이 최고라는 사실을 알게 되었다. 공짜 쿠키를 더 많이 나눠 줄수록 판매량이 늘었다.

데비는 내게 인생의 결정적 순간에 배운 소중한 교훈에 대해 들려주었다. 바로 복잡하거나 신비로운 성공의 비밀은 없다는 점이다. 경영학 도서를 뒤져 봐도 성공의 비법은 찾을 수 없다. 때로는 삶에서도 사업에서도 잘하는 일을 찾은 다음, 최선을 다해 노력하는 것이 가장 좋은 길이다.

태어나서 처음 만든 쿠키 반죽이 아직도 생생하게 기억난다. 열한 살 정도 되었을 때였다. 움푹한 그릇에 밀가루, 마가린, 인공 초콜릿 칩과 인공 바닐라 등 있는 재료를 모두 넣고 섞었다. 작게 굴린 덩어리를 베이킹 트레이에 얹고 오븐에 넣었더니 몇 분도 채 안 되어 황홀한 냄새가 코끝에 맴돌았다. 적당히 갈색으로 익은 쿠키를 오븐에서 꺼내 한 입 베어 물자 '내가 먹은 것 중에서 가장 맛있어'라는 생각이 들었다. 그 후 나만의 먹이피라미드는 온통 쿠키로 도배되었다.

그날 이후 나는 언제나 쿠키를 구웠다. 내가 만든 쿠키를 가방에 넣고 다니며 친구들과 가족들에게 나눠 주었다. 쿠키를 베어 문 사람들의 얼굴에 미소가 번지는 모습을 지켜보는 일이 내게 매우 중요해졌다. 한층 더 돈독한 우정을 쌓고 서로 간의 연결 고리를 찾을 수 있을 뿐 아니라 기분도 덩달아 좋아졌다. 그러나 무엇보다 내가 필요로 했던 무언가를 충족시켜 주었다. 바로 인정이었다.

열세 살이 되었을 때 오클랜드 애슬레틱스의 볼걸로 일하면서 처음으로 용돈벌이를 시작했다. 3루 라인 뒤에 서 있다가 파울볼을 주워 오는 것이 내 일이었다. 첫 월급을 받자마자 나는 슈퍼마켓으로 직진해 버터와 천연 초콜릿, 천연 바닐라를 샀다. 그러고는 서둘러 집으로 돌아와 곧장 쿠키 반죽을 만들었다. 완성된 쿠키를 맛본 이후 내 인생은 완전히 바뀌었다. 처음으로 버터의 향긋한 맛에 눈을 뜬 것이다. 그 순간 오직 최고의 재료만 써서 쿠키를 만들겠다고 결심했다.

쿠키로 돈을 벌 생각은 미처 하지 못했다. 우리 가족 중에는 대학에 진학한 사람이 아무도 없었다. 아버지는 용접공이었다. 고등학교를 졸업한 후에는 짝을 만나 결혼하고, 월급을 적당히 주는 일자리를 찾는 것이 우리 집안의 규칙이었다.

어린 시절 나를 힘들게 한 가장 큰 장애물은 자신감 부족이었다. 나는 내가 누구인지, 또 이 세상에 어떻게 적응해야 하는지를 고민하면서 자랐다. 동성 친구도 이성 친구도 많지 않은 편이었다. 그래서 언니들에게 의지했고, 언니들의 관심과 인정을 받으려고 애썼다. 늘 언니들과 어울리고 싶어 했다. 그런데 언니들은 나를 "이봐, 바보야"라고 부르기 시작했다. 마치 별명처럼 그렇게 불렀다. 하지만 그 말이 내게는 상처였다. 언니들의 기대에 내가 못 미친다는 기분이 들었다. 결국 나는 학교 공부와 방과 후 용돈벌이에 최선을 다하며 외톨이처럼 지냈다. 언니들에게, 온 세상에, 그리고 나 자신에게 내가 해낼 수 있다는 것을 보여 주고 싶었다. 아이러니하게도 나를 무시했던 언니들이 내게 붙여 준 별명이 오히려 더 열심히 하도록 채찍질했다.

고등학교를 졸업하고 전문대학에 진학했다. 그 무렵에 미래의 남편이자 사업 파트너인 랜디 필즈를 만났다. 랜디는 영업 일을 했는데, 똑똑하고 잘생겼으며 카리스마가 넘쳤다. 스탠퍼드 대학 출신인 랜디를 보면서 나는 그의 출신 학교와 그가 속한 세계에 살짝 겁을 먹었다. 나에 비해 랜디는 훨씬 더 많은 특권을 누리며 자란 것 같았다. 랜디 주변에는 늘 사람이 넘쳤다. 그래서 친목을 쌓는 자리나 사교 모임에 가면 나는 거의 매번 뒷전이었다. 누군가 내게 다가와 "무슨 일 하세요?"라고 물어보면 나는 전업주부라고 대답했다. 그러면 상대방이 나를 그저 평범한 주부라고 생각하는 것이 눈에 보였다. 당시 나는 금발 머리의 젊은 여성이었기에 고정관념에서 벗어나지 못한 사람들은 나를 머리가 텅 빈 전업주부라고만 여겼다.

그러던 어느 날 저녁, 문제의 사건이 일어났다. 랜디의 고객이 될 수도 있는 남자의 집에 갔을 때였다. 대궐같이 으리으리한 집이었다. 어쩌다 보니 서재에 집주인과 단둘이 남게 되었다. 거우 스무 살이었던 나는 잔뜩 긴장한 상태였다. 제대로 된 대답을 하거나 좋은 인상을 남기는 데만 온통 정신이 팔려 있었다. 이런저런 대화를 나누다가 남자가 물었다. "데비, 앞으로 무슨 일을 하면서 살 건가요?" 나는 이렇게 대답했다. "방향을 찾고 있는 중이에요." 그는 나를 잠시 바라보더니 책장을 향해 성큼성큼 걸어가 가죽으로 장정한 두꺼운 책 한 권을 꺼냈다. 가까이 가자 책의 표지가 보였다. 《웹스터 사전》이었다. 남자는 내 손 위에 책을 털썩 놓더니 이렇게 말했다. "제대로 된 영어를 구사하지 못한다면, 말을 아예 못 하는 것이나 마찬가지예요. '방향orientated'이 아니라 '지향점oriented'이겠죠." 그러고는 방 밖으로 유유히 걸어 나갔다.

나는 그대로 앉아 분노와 창피함에 어쩔 줄 몰라 했다. 나 때문에 랜디가 사업 기회를 잃을 것이 뻔했다. 싸움에서 처참히 패배한 것 같았다. 그러나 그것도 잠시, 곧 깨달음을 얻었다. 나는 속으로 중얼거렸다. '이 남자에게 똑똑히 보여 주겠어.' 너무나 충격적인 밤이었지만, 덕분에 내 인생이 완전히 바뀌었다.

다음 날 아침이 되었지만 나는 여전히 전날 저녁에 남자가 던진 질문을 곱씹었다. 나는 앞으로 무슨 일을 하며 살아야 할까?

부엌 식탁에 앉아 있는데 아버지가 하던 말이 생각났다. "데비, 네가 하는 일을 즐길 때 진짜 보람을 느낄 수 있단다." 아버지는 당신의 일을 사랑했다. 세계 최고의 용접공이 되는 것이 아버지의 유일한 바람이었다. 돈이 아니라 자부심이 아버지의 원동력이었다. '쿠키 만드는 것만큼은 정말 자신 있어.' 더 이상의 고민은 필요치 않았다. 그렇게 나는 쿠키 사업을 시작하기로 마음먹었다.

살면서 처음으로 얻은 자신감 때문이었는지 아니면 어차피 잃을 것이 없다는 깨달음 때문이었는지는 정확하지 않다. 하지만 할 수 있다는 확신이 들었다. 사업을 해 본 경험은 없었지만, 그동안 다져 온 기본, 그러니까 좋은 재료와 좋은 레시피로 좋은 쿠키를 만드는 데 충실하면 된다고 생각했다. 게다가 고객이 무엇을 원하는지 이미 알고 있었다. 여러 면에서 내가 이미 나의 고객이었으니까.

그런데 사업을 시작하려면 투자금이 필요했다. 나는 난생처음으로 사업계획서를 만들고 발품을 팔아 정말 수도 없이 많은 은행을 돌아다녔다. 사람들은 내게 은행에 쿠키는 가져가지 말고 보수적인 옷을 입으로라고 조언했다. 하지만 당시 나는 경영학 석사는커녕 스무 살 여성에 불과했다. 어차피 가능성은 희박했기에 정반대의 전략을 취하기로 결정했다. 알록달록한 옷에 쿠키 쟁반을 든 가장 나다운 모습을 보여주기로 말이다.

나는 좋은 취지로 열정을 다했지만 거절하는 곳이 더 많았다. 은행가들은 굉장히 보수적이었고 내 사업이 수익을 낼 것이라고 기대하지 않았다. 실망스러웠다. 깨끗이 패배를 인정하고 싶은 마음이 몇 번이나 들었다. 하지만 포기하는 것이 가장 쉬운 방법이라고 생각했다. 그래서 포기하고 싶지 않았다. 다른 누구도 아닌 내 인생이었으니까. 짙은 색 양복을 입은 남자들이 수백 번 고개를 저어도 내 인생에서 무언가를 이뤄 내고 싶었다.

'거절은 용납 불가능한 대답'이 내 좌우명이 되었다. 더욱 열정을 담아 발표를 했고 결국 "예"라고 대답하는 사람을 만났다. 누군가에게 돈을 부탁할 때 가장 중요한 것은 사업계획서도, 입고 있는 옷도 아니다. 훌륭한 쿠키도 별 도움이 되지 못한다. 가장 중요한 것은 상대방의 신뢰를 얻는 것이다. 어떠한 장애물을 만나더라도 반드시 성공할 것이라는 믿음을 주어야 한다.

어쩌면 굉장히 단순한 인생 교훈처럼 들릴지 모르겠지만, 모든 것이 불리할 때도 포기하지 않고 극복해야 한다. 나 역시 계속해서 넘어졌지만 다시 일어나는 법을 배웠다. 사실 다시 일어나는 것이 가장 어려운 일이다. 그러나 마음만 먹으면 전 세계를 손에 넣을 수 있다. 당신만의 쿠키를 찾으라고 조언하고 싶다. 당신에게 영감을 주고 꼭 필요한 자신감을 주는 일이 바로 당신만의 쿠키이다. 그런 다음 나가서 전 세계에 당신의 쿠키를 마음껏 보여 주기를 바란다. 내 경우에는 이 방법으로 제법 효과를 보았다.

09

로버트 게이츠

Robert Gates

　자동차 행렬을 이끌고 버거킹에 들른 최초의 국방장관 로버트 게이츠의 일화는 내가 가장 좋아하는 이야기 중 하나이다. 버지니아 군사학교 졸업식에서 연설을 마친 게이츠 장관은 버지니아주 렉싱턴에 있는 공항으로 향하고 있었다. 마침 점심시간이라 로버트는 이렇게 말했다. "배가 좀 고픈데, 버거킹에 들렀다 가죠." 그래서 그를 태운 자동차를 비롯해 경찰차 등등 모두가 드라이브스루를 통과했다. 이를 본 버거킹 직원들은 적잖이 놀랐다. 버지니아주 남서쪽 시골에서는 짙은 양복을 입고 선글라스를 낀 사람들의 행렬은 흔히 볼 수 없는 광경이기 때문이었다.

　에이브러햄 링컨Abraham Lincoln은 이런 말을 남겼다. "어제보다 오늘 더 현명하지 않은 사람은 훌륭한 인물이 아니다." 로버트를 보면서 우리는 삶에 필요한 모든 가르침을 타인에게 배울 수 있다는 점을 깨닫게 된다. 우리가 우러러보는 인물들과 소중한 가치들을 파악하고 생각해 보는 시간 자체가 우리뿐 아니라 주변에 있는 사람들의 인생을 더욱더 풍요롭게 하는 독특하고 보람 있는 기회이다.

━━━━

나는 하루도 빠짐없이 조국을 위해서 봉사하는 CIA 요원들과 군인 장병들을 보면서 수없이 많은 가르침을 얻었다. 매우 심오하고 시간이 지나도 의미 있는 가르침들이었다. 그러나 내게 강인함과 현명함을 가르쳐 준 것은 어린 시절 겪었던 경험들과 내가 존경하는 이들의 솔선수범이었다. 이를 통해 더욱 열심히 봉사하는 사람이 될 수 있었다.

나는 1943년 캔자스주 위치토에서 태어났다. 아버지 멜빌은 자동차 부품 도매 판매원이었고 어머니 이사벨은 전업주부였다. 그리고 형 짐은 나보다 거의 여덟 살이 많다. 나이 차이가 많은 형을 나는 올려다보면서 자랐는데, 형에 대한 경쟁의식도 조금 있었던 것 같다.

TV 프로그램 〈앤디 그리피스 쇼Andy Griffith Show〉의 스핀오프 프로그램인 〈메이베리Mayberry R.F.D.〉의 이야기처럼 들릴지 모르겠지만, 나는 완벽하게 목가적인 환경에서 자랐다. 가족과 학교, 교회, 그리고 보이스카우트가 인생의 전부였다. 부모님은 훌륭한 분들로 인성을 중요하게 생각했다. 거짓말과 위선, 부도덕한 행동, 책임 회피, 거드름은 절대 용납하지 않았다. 부모님은 내가 남들과 다를 바 없다는 사실을 확실하게 가르쳤다. 모두가 평등하므로 잘난 척하지 말라고 말이다. 부모님은 이를 말이 아니라 행동으로 보여 주었다.

아버지는 골프 애호가였다. 컨트리클럽에 가입한 주된 이유도 골프를 치기 위해서였다. 30년 가까이 회원이었는데, 클럽과 그곳에서 만난 사람들을 매우 좋아했다. 그들과 오랜 시간 쌓은 우정도 소중하게 여겼다. 그런데 어느 순간, 클럽과 회원들이 바뀌기 시작했다. 골프를 치거나 클럽을 좀 더 좋은 장소로 만들기보다는 본인의 사회적 지위를 위해서 혹은 클럽 밖에서는 만들기 어려운 사업적 관계를 형성하기 위해서 클럽에 가입하는 사람들이 생겨났다. 새로 들어온 회원들은 자신들의 목적을 달성하고자 클럽 위치를 더욱 편리한 곳으로 옮기고 싶어서 과반수가 넘는 회원들을 설득했다. 클럽의 새로운 방향성에 실망했을뿐더러 클럽 이전을 막지 못한 부모님은 결국 탈퇴했다.

부모님이 수십 년 동안 다녔던 '그리스도의 제자 교회'에서도 비슷한 일이 있었다. 교회가 있던 동네가 경제적으로 힘들어지자 다양한 인종과 민족이 주변으로 몰려들었다. 교회 장로들은 더욱 부유한 동네에 새 교회를 짓기로 결정했다. 하지만 교회를 옮기는 대신 주변 동네를 도와주어야 한다고 생각했던 부모님은 그 결정에 반대했다. 결국 교회가 이전하자 부모님은 교회를 떠났다.

나는 꽤 자유로운 어린 시절을 보냈다. 부모님이 정한 규칙을 따라야 했지만, 위치토는 아이를 키우기에 안전한 곳이라서 형과 나는 마음껏 탐험하며 돌아다닐 수 있었다.

나는 보이스카우트 활동에 매우 열정적이었다. 스카우트를 하면서 배웠던 가치들이 오늘날까지 몸에 그대로 배어 있다. 형과 나는 둘 다

이글 스카우트 소속이었다. 국방장관을 지낸 후에 나는 미국 보이스카우트 회장직을 맡기도 했다. 사실 스카우트 활동은 우리 집안의 내력이다. 내 서재에는 1918년에 아버지가 보이스카우트 유니폼을 입고 있는 모습을 찍은 사진이 걸려 있다.

나는 지금까지 들었던 유일한 경영학 수업이 열네 살 때 필몬트 스카우트 랜치에서 받은 내셔널 주니어 리더 훈련 프로그램이라는 농담 섞인 말을 하고는 한다. 필몬트 랜치는 뉴멕시코주 레이턴 외곽 산속에 있었다. 나는 패트롤 반장으로 임명되어 나와 나이가 같거나 어린 여덟 명의 소년을 담당했는데, 식사 준비나 청소, 텐트 치기와 같은 일들을 배정했다. 그러면서 사람들이 원치 않는 작업을 도맡도록 유도하는 방법을 배웠다. 이 기술은 나중에 워싱턴에서도 매우 유용하게 쓰였다.

윌리엄 앤드 메리 대학에 입학할 때만 해도 나는 의예과를 전공했지만, 첫 학기 때 미적분학에서 D 학점을 받으면서 원래 계획이 틀어졌다. 결국 역사학으로 전공을 바꿨다. 버지니아주 윌리엄스버그에 있는 윌리엄 앤드 메리 대학은 1632년에 문을 열었다. 학교 주변에 있던 식민지 시대의 흔적들이 내게 많은 영감을 주었다. 그 후 나는 서서히 동쪽으로 옮겨 갔으니 학부 전공은 유럽 역사, 석사 전공은 동유럽 역사, 그리고 박사 전공은 러시아와 소비에트연방 역사였다.

박사학위를 받기 전부터 나는 미국 중앙정보국 CIA에서 일했다. 박사논문 주제는 '소비에트연방의 중국학: 중국의 현대 사건들과 관련한 크렘린의 견해와 갈등'이었다.

1982년, 나는 CIA의 부국장 임명을 앞두고 있었다. 그런데 조지타운 대학의 도서관에서 일하던 친구가 전화를 걸어와 열댓 명의 기자들이 내 논문을 읽고 있다고 말했다. 나는 이렇게 대답했다. "인과응보지."

일하면서 나는 여러 멘토를 만났다. 나는 언제나 청년들에게 지위가 높은 사람들과 소통하라고 이야기한다. 훌륭한 품성과 언행으로 존중받는 이들에게 먼저 다가가 조언과 지도를 구하라고 말이다. 배움만큼 중요한 것은 없다.

때로는 하지 말아야 할 행동에 대한 가르침을 얻기도 하는데, 이 역시 매우 중요하다. 스탠스필드 터너Stansfield Turner는 해군 4성 장군 출신인데, CIA 국장직을 맡으면서 여섯 명의 해군 출신 인사들을 데리고 왔다. 하지만 이는 큰 실수였다. 그가 기존에 있던 CIA 인사들을 신뢰하지 않는다는 메시지로 읽혔기 때문이다. 그 결과 인계 기간 내내 적대적인 분위기가 지속되었다.

2006년 12월 18일, 펜타곤 안으로 홀로 걸어 들어가면서 나는 터너의 사례를 떠올렸다. 일부러 비서도 데리고 가지 않았다. 기존의 직원들을 전적으로 신뢰하며 두 개의 전쟁이 진행되는 상황에서 경험이 부족한 신임 직원들에 둘러싸인 신임 장관이 되는 것만큼은 피하고 싶다는 메시지를 전달하고 싶었다.

내가 언제든 자리를 박차고 나갈 수 있으며 자존심을 지키는 것에는 관심이 없다는 점을 사람들이 잘 알고 있었기 때문에 워싱턴이라는 위험천만한 물에서 무탈하게 항해할 수 있었다. 정말로 준비가 되었을 때 나는 미련 없이 떠났다. 내가 국방장관을 지낸 4년 반 동안 미국은 하루도 빠짐없이 전쟁을 치렀다.

권력을 내려놓는 과정에서 나는 모범 사례로 조지 워싱턴George Washington을 떠올렸다. 아랍 지역의 최근 혁명에 대한 강의를 할 때면 길게는 250년까지 거슬러 올라가 미국, 프랑스, 러시아, 중국, 이란 등 세계 각지에서 일어난 혁명을 예로 든다. 그중에서 혁명이 끝나고 10년 동안 나라의 터전을 잘 마련했다고 할 수 있는 것이 바로 미국 혁명이다. 이는 조지 워싱턴이 기꺼이 권력을 떠났기 때문에 가능했다.

지금 와서 돌이켜 보면 내면의 나침반이자 무엇이 맞고 틀리는지를 알려 주는 끈질긴 목소리를 믿으라는, 부모님과 멘토들의 소중한 가르침이 내 인생에 막대한 영향을 미쳤다. 컨트리클럽과 교회가 경제적으로 부유하고 백인이 많이 사는 동네로 자리를 옮겼을 때, 부모님은 그 결정에 반대해 컨트리클럽과 교회에 더 이상 나가지 않았다. 모른 척 넘어가는 것도 충분히 가능했지만, 부모님 자신과 당신들이 가지고 있던 가치를 믿었다. 부모님을 보면서 나는 매일 진정한 용기를 내는 방법을 배웠다. 조지 워싱턴 역시 권력을 포기하지 않았더라면 새롭게 만들어진 공화국에 상상도 할 수 없는 피해를 입혔을 수도 있다. 하지만 그는 그러지 않았다. 그 대신 권력을 내려놓고 자리를 떠났다.

어떻게 보면 복잡하지 않은 간단한 인생을 살면서 내가 배운 교훈이 있다면 바로 다른 사람들의 예를 보면서 얻는 통찰력과 도덕적 기준만큼 삶의 질을 완전히 바꾸는 것은 없다는 점이다. 그저 세세한 부분에 관심을 기울이기만 하면 된다.

10

배리 기번스

Barry Gibbons

1988년, 배리 기번스는 버거킹의 사장직을 제안받았다. 하지만 결코 쉬운 자리는 아니었다. 기업 운영 방식은 구태의연하고 조직은 비대했다. 관리직 계층만 13개에 달했다. 지출 역시 통제 불능 수준이었는데, 일례로 각 임원은 사무실 가구비로 5만 달러를 쓸 수 있었다. 어떤 어려움을 겪었냐는 질문을 받으면 배리는 대답 대신 이 일화를 들려준다. 첫 출근을 한 배리를 위해 회사에서는 리무진을 보냈다. 마이애미 공항에서 공항과 붙어 있는 호텔까지 걸어서 2분 거리를 오가기 위해서였다. 불필요한 지출에 대해 배리는 이렇게 설명했다. "리무진 앞문으로 들어가서 뒷문으로 나오면 호텔에 도착한 거나 다름없을 정도로 가까웠어요." 배리의 등장과 함께 버거킹의 변신이 시작되었고 배리가 《포춘》의 표지를 '역전 킹'이라는 헤드라인으로 장식하면서 막을 내렸다.

배리가 말해 준 인생의 결정적 순간을 통해 중요한 교훈을 얻을 수 있다. 바로 실수는 젊을 때 하는 편이 낫다는 것이다. 특히 요즘 청년들과 그들을 바른길로 인도하고자 하는 부모와 교사에게 의미 있는 메시지이다. 우리는 모두 자라면서 실수를 한다. 실수를 진지하게 받아들이고 그 안에서 가르침을 얻는 것이 중요하다.

───────

열여섯 살 때, 정강이를 제대로 걷어차이는 바람에 내 인생이 꼬이기 시작했다.

나는 제2차 세계대전이 끝나고 1년 후인 1946년 영국 맨체스터에서 태어났다. 온 나라가 평화에 대한 희망으로 들썩였다. 그러나 아버지 어니스트는 예외였다. 영국 육군 장교였던 아버지는 맨 처음에는 인도에서, 그다음에는 싱가포르에서 복역했다. 1942년 2월 15일, 일본이 싱가포르를 침략했을 때 아버지는 포로로 잡혔다. 이 일로 안 그래도 뻣뻣했던 아버지의 성격이 더욱 뻣뻣해졌다. 아버지에게 편한 복장이란 넥타이 대신 크라바트를 매는 것이었다. 반면 나는 갓난아이일 때부터 꽤나 느긋했다. 아내 주디는 세상을 살아가는 내 태도가 비뚤어졌다고 말한다.

아버지와 나는 매우 달랐다. 그래서 어린 시절 아버지와 많이 부딪쳤다. 10대 시절을 보낸 1960년대에는 아버지와 나 사이의 세대 차이가 마치 깊은 골짜기 같았다. 아버지가 영국 국가인 '하느님, 여왕 폐하를 지켜 주소서'였다면 나는 비틀스의 '하드 데이스 나이트A Hard Day's Night'였다. 군인 출신이던 아버지와는 달리 나는 제임스 딘James Dean을 동경하는 아무 생각 없는 반항아에 불과했다.

나는 숙제를 제때 끝낸 적이 없었다. 학교를 빼먹기 일쑤였으며 버릇없고 무례했다. 당시만 해도 잘못하면 매를 맞던 시절이라 내 등에는 매일 회초리 자국이 선명했다. 수업보다 벌을 받은 시간이 더 많을 정도였다.

그런데도 지옥과 별반 다르지 않았던 사립학교를 마지막 학년까지 버텨 냈다. 대학 입학시험이 3주 남았을 때, '사건'이 일어났다. 역사 시간이었다. 우리는 계획된 수업을 모두 마무리한 터라 남은 몇 주는 대입 시험 준비를 하며 보냈다. 하루는 선생님이 제1차 세계대전이 일어난 이유를 서술하는 에세이 시험을 사흘 후에 보겠다고 했다. 그래서 나는 집에 가서 에세이 시험공부를 했다. 그런데 시험 날, 선생님은 이렇게 발표했다. "시험문제가 바뀌었단다. 1879년대 이후 비스마르크의 외교정책과 관련한 질문에 답하게 될 거야."

순간 교실에는 정적이 흘렀다. 모두 에세이 질문 한 가지에 대해서만 공부했는데, 완전히 다른 질문에 답해야 했기 때문이다. 선생님은 실제 시험에서 어떤 질문이 나올지 알 수 없기 때문에 대비해야 한다고 설명했다. 지극히 타당한 주장이었지만 내 우둔한 머리는 이를 받아들이지 못했다.

나는 화가 났다. 그래서 교실 뒤편 책상에 앉아 맹렬하게 분노를 표출했다. 정확히 무슨 말을 했는지 기억은 나지 않지만, 간단명료하면서도 다채로웠던 것 같다. 선생님은 당장 나를 쫓아냈다. 교실 앞으로 걸어 나가는 내내 선생님의 이글거리는 눈빛을 느꼈다. 나는 선생님의 가슴팍을 어깨로 밀쳤다.

그리 현명한 행동은 아니었다. 교장실로 불려 간 후 집으로 보내졌다. 아버지는 학교 측의 전화를 받고 나를 기다리고 있었다. 퇴학이라는 냉혹한 판결이 내려졌다. 시험을 보러 학교에 나갈 수는 있었지만 추천서는 받을 수 없었다. 사실상 미래가 사라진 것이나 마찬가지였다. 영국에서는 직장을 얻거나 대학에 들어가려면 제대로 된 추천서가 필수였기 때문이다.

내가 얼마나 바보 같은 일을 저질렀는지 깨달은 후부터는 우울했고 화가 났다. 그 후 3년 동안 집 안에서 시간을 허비해야 했다. 내가 한 일을 돌아보기에 충분한 시간이었다.

반항아처럼 행동할 때만 해도 학교에서도 집에서도 어느 정도 나를 참아 주었다. 그러나 정말로 반항하는 순간 엄한 벌을 받았다. 덕분에 인생에는 중력처럼 이길 수 없는 것이 있다는 점을 깨달았다.

열여덟 살 때 맥주 공장에 일꾼으로 취직했다. 젊고 건강하다는 이유로 얻은 일자리였다. 친구들은 하나둘 번듯한 직장이나 대학에 들어갔다. 나는 내 일이 만족스러웠지만, 아버지는 수치라고 생각했다. 노동자로 일하도록 아들을 기르지 않았기 때문이었다.

다행히도 두 번의 행운 덕분에 인생을 바로잡을 수 있었다. 축구 팀에 속해 있을 때였다. 축구 경기장 옆에 작은 편의점이 있었는데, 나는 편의점 사장과 친해졌다. 그는 셸Shell에서 관리자로 일하면서 부업으로 편의점을 운영했다. 어느 날 그가 셸에서 직원을 뽑는다는 소식을 알려 주었다. "그럴싸한 사무직 자리야"라고 그가 말했다. "내가 자네 이야기를 잘해 주지."

나는 입사 지원서를 작성했다. 최초이자 지금까지 유일하게 넣은 입사 지원서였다. 그리고 취직에 성공했다. 하지만 일은 지루했다. 회사에서는 너그럽게도 내가 대학을 다니면서 학업을 이어 나갈 수 있도록 일주일에 하루씩 휴가를 허락했다. 나는 맨체스터를 떠나 리버풀로 이사해 리버풀 대학의 경영학 강의를 청강했다. 내가 좋은 학생이었다고는 말할 수 없다. 사실 나쁜 학생이었다고 확신한다. 결석을 하기도 했고 성적도 보잘것없었다. 하지만 수업 도중 토론이 벌어졌을 때 다른 학생들을 자극하거나 의견을 교환하는 일은 재미있었다. 가상의 시나리오였지만 사업과 관련된 결정들을 자세히 검토하고 논의하는 것이 좋았다.

하루는 강의가 끝나고 교수님이 잠시 이야기를 하자며 나를 불렀다. 심장이 바닥까지 떨어지는 것 같았다. 살면서 이렇게 호출당할 때면 늘 나쁜 일이 벌어졌기 때문이었다. 다른 학생들이 강의실을 빠져나간 이후 오랫동안 정적이 흘렀다. 마침내 교수님이 말했다. "자네는 바보 시늉을 할 것이 아니라 강의실 앞으로 나와 학생들을 가르쳐야 하네. 강의를 열심히 듣는다면, 리버풀 대학에 늦깎이 대학생으로 입학할 수 있도록 도와주겠네." 믿을 수 없는 순간이었다. 나답지 않게 할 말을 찾지 못했다.

열여섯 살에 나는 엄청난 실수를 저질렀다. 그리고 혹독한 대가를 치렀다. 그 과정에서 배운 교훈을 나는 평생 동안 생각하고, 반성하고, 또 활용했다. 그런 실수를 어릴 때 했다는 것이 엄청난 행운이라고 생각한다.

11

루디 줄리아니

Rudy Giuliani

나는 전설적인 미식축구 코치인 루 홀츠와 전 뉴욕시 시장 루디 줄리아니와 종종 골프를 친다. 하지만 두 사람과 동시에 같이하는 경우는 매우 드물다. 서로 어찌나 놀려 대는지 경기에 집중할 수 없기 때문이다. 한번은 우리 셋이 플로리다주 네이플스에 있는 올드 콜리어 골프 클럽에서 공을 치는 중이었다. 그날 아침따라 루디가 고전했고, 짜증을 낼수록 경기는 더 풀리지 않았다. 엉망진창으로 공을 친 이후에 잔뜩 실망한 루디 곁으로 루가 다가갔다.

"자네 아들 앤드루 말이야, 골프 실력이 꽤 좋지 않았던가?"

루디는 덥석 미끼를 물었다. 자랑스러운 아들은 둔 아버지의 얼굴이 환하게 밝아졌다. "맞아, 루. 꽤 잘 치지."

"보통은 말이야." 루가 특유의 재치를 발휘하며 덧붙였다. "골프 실력은 아버지를 닮지 않나?"

루디를 뺀 나머지 사람들은 모두 웃음을 터뜨렸다.

　루디는 언제나 내게 영감을 주는 친구이다. 그의 삶이 믿음 그 자체라는 점 때문인 것도 있다. 많은 사람이 그의 행동력을 높이 산다. 그가 무엇을 했는지가 주목받는다. 그러나 루디가 내게 말해 준 인생의 영향력을 보면 다른 이야기를 발견할 수 있다. 겉으로는 아무리 강인하고 결단력 있어 보여도 누구나 어려운 시기에는 정신적인 도움을 필요로 한다는 점이다.

　나는 뉴욕주 브루클린의 플랫부시에서 태어났고 7년을 살았다. 노동자계급의 이탈리아계 미국인이 모여 사는 동네였다. 다섯 살 때 비가 추적추적 내리던 어느 날이었다. 어머니는 은행에 가고 나와 할머니만 집을 지키고 있었다. 집에 돌아온 어머니는 은행 직원이 실수로 100달러를 더 줬다는 사실을 알아차렸다. 어머니는 이렇게 말했다. "다시 다녀와야 되겠구나." 하지만 할머니가 말했다. "아니, 잠시만. 적어도 비가 멈출 때까지는 기다리는 것이 어떠니." 어머니가 대답했다. "안 돼요. 바로 가야 해요. 내가 갈 때까지 그 직원이 괴로워할 거예요."

　문 앞까지 걸어간 어머니는 몸을 돌려 되돌아왔다. 그러고는 내 손을 잡으면서 말했다. "엄마랑 같이 가자." 할머니가 물었다. "비도 오는데 애는 왜 데리고 가려고?" 어머니가 대답했다. "중요한 교훈이 될 거예요." 그렇게 어머니와 나는 비를 뚫고 은행까지 걸어갔다. 어머니는 내가 직원과 눈을 마주칠 수 있도록 나를 번쩍 들어 올렸다. 직원은 중년의 여성이었다. 어머니는 더 받은 돈을 돌려주었다. 직원은 창구를 닫고 우리를 보기 위해 밖으로 나왔다. 그녀의 뺨에 눈물이 흐르고 있었다. "정말 너무 감사해요"라고 그녀가 말했다. "제가 담당하는 서랍에 돈이 빈 것만 세 번째인데, 아마 이번에는 해고당했을 거예요."

어린 시절 내내 정직과 청렴의 중요성을 귀에 닳도록 들었다. 아마도 아버지가 젊었을 때 심각한 잘못을 저지르는 바람에 감옥에 다녀왔던 일과 관련이 있었을 것이다.

아버지는 억세고 단단한 사람이었다. 근시가 심해서 다섯 살 때부터 안경을 썼는데, 그래서인지 동네 아이들은 아버지를 놀리고 괴롭혔다. 작은할아버지는 아버지를 아는 체육관에 데려갔다. 아마도 체육관에서 가장 어린 권투선수 지망생이었을 것이다. 어쨌든 아버지는 권투를 배우면서 강해졌고 나중에 짧게나마 선수로 활동했다. 그러다 문제에 휘말렸다. 감옥에서 나온 아버지는 술도 파는 식당을 열었다. 내가 태어날 때도 식당을 운영하고 있었다.

자라면서 그리고 고등학교에 다니면서 나는 종종 신부가 되고 싶다고 생각했다. 어머니와 아버지도 내 꿈을 응원했다. 끝까지 해내지는 못할 테지만 신부가 되기 위한 훈련과 규율이 내게 도움이 될 것이라고 생각했던 것 같다. 의사가 되고 싶을 때도 있었고 야구선수나 조종사를 꿈꾸기도 했다. 하지만 1순위는 언제나 신부였다. 그래서 대학에 원서도 넣지 않았다. 고등학교를 졸업한 후에는 롱아일랜드 베이쇼어에 있는 몽포트 신학교로 향했다. 아프리카와 아이티에서 선교사로 활동할 신부를 육성하는 곳이었는데, 나는 이미 입학허가를 받은 상태였다. 고등학교 친구들은 신학교에서 행운을 빈다고 졸업 앨범 가득 써 주었다.

나는 6월에 고등학교를 졸업했다. 신학교 학기는 9월에 시작이라 평소보다 조금 더 느긋하게 쉬면서 시간을 보내기로 마음먹었다. 하루는 친구들과 함께 존스비치에 갔다. 그리고 그곳에서 여자아이 한 명을 만났다. 그해 여름 '아주 작고 노란 물방울무늬 비키니'라는 노래가 유행했는데, 그녀는 가사 그대로 아주 작고 노란 물방울무늬 비키니를 입고 있었다. 내 관심을 사로잡기에 충분했다.

그 후 2주 동안 나는 이러지도 저러지도 못한 채 괴로워했다. 신학교에서 신학 공부를 하고 아이티와 아프리카에서 사람들을 돕는 내 모습을 떠올렸다. 하지만 동시에 비키니를 머릿속에서 지울 수 없었다.

고민 끝에 신학교에 가서 담당 신부님에게 면담을 청했다. 그러고는 내가 처한 딜레마를 설명했다. 그가 웃으면서 말했다. "아주 자연스러운 일입니다. 아직은 준비가 되지 않았으니 입학을 미루는 게 좋겠군요. 2년 동안 시간을 가지세요. 일도 하고 대학도 가고요. 그 후에도 신부가 되고 싶다면, 다시 나를 찾으세요."

나는 집으로 돌아가 부모님에게 소식을 전했다. 부모님이 내게 실망할지 궁금했다. 하지만 내 예상대로 부모님은 알고 있었다는 듯한 반응이었다. 이제 나를 받아 줄 대학을 찾아야 했다. 나는 그리스도 형제 수도회에서 운영하는 맨해튼 칼리지(브롱크스에 있다)에 겨우 들어갈 수 있었다. 의사가 되면 아내와 함께 아프리카에 가서 사람들을 구할 수 있다는 생각에 의예과에 지원했다.

하지만 막상 학교를 다녀 보니 의예과가 맞지 않았다. 그래서 공군에 지원할까 생각했다. 하늘을 날고 싶었기 때문이었다. 학사장교 프로그램에 들어갔지만 고막이 터지는 바람에 비행훈련을 그만두어야 했다. 그 후에는 교사가 되려고 했다. 하지만 생각이 또 바뀌었다. 당시 사귀던 여자 친구가 감리교 신자였는데, 그녀가 다니던 교회 목사와 감리교 목사가 되는 것에 대해 이야기했다. 그는 교리와 의식이 천주교와 비슷한 성공회로 개종하는 편이 더 수월할 것이라고 조언했다. 가족 중에서 가장 신실했던 아버지에게 말했더니 썩 달가워하지 않았다. "제정신이 아니구나. 완전히 미쳤어. 신부고 목사고 머릿속에서 지워 버려! 무엇보다 이탈리아인 성을 가진 성공회 목사는 이 세상에 없어. 신부가 되고 싶으면 진짜 신부가 되어야지."

대학 4학년이 되었지만 무엇을 해야 할지 알 수 없었다. 심리학 강의를 했던 제리 캐시맨이라는 교수님에게 진로 상담도 받았는데 그가 이렇게 말했다. "적성검사를 해 보는 게 좋을 것 같군요. 어느 쪽에 재능이 있는지 알 수 있죠. 무엇이 적성에 맞는지 알고 나면 행복한 인생을 살 수 있을 거예요." 네 시간에 걸쳐 진행되는 검사를 완료하고 두 달을 기다린 끝에 나는 좋은 변호사가 될 것이라는 결과를 받았다.

그래서 변호사가 되었다.

그 후 25년 동안 종교에 대한 생각을 버리지 않았다. 뉴욕시장으로 선출되고 난 뒤 뉴욕시 소방국 소속 사제이자 내 정신적 고문이 되어 준 마이클 저지 Mychal Judge 신부를 만나면서 종교에 대해 본격적으로 생각하게 되었다. 프란체스코회 신부였던 마이클 저지는 카리스마가 넘치는 인물이었다. 180센티미터가 넘는 키에 영화배우처럼 멋진 외모를 가졌지만 개인적인 문제로 힘들어했다. 그는 알코올의존증에서 회복 중이었는데, 그 일이 오히려 그에게 믿음과 타인에 대한 공감을 넓히는 계기가 되었다. 그는 남다른 용기와 헌신으로 소방국에서 전설로 통했다. 병원에 입원한 소방대원을 하루도 빠짐없이 찾아가 돌보았으며, 소방대원과 사별한 반려자들에게 전화를 걸어 안부를 물었다. 아울러 그는 소방 훈련에 참여하거나 도끼로 문짝을 내리찍는 일을 무엇보다도 좋아했다.

해가 갈수록 우리는 더욱 깊은 우정을 쌓았다. 내가 문제를 겪을 때, 특히 두 번째 결혼이 매우 공개적으로 산산조각 났을 때, 밤늦게 그래 시 맨션으로 돌아오면 저지 신부가 보낸 편지가 나를 기다리고 있었다. 어려운 상황을 통감한다는 내용이었다. 내가 잘못한 일이 있을 때도 그는 솔직하게 말해 주었다. 그의 편지를 읽고 나면 눈물이 났다. 그는 내게 무조건적인 사랑을 주는 대신 인생은 복잡하며 올바른 행동으로 잘못된 행동을 만회할 수 있다는 점을 알려 주었다. 또 예수님은 우리의 죄와 실패뿐 아니라 아픈 사람을 돌보고 가난한 사람을 도와주며 약한 사람을 보호하는 등 우리가 행하는 선행도 알고 계신다는 사실을 상기시켰다.

2001년 9월 11일 아침, 퍼닌슐러 호텔에서 식사하고 있는데 보좌관이 비행기가 세계무역센터로 돌진했다는 소식을 전했다. 나는 서둘러 아래로 내려갔다. 도착했을 때는 이미 양쪽 타워 모두 공격받은 후였다.

소방국 본부로 걸어가는 길에 반대편으로 향하는 저지 신부의 모습이 보였다. 늘 미소를 잃지 않는 그였지만 그날만큼은 심각한 표정이었다. 그를 불러 세워 손을 잡고는 기도해 달라고 부탁했다. "우리 모두 기도해야 합니다"라고 그가 말했다.

그것이 내가 본 저지 신부의 마지막 모습이었다. 그가 북쪽 타워 로비에서 소방관들을 돕는 동안 남쪽 타워가 무너져 내렸다. 충격으로 그의 몸이 로비를 가로질러 날아갔고 그는 치명적인 부상을 입었다. 그날 아침 기록된 최초 사망자였다.

저지 신부의 죽음을 바로 접하지는 못했다. 나는 잠시 동안 무역센터 건너편에 있는 건물에서 나오지 못하다가 시내 반대편에 있는 경찰 본부로 자리를 옮겼다. 인생에서 가장 중요한 성명을 발표해야 한다는 사실을 잘 알고 있었다. 저지 신부가 생각났고 그의 도움을 받고 싶었다. 그때 보좌관에게서 그가 사망했다는 이야기를 전해 들었다. 슬퍼할 시간이 없었다. '이제 정말 혼자 힘으로 헤쳐 나가야 해'라고 생각했던 것이 기억난다.

그 후 이어진 고통의 시간 동안, 저지 신부의 믿음과 인류애를 가슴에 담고 길잡이로 삼았다. 그 끔찍한 사건의 여파를 내가 잘 진화했다는 평가를 받기도 했다. 그것이 사실이라고 해도 모든 것은 저지 신부의 공이다.

매우 놀랍고 여러 면에서 희망적인 여정이었다. 신부가 되겠다는 꿈을 오래전에 접었지만, 결국 부모님이 옳았다. 신부가 되려고 준비하면서 나는 인생을 살아가는 데 필요한 훈련과 규율을 배울 수 있었다.

12

샐 준터

Sal Giunta

수많은 고등학교 졸업반 학생들처럼 샐 준터는 자신의 미래를 선뜻 결정하지 못했다. 지하철 상점에서 파트타임으로 일하던 그는 라디오에서, 모집자를 만나기만 해도 공짜 티셔츠를 받는다는 육군 신병 모집 광고를 듣게 되었다. 그는 '멋진걸, 공짜 티셔츠는 언제든 환영이지'라고 생각했다. 그래서 모집자를 만나러 갔고 미국이 아프가니스탄과 이라크에서 전쟁을 치르고 있다는 이야기를 들었다. 신병 모집자는 조국이 샐 준터와 같은 젊은이를 필요로 한다는 말을 덧붙였다. 샐은 이렇게 대답했다. "응원 감사합니다. 근데 저는 티셔츠를 받으러 왔거든요."

우리는 자신이 누구인지 꽤 잘 안다고 생각한다. 하지만 정말 그럴까? 일종의 시험이나 강력한 전환점이 있어 이를 직접 경험하기 전까지는 확신할 수 없지 않을까?

2007년 10월 25일 밤, 바위투성이인 산마루 위를 보름달이 환히 비추고 있었다. 모두 열여덟 명으로 이루어진 소대에 속해 있던 나와 팀원 여덟 명은 가만히 서서 달빛을 바라보았다. 소나무들이 산마루 위로 점을 찍듯 퍼져 있었다. 발밑으로 죽음의 계곡으로 알려진 아프가니스탄의 코렌갈 계곡이 있었다. 계곡에 있는 마을 중 한 곳으로 침투한 동료 군인들을 엄호하는 것이 우리에게 주어진 임무였다. 마을에서는 최근 미군을 사망하게 한 탈레반 공격과 관련된 정보를 얻기 위해 마을 장로들과 협상이 진행되고 있었다.

땅바닥에서 잠을 자며 임무를 수행한 지 나흘째였다. 어차피 잠자는 시간이 많지 않았다. 나흘째 되던 날, 코렌갈 전초기지로 복귀하라는 명령이 떨어졌다. 원래는 계곡에 있는 농장을 기초 기지로 쓰고 있었다. 모두 96시간 만에 처음으로 군화를 벗게 되기를 기대하고 있었다.

우리는 전초기지로 길을 잡았다. 야간투시경도 필요 없을 만큼 달빛이 환한 밤이었다. 서로 9~13미터 간격을 둔 채 한 줄로 서서 걸었다. 수류탄이나 로켓탄 공격을 받더라도 부상자나 사상자를 줄이기 위해 적당한 간격을 유지했다.

15분쯤 걸었을 때 갑자기 사방으로 총알이 날아다니고 수류탄이 터졌다. 비명과 폭발음, 윙 하는 소리와 무언가 깨지는 소리까지 마치 폭죽이 터지는 것 같았다. 밤하늘 별보다 허공을 가르는 총알이 더 많았다. 내 가장 친한 친구 조시 브레넌이 총상을 입었다. 특기병 프랭크 에크로드도 총에 맞았다. 나는 응사하면서 앞으로 전진했다.

같은 팀원인 일등병 케일러브 케이시와 개릿 클레어리 역시 반격했다. 케이시는 적에 노출될 것을 각오하고 분당 100발을 발사할 수 있는 M249를 쏘기 위해 자리에서 일어났다. 덕분에 나는 엄호받으면서 분대장인 에릭 가야르도 병장 쪽으로 밀고 나갔다. 갑자기 날아온 총알이 병장의 헬멧에 박히더니 병장이 그대로 쓰러졌다. 나는 그가 심각한 부상을 입었거나 목숨을 잃었다고 생각했다. 그를 엄호하기 위해 그의 방탄복을 잡아당기다가 총알이 내 가슴에 박혔지만 다행히 방탄복에 맞아 튀어 나갔다. 가야르도 병장이 휘청거리며 일어섰다. 정신을 차리지 못했지만 살아 있었다. 우리 두 사람은 수류탄을 던지기 시작했다. 적이 너무 가까이 있어 수류탄이 적의 뒤쪽으로 날아갔다. 덕분에 폭발에 휘말리지는 않았다.

마지막 수류탄을 던진 후에 가야르도 병장과 나는 땅에 쓰러져 있던 에크로드 쪽으로 움직였다. 그는 발과 가슴에 각각 두 발씩 총상을 입었다. 가야르도 병장이 그의 상태를 살피는 동안 나는 계속해서 총을 발사하며 전진했다.

소나무 사이에 있는 빈터로 다가가자 탈레반 두 명이 한 남자의 손과 발을 잡은 채 끌고 가는 것이 보였다. 나는 15미터 정도 되는 거리를 미친 듯이 뛰었다. 그들이 끌고 가던 남자는 미군이었다. 나는 산마루를 따라 달려가고 있던 탈레반에게 총을 발사했다. 한 명은 치명적인 총상을 입었고 다른 한 명은 다친 것 같았다.

미군에게 다가가 보니 내 친구 브레넌이었다. 부상이 심각해 보였다. 우리가 있던 곳은 무인 지대였다. 그것은 적군이나 아군 모두에게서 공격받을 수 있음을 의미했다. 나는 브레넌이 입고 있던 조끼 손잡이를 잡고 아군 경계선 쪽으로 뛰었다.

사정권 밖으로 브레넌을 데려온 이후 위생병인 휴고 멘도자를 호출했다. 하지만 아무런 응답이 없었다. 나중에 안 사실인데, 기습 공격이 시작되고 몇 초 만에 그가 목숨을 잃었다고 했다. 나는 브레넌의 상태를 살폈다. 팔과 다리, 가슴에 총알이 박혀 있었다. 얼굴에도 파편이 튀었고 아래턱 대부분이 훼손되어 있었다. 기도를 열어 출혈을 멈추려고 할 때 마침 증원병이 도착했고 간호병이 기관전개술을 진행했다. 브레넌이 아예 숨을 쉬지 않는 순간도 있었다. 나는 폐까지 공기가 전달되도록 앰부주머니를 눌렀다.

"모르핀." 브레넌이 중얼거렸다.

"여기서 나가면 영웅담을 자랑할 수 있을 거야." 내가 말했다.

"그래, 그럴 거야…"

총격이 잦아들었다. 적군이 총알을 소진한 모양인지 후퇴하기 시작했다. 우리는 사망자와 부상자를 나르기 위해 판초로 임시 들것을 만들었다. 머리 위로 날아온 헬기에 브레넌과 멘도자, 에크로드, 그 외 병사 두 명을 실어 보냈다. 그러고는 그들이 썼던 장비들을 나누어 메고 두 시간 떨어진 기지까지 행군에 나섰다. 도착했을 때 멘도자와 브레넌은 이미 숨을 거둔 후였다.

기습 공격이 있은 지 이틀 후, 나를 훈장 수여 후보로 올리겠다는 이야기를 상관에게서 들었다. 나는 분노했다. 가장 친한 친구와 멘도자를 떠나 보낸 직후였다. 그들의 비극적인 죽음을 영웅담으로 포장해 이용한다는 발상이 역겨웠다. 무엇을 위해서란 말인가? 그런다고 그들을 다시 살려 낼 수 없었다. 게다가 나는 나라를 위해 목숨을 바치는 수천 명의 군인처럼 훈련받은 대로 행동했을 뿐이었다.

영웅심이 불타올라 군인이 된 것은 아니었다. 그저 티셔츠를 얻고 싶었을 뿐이었다. 그런데 신병 모집소를 갔다 온 이후 입대를 고민하기 시작했다. 모험이 될 수 있을 것 같았다. 아무렇게나 침을 뱉고 욕도 하고 총도 쏠 수 있었다. 세상 구경도 덤으로 할 수 있었다. 게다가 당시 진행 중이던 전쟁에서 승리하는 데 내가 도움이 될 수 있다는 점도 마음에 들었다.

나는 2003년 11월에 입대했다. 비행기에서 뛰어내리면 매달 월급에 150달러를 추가로 받을 수 있다기에 공수 보병에 자원했다. 조지아주 포트베닝에서 훈련을 받은 후 제173 공수 여단이 있는 이탈리아 비첸차로 파견되었다. 그리고 2005년 3월 아프가니스탄에서 처음으로 전투에 참여했다.

아프가니스탄은 아직 발전되지 않은 나라이다. 특히 도시를 벗어나면 더욱 그렇다. 우리 부대는 다른 미국인에게서 적어도 40킬로미터 이상 떨어진 채 아프가니스탄 동남쪽 계곡에 있는 농부 오두막에서 생활했다. 계곡 곳곳에 아몬드와 살구 과수원, 대마초와 양귀비 재배지가 자리 잡고 있었다. 양귀비는 헤로인을 만드는 데 쓰였지만, 사실 마약은 큰 걱정거리가 아니었다. 문제는 탈레반이었다.

소대의 구성원은 모두 남자였다. 당시 보병부대에서는 여군을 받지 않았다. 평균 나이는 스무 살이었고 저마다 출신 지역이 달랐다. 백인과 흑인, 라틴계, 혼혈 등 인종도 다양했다. 처음에는 공통점이 딱 하나였다. 모두 늘 허기에 시달렸다는 것.

파견된 지 두 달 만에 처음으로 전쟁의 현실을 실감할 수 있었다. 총 서른다섯 명의 소대원 모두 여러 번 총격전에 참여했지만 급조폭발물인 IED의 공격을 받은 적은 없었다. 그러다 트럭 한 대가 IED를 밟고 터지면서 세 명이 사망했고 한 명은 다리를 잃었다. 그 주에 탈레반 지도자가 있던 시설을 습격했다가 다섯 번째 사망자가 발생했다. 목표물은 제거했지만 그 대가로 소대원 한 명을 잃어야 했다.

그때까지는 전쟁터에 나가서 나쁜 놈들을 없애고 집으로 돌아오면 맥주도 마시고 예쁜 여자와 입도 맞추고 영웅이 되는 줄 알았다. 하지만 그 주를 겪고 나자 모든 것이 변했다. 정장을 입고 관에 누운 차가운 시신을 보는 것과 눈앞에서 사람이 폭파되는 것은 완전히 다른 이야기이다. 모든 것이 감당하기 어려웠다. 모두 인생의 전성기에 다다른 젊고 건강한 청년들이었다. 그들의 죽음을 보면서 우리가 아프가니스탄에 있어야 하는 이유뿐만 아니라 앞으로 일어날 수 있는 전쟁에 대해 다시 생각하게 되었다. 나는 죽을까 봐 두려웠다.

코렌갈 계곡에서의 급격과 멘도자와 브레넌의 전사 이후 나는 후방 부대에 배치되었다. 내 임무는 교전 지역에 파견된 제173 공수 여단의 장병 가족들을 지원하는 것이었다. 기지에서 생활하는 마흔세 명의 아내와 쉰네 명의 아이들을 담당했는데, 그들이 군대나 이탈리아 정부, 혹은 다른 정부 기관에 볼일이 있을 때면 중개인 역할을 했다.

2010년 9월 9일, 책상에 앉아 있는데 전화기가 울렸다. 업무 대부분을 이메일로 처리했던 터라 비교적 흔치 않은 일이었다. 수화기를 들었더니 상대방이 자신을 국방부 소속의 대령이라고 밝혔다. 그는 내 이름과 사회보장번호를 확인하고는 이렇게 말했다. "내일 이 시간에 백악관에서 전화가 올 겁니다. 꼭 받으세요. 아무한테도 말하면 안 됩니다."

나는 집에 돌아가 좋은 남편이라면 당연히 하는 일을 했으니, 아내 젠에게 사실대로 털어놓았다. 그녀에게 전화가 올 시간에 맞춰 사무실로 와 달라고 부탁했다. 다음 날 그녀는 예정된 시간보다 5분 일찍 도착했다. 그 전까지 아내를 부대원들에게 소개한 적이 없었다. 아내가 사무실에 와서 내가 얼마나 생산적으로 일하는지 본다면 집에서도 비슷한 수준의 열의와 효율성을 기대할까 봐 두려웠다.

젠이 등장하자 모두 큰일이 생겼음을 짐작했다. 드디어 전화벨이 울렸고 나는 수화기를 집어 들었다. 전날 전화했던 국방부 소속의 대령이 내 신원을 확인했다. 전화기에서 달칵하는 소리가 나더니 누군가 백악관 비서라는 말을 언급했다. 다시 달칵 소리가 났고 드디어 수화기 너머로 목소리가 들렸다. "준터 하사, 대통령 오바마입니다." 심장이 미친 듯이 뛰기 시작했다. 대통령에게 들리지 않는 것이 이상할 정도로 큰 소리로 뛰었다. "하사에 대한 자료를 우연히 보게 되었습니다. 내용을 읽어 봤는데, 하사의 용기에 직접 감사의 말을 하고 싶었습니다. 나라를 대표해 하사에게 명예 훈장을 수여하려고 합니다."

나는 충격에서 헤어나오지 못한 채로 겨우 말했다. "알겠습니다, 대통령님."

대통령과 작별 인사를 나눈 후에 다시 대령과 연결되었다. 대령은 백악관에서 발표하기 전까지는 훈장 수여에 대해 발설하지 말라고 당부했다.

하지만 어쩔 수 없었다. 통화하는 사이 사무실에 이미 소문이 퍼졌고, 수화기를 내려놓을 때쯤에는 책상 주변으로 쉰 명의 사람이 몰려들어 있었다. 누군가 물었다. "대통령님이라니, 사실입니까?"

나는 허세 부리는 척 연기하며 대답했다. "이봐 친구, 이거 장난 전화야." 사람들이 눈알을 굴렸다. 모두 무엇이 진실인지 알고 있었다.

2010년 11월 16일, 백악관에서 훈장 수여식이 열렸다. 2007년 10월 25일에 나와 함께 있었던 대원들과 전사한 대원들의 가족까지 모두 초대되었다. 조시의 가족과 특기병 멘토자의 가족도 참석했다. 그날 나는 장군과 상원의원, 하원의원, 그리고 물론 대통령까지 만날 수 있었다.

매우 엄숙한 하루였다. 엄청난 영광이었지만 어떤 면에서는 악몽같이 느껴졌다. 주목받는 일이 그렇게 편안했던 적은 한 번도 없었다.

나는 키가 크지 않은 편이다. 힘이 세지도 똑똑하지도 않다. 그저 동료 대원들에게 영감을 받았던 평범한 미국인에 지나지 않는다. 겸손이 아니라 있는 그대로의 사실이다. 그날 밤 나는 총알이 날아다니는 가운데 사랑하고 신뢰하는 나라를 위해 싸우는 사람이라면 누구나 할 수 있는 행동을 했을 뿐이다.

13

도리스 컨스 굿윈

Doris Kearns Goodwin

작가 도리스 컨스 굿윈은 할리우드 영화의 마법을 처음으로 경험한 일화를 들려주는 것을 좋아한다. 그녀가 에이브러햄 링컨에 관해 쓴 책인 《권력의 조건》의 판권을 스티븐 스필버그Steven Spielberg가 구입하고 토니 쿠슈너Tony Kushner가 시나리오작가로 합류한 이후 두 사람은 영화 제작을 의논하는 자리에 그녀를 초대했다. 도리스는 링컨 역을 연기할 대니얼 데이루이스Daniel Day-Lewis가 당시 시대상을 더 잘 이해할 수 있도록 그와 함께 일리노이주 스프링필드에 가서 에이브러햄과 메리가 살았던 집을 방문했다. 나중에 제작자는 그 집의 세트 촬영장을 보여 주기 위해 남부의 수도 버지니아주 리치먼드에 있는 버려진 핀볼 공장으로 도리스를 데리고 갔다. 그녀는 그때 경험을 이렇게 설명한다. "디테일한 부분까지 아주 정확하고 빈틈없었어요. 양탄자, 벽지, 조명, 링컨이 읽던 책장의 책들까지 모두요. 마치 1865년으로 돌아간 듯한 기분이었어요."

　이 책을 통해 공유할 도리스 인생의 전환점은 열린 마음을 가지고 기꺼이 자신의 잘못을 인정하는 것과 관련이 깊다. 오늘날 우리는 양극화의 시대를 살고 있다. 특정 집단으로 스스로를 분류하고 나와 생각이 같은 사람을 가까이 두려고 한다. 도리스는 내게 반대편이 있을 가능성에 마음을 활짝 여는 것이 얼마나 중요한지를 가르쳐 주었다.

　나는 인생의 많은 부분에 있어 야구와 린든 베인스 존슨Lyndon Baines Johnson에게 감사할 일이 참 많다. 이야기하자면 이렇다.

　여섯 살 때, 아버지는 야구 기록이라는 신비로운 예술을 가르쳐 주었다. 나는 라디오에서 중계하는 브루클린 다저스의 오후 경기를 들으며 파울과 삼진 아웃, 그리고 홈런을 놓치지 않고 기록했다. 퇴근하고 돌아온 아버지는 넥타이와 재킷을 벗고 어머니와 맨해튼 칵테일을 마셨다. 그러고 나면 나는 아버지와 거실 소파에 앉아 사소한 플레이까지 경기의 모든 것을 하나도 빠짐없이 아버지에게 보고했다. 내가 재잘거리는 동안 아버지는 고개를 숙이고 귀 기울였다. 그래서 꼭 내가 대단한 이야기를 하는 듯한 기분이 들었다.

　그렇게 여섯 살의 나이에 나는 역사의 매력에 무의식적으로 빠져들고 있었다. 비록 오후에 일어난 일들의 역사일 뿐이지만 말이다. 스토리텔링의 힘 역시 조금씩 이해하게 되었다.

소파에서의 보고 시간 초기에는 잔뜩 신이 나서 "다저스가 이겼어요!"라거나 "다저스가 졌어요!"라고 내뱉고는 했다. 결론부터 말했으니 당연히 이야기는 흐지부지 끝나고는 했다. 나는 아버지의 주목을 끌면서 최고의 이야기를 하려면 처음과 중간, 그리고 끝이 있어야 한다는 점을 금방 배웠다. 소파에서 아버지와 이야기를 나누며 본능적으로 얻은 가르침이었다. 아버지는 다음 날 아침 신문에서 경기의 세세한 부분까지 읽을 수 있다는 것을 한 번도 내게 말하지 않았다. 그래서 나는 내가 없으면 아버지가 우리의 소중한 다저스에게 무슨 일이 일어났는지 알 길이 없다고 믿었다.

고등학교에 들어간 이후 역사에 대한 내 열정은 더욱 깊어졌다. 시어도어 루스벨트Theodore Roosevelt의 생가인 새거모어힐과 하이드파크에 있는 프랭클린 델러노 루스벨트Franklin Delano Roosevelt의 자택에 가 보기도 했다. 내게는 현실을 초월하는 경험이었다. 프랭클린 루스벨트의 안경이 테이블 위 담배 파이프 옆에 놓여 있었다. 마치 잠시 자리를 비운 그가 금방이라도 돌아올 것 같았다. 그가 죽었다는 사실을 믿을 수가 없었다. 계속해서 "금방 와야 할 텐데. 안경을 두고 갔잖아"라고 혼잣말을 되풀이했다. 나는 프랭클린 루스벨트를 다시 살리고 싶었다. 후세를 위해 다시 한번 사람들에게 삶을 불어넣는 것이 역사가의 궁극적인 소명이라고 굳게 믿었다.

우리는 뉴욕시 교외에 있는 롱아일랜드 록빌센터에서 살았다. 1950년대였다. 아침에 가장들이 통근 기차를 타고 출근하고 나면 온 동네가 텅 비고는 했다. 여자들은 집에 남아 어머니와 전업주부의 역할에 충실했다. 자그마한 마당이 딸린 집들이 다닥다닥 붙어 있어 마치 도시와 같은 느낌이 들었는데, 특히 아이들이 무척 좋아했다. 바로 옆집에 사는 가장 친한 친구의 방과 내 방 사이를 가로막는 장애물은 비좁은 차도가 전부였다. 그래서 취침 시간이 지난 후에도 밤늦게까지 수다를 떨수 있었다.

아버지는 매우 비범했다. 마이클 프랜시스 앨로이시어스 컨스가 본명이었는데, 옅은 갈색 머리에 반짝이는 녹색 눈을 가진, 이름만큼이나 외모도 전형적인 아일랜드 사람이었다. 아버지는 브루클린에서 태어났는데 할아버지가 뉴욕시 소방국에서 일했다. 아버지에게는 남동생과 여동생이 있었다. 아버지가 열 살 때 할머니는 아버지의 세 번째 동생을 임신 중이었는데, 아버지의 남동생이 전차에 치여 몇 주 후 목숨을 잃는 사고가 일어났다. 할머니 역시 출산 도중 숨을 거두었고 얼마 후 할아버지도 스스로 목숨을 끊었다.

그 때문에 아버지는 열 살에 고아 신세가 되었다. 아버지와 고모는 따로 떨어져 고아원에 맡겨졌다. 아버지는 얼른 돈을 벌어 고모를 데려와 함께 살겠다고 맹세했다. 그리고 정말로 그렇게 했다. 8학년 때 학교를 그만두고 돈을 벌기 시작했는데, 계산 능력이 뛰어났던 아버지는 마침내 뉴욕주의 은행 감독관으로 취직했다. 시간이 지나면서 승진을 계속했고 은행 감독관 관리자 자리에까지 올라갔다. 아버지가 1972년에 돌아가셨을 때 나는 20대 후반이었다.

아버지를 만났던 그 누구도 아버지가 힘든 어린 시절을 겪었다고 생각하지 못했을 것이다. 아버지는 믿을 수 없을 정도로 긍정적인 성격이었고 사랑하지 않을 수 없는 사람이었다. 어디를 가나 따스한 녹색 눈동자가 아버지가 좋은 사람이라는 것을 말해 주었다. 사람들에게 기울이는 관심이 인생에서 가장 중요하다던 아버지의 말이 기억난다. 상대방에게 마음을 쓰면 상대방도 똑같이 마음을 쓴다고 말했었다. 시련을 극복한 아버지의 예는 내가 인생에서 배운 가장 중요한 교훈이다.

어머니는 어렸을 때 류머티즘열을 앓는 바람에 심장에 손상을 입었다. 아버지와 결혼할 무렵부터 아프기 시작했는데, 집에서 건강을 돌보느라 여행을 자주 다니지 못했다. 아버지는 어머니를 정말로 사랑했다. 제약이 많았지만 부모님은 풍요로운 삶을 일궜다. 친한 친구들과 시간을 보내며 카드 게임을 하거나 브루클린으로 다저스 경기를 보러 가고는 했다. 어머니는 내가 열다섯 살 때 세상을 떠났다.

나는 어머니에게서 책과 독서에 대한 열정을 물려받았다. 아버지와 마찬가지로 어머니도 8학년까지만 학교를 다녔다. 하지만 어머니는 책에 푹 빠져 읽는 것을 그 무엇보다 좋아했다. 내가 어렸을 때는 어머니가 책을 많이 읽어 주었다. 나는 늘 어머니의 어린 시절 이야기를 들려 달라고 졸랐다. 어머니가 아프기 전 이야기를 하다 보면 다시 건강해질 수 있을지도 모른다고 생각했다. 말도 안 되는 생각이었지만, 한참 시간이 지나 내가 낳은 세 아들이 어렸을 때 이야기를 해 달라고 귀찮게 하기 전까지는 얼마나 이상한 생각인지 미처 알아차리지 못했다. 어느덧 세월이 흘러 이제는 열한 살이 된 손녀 윌라가 자기 아버지의 젊은 시절 이야기를 흥미롭게 듣는다. 우리 집에 놀러 와서는 아들이 어렸을 때 쓰던 방에 들어가 모두 이야기해 달라고 조른다. 부모의 어린 시절에 대한 강한 호기심이 아무래도 집안 내력인 듯하다. 이러한 성향 역시 글로 쓰인 역사에 생동감을 불어넣는 것과 관련이 있다고 생각한다.

나는 집을 떠나 메인주에 있는 콜비 칼리지에 진학했다. 대학 졸업 후에는 하버드 대학원에서 정부학과 역사학을 전공했다. 나는 정치의 실질적인 면모를 이해하고 싶었다. 그래서 매년 여름을 워싱턴에서 인턴을 하며 보냈다. 한 해는 국무부에서 일하고 그다음 해에는 하원에서 일했다.

1967년, 나는 백악관 펠로로 선정되었다. 요즘에도 진행되고 있는 프로그램으로, 학생들이 미국의 거버넌스와 권력을 그 한가운데서 경험할 수 있는 기회이다. 콜린 파월과 웨슬리 클라크Wesley Clark 장관도 백악관 펠로였다.

그때는 베트남전쟁이 한창 진행 중이었는데, 나는 반전운동에 활발하게 참여했다. 실제로 펠로로 선정되기 몇 달 전, 하버드를 같이 다니던 친구와 함께 존슨 대통령을 비난하는 기사를 쓰면서 1968년 대선에서 제3당의 후보가 출마해야 한다고 주장했었다. 가난한 노동자 계층과 소수자들을 대변하는 새로운 정당이 필요하다고 외치는 이상주의적인 기사였다. 전쟁에 반대하는 유권자가 많았기 때문에 존슨 대통령의 재출마가 위험할 수도 있었다. 공교롭게도 내가 펠로십을 시작하기 며칠 전, 《뉴리퍼블릭》에 '린든 존슨을 권력에서 몰아내는 방법'이라는 제목의 그 기사가 실렸다. 기사는 당연히 백악관을 깜짝 놀라게 만들었고 내 펠로십을 취소해야 한다고 생각하는 사람들도 있었다. 하지만 존슨 대통령이 직접 개입해 이렇게 말했다. "그녀에게 1년만 일할 기회를 줍시다. 내가 그녀를 설득하지 못한다면, 아무도 못 할 겁니다."

새로운 펠로를 환영하기 위한 댄스파티가 백악관에서 열렸다. 존슨 대통령이 나를 찾아와 춤을 청했다. 우뚝 솟은 존슨 대통령과 난쟁이처럼 작은 내가 무대를 가로질러 가는데, 그가 고개를 숙이더니 내가 그와 함께 일하는 자리에 발령될 것이라고 속삭였다. 존슨 대통령의 타고난 재능이자 특히 의회와 일할 때 매우 효과적인 무기가 되었던 그의 친밀함을 처음으로 느낀 기회였다.

하지만 나는 결국 백악관으로 발령받지 않았다. 그 대신 노동부 장관실로 보내졌고 그곳에서 훌륭한 인물인 윌러드 워츠Willard Wirtz와 일하면서 개인적으로도 친해졌다. 나와 펠로 동료들은 그해 여러 번 백악관을 방문했는데, 존슨 대통령과 같은 방에 있을 때마다 그는 기회를 놓치지 않고 내게 미소를 보내며 질문이 있는지 물었다. 존슨 대통령은 한번 마음먹으면 절대 포기하지 않는 사람이었다.

그러다 1968년 3월 31일, 존슨 대통령이 재출마 포기 선언을 발표했다. 이틀 후, 워츠가 나를 사무실로 부르더니 백악관에서 전화가 왔었다면서 존슨 대통령이 나를 스카우트하고 싶어 한다고 말했다. 백악관에 도착하자 존슨 대통령은 이제 자신이 권력에서 스스로 물러나게 되었으니 같이 일해 보는 것이 어떻겠느냐고 제안했다. 그렇게 나는 백악관 펠로를 백악관에서 마무리했다.

린든 베인스 존슨은 거부할 수 없는 강력한 존재감의 인물이었다. 내가 만났던 사람 중에 가장 엄청난 강적이었으며 흥미롭고 다채로운 사람이었다. 그의 스토리텔링 기술은 현란하면서도 세속적이었고 통찰력과 저속함이 공존했다. 특히 비유가 놀랍도록 훌륭했다. TV를 통해서는 그의 성격이 제대로 전달되지 않았다. 특히 텔레프롬프터를 읽으면서 연설할 때는 더욱 그랬다. 그가 참석한 내각이나 의회 회의를 녹음한 테이프를 들어 보면 그의 위대함을 온전히 느낄 수 있다. 그는 대중 앞에서는 자신도 모르게 욕설을 할까 봐 미리 써 놓은 연설문을 그대로 읽었다. 그 때문에 대중이 그의 진짜 모습을 제대로 이해하지 못했다는 점이 정말로 안타깝다.

나는 존슨 대통령을 진심으로 이해하게 되었다. 그는 대통령으로서의 업적이 베트남전쟁과 함께 끝나버린 데에 대한 안타까움과 슬픔을 숨기지 않았다. 〈시민권법Civil Rights Act〉이나 〈투표권법Voting Rights Act〉, 메디케어Medicare 등을 가결시킨 이야기를 할 때마다 매우 행복해하는 대통령을 보면 나도 덩달아 신이 났다. 대통령이 한창 외교정책을 펼칠 때 그 자리에 내가 없어서 다행이라고 생각했다. 아마도 암울한 시기였을 것이다.

존슨의 슬픔을 보면서 나는 선의가 너무나 쉽게 빗나갈 수 있다는 점을 깨달았다. 그에 대한 첫인상과는 달리 존슨 대통령을 향한 내 충성심은 더욱더 깊어졌고 인간적인 정도 느끼게 되었다. 그가 서거한 후에 나는 그에 대한 책인 《린든 존슨과 아메리칸 드림Lyndon Johnson and the American Dream》을 썼다. 1976년에 책이 출간되면서 내 커리어도 첫발을 내디뎠다.

역사는 훌륭한 영감이다. 우리보다 앞서 세상을 살아간 이들에 대한 이야기를 들려주며 그들의 고통과 승리에서 교훈을 얻게 해 준다.

역사 속에는 우리 자신의 삶이 녹아 있다. 공감할 수 있는 교훈, 그리고 시련을 극복하거나 목표를 향해 전진하도록 해 주는 영감이 담겨 있다. 또 역사는 우리가 공유하는 인류애와 과거에 대해 이야기함으로써 모두를 하나로 단결시킨다. 세상의 문을 활짝 열어 준 야구와 린든 존슨에게 그저 감사할 따름이다.

14

앨런 그린스펀

Alan Greenspan

연방준비제도의 의장을 지낸 앨런 그린스펀은 어릴 때부터 수학에 재능이 있음을 발견했다. 그는 다섯 살 때 단 몇 초 만에 세 자릿수 숫자를 암산으로 더할 수 있었다. 앨런은 그의 어머니가 친구나 친척, 이웃 모임이 있을 때마다 사람들 앞에서 암산을 시켰다는 일화를 종종 이야기한다. 중학교 때는 스몰 선생님이 앨런이 가장 좋아하는 수학 선생님이었다. 스몰 선생님은 앨런에게 동네 은행에 가서 입출금 신청서를 가져오는 숙제를 내 주었다. 덕분에 앨런은 처음으로 은행에 가 보았다. 당연한 말이지만 그 후로도 그는 계속해서 은행을 오갔다.

나는 앨런이 말해 준 인생의 결정적 순간을 오랫동안 머릿속에서 지우지 못했다. 성공과 실패에 대한 명확한 이야기이기 때문이다. 우리는 힘 있고 성공한 사람들을 보면서 행운과 도움의 손길, 혹은 남다른 재능 덕분에 그들이 승승장구한 것이라고 생각한다. 하지만 나는 앨런을 보면서 대개 성공은 처음에는 실패로 시작한다는 사실을 깨달았다. 앨런의 일화는 꿈이 이루어지지 않더라도 조금만 더 가면 행복과 성취감이 기다릴지 모른다는 점을 일깨워 준다.

미국의 최고 은행가가 되기 훨씬 전에 나는 전국을 돌아다니며 뿌연 연기가 자욱한 나이트클럽에서 최신 음악을 연주하던 1940년대 스윙 밴드의 멤버였다. 내 첫 일자리이기도 했다. 색소폰 연주자에서 미국 연방준비제도의 의장으로의 전업이 거의 불가능에 가깝다는 사실을 나중에야 깨달았다.

나는 1926년에 태어나 워싱턴하이츠에서 자랐다. 맨해튼에서 가장 북쪽에 있는 동네이다. 섬에서 해발고도가 가장 높은 곳이라서 하이츠라는 이름이 붙었는데, 그 때문에 조지 워싱턴이 독립전쟁 도중 여러 차례 중요한 전투 본부를 이곳에 꾸렸다. 어린 시절 우리 동네는 중산층과 노동자층 이민자들로 북적거렸다. 대부분 유대인과 아일랜드인이었다.

아버지 허버트는 월가에서 브로커로 일했다. 아버지는 호리호리하고 말수가 적었다. 어머니 로즈 골드스미스는 작고 아름답고 또 다정했다. 두 분 모두 동유럽에서 건너온 유대인 이민자 집안 출신이었다.

부모님의 결혼 생활은 그리 행복하지 못했다. 두 사람의 성격이 완전히 달랐기 때문이다. 내가 두 살이 되던 해, 부모님이 이혼했다. 이혼

후 어머니와 나는 근처에 살던 외할아버지 집으로 들어갔다. 어머니는 점원으로 일하기 시작했다. 자라는 동안 아버지는 거의 보지 못했다.

음악은 우리 가족에게 큰 기쁨이었다. 할아버지는 성가대의 선창자였고 어머니 역시 노래를 부르고 피아노를 쳤다. 어머니는 제롬 컨Jerome Kern이나 콜 포터Cole Porter, 로저스 앤드 하트Rodgers and Hart 등이 작곡한 그 시절 스탠더드 음악과 이디시Yiddish 노래를 좋아했다. 그러나 단연 스타는 삼촌이었다. 본명은 머리 골드스미스이지만 사람들이 이탈리아인이라고 생각하도록 마리오 실바로 개명했다. 키가 작고 퉁퉁한 마리오 삼촌은 오페라곡 부르는 것을 즐겼다. 또 매우 뛰어난 피아니스트였다. 할리우드로 건너가 활동했는데, 여러 영화에 피아노를 연주하는 삼촌의 손이 등장하기도 했다. 영화배우가 피아노를 치는 장면에서 마리오 삼촌의 손을 클로즈업해 대신 썼던 것이다. 삼촌은 자신의 일을 사랑했다. 재능을 늘 갈고닦던 삼촌의 열정이 지금도 잊히지 않는다.

나 역시 음악에 대한 애정을 물려받았다. 그래서 하루빨리 악기를 배우고 싶었다. 나는 나보다 나이가 조금 더 많은 사촌 클레어를 잘 따랐는데, 그녀가 클라리넷 레슨을 받자 나도 따라 했다. 진지하게 연습을 시작한 것은 열 살 때였다. 대부분의 전문 음악가와 비교하면 늦은 나이였다. 다행스럽게도 그때는 이 사실을 전혀 알지 못했다.

나는 1940년 조지워싱턴 고등학교에 입학했다. 웅장한 건물 바깥으로 아이비리그 대학 캠퍼스가 내다보였다. 학교 지붕 위로 우뚝 솟은 탑은 허드슨강이나 할렘강을 따라 올라올 수도 있는 독일 잠수함을 감시하는 미 해군의 초소로 쓰였다. 동급생 중에 당시 나치를 피해 도망쳐 온 독일계 유대인의 아들이 있었는데, 바로 헨리 키신저였다.

나는 학교 오케스트라에서 클라리넷을 연주했다. 동급생 힐튼 레비가 만든 댄스 밴드에 합류하기도 했다. 우리는 주로 학교에서 열리는 댄스파티와 무도회, 동네 행사에서 공연했다. 내 레퍼토리에는 '바이바이 블랙버드'와 '스위트 조지아 브라운' 그리고 글렌 밀러Glenn Miller의 클래식 노래인 '인 더 무드' 등이 포함되어 있었다. 나는 무대에 서서 우리가 연주하는 음악에 맞춰 춤추는 사람들을 지켜보는 것이 좋았다. 직접 추는 것도 즐겼는데, 린디 홉을 썩 잘 췄다.

시간이 지나면서 더욱 진지하게 연주했고 음악가로서의 진로를 고민하기도 했다. 나는 도시에서 손꼽히는 선생님 중 한 명이던 빌 샤이너의 레슨에 지원했다. 샤이너는 브롱크스에 있는 스튜디오에서 클라리넷과 색소폰, 플루트, 그리고 오보에를 가르쳤다. 나도 색소폰을 배우기 시작했는데, 매우 재미있었다. 재능은 타고나는 것이지 배울 수 있는 것이 아니다. 그럼에도 샤이너는 테크닉의 귀재였다. 그는 매일 악기 연습을 시켰다. 덕분에 새로운 차원을 훈련받을 수 있었다. 샤이너의 또 다른 제자 중에는 시대를 초월하는 훌륭한 재즈 색소폰 연주자로 성장한 스탠 게츠Stan Getz도 있었다. 누가 봐도 스탠은 엄청난 재능을 타고난 음악가였다. 음악이라는 공통점 외에도 출신 배경이 비슷했던 우리는 친구가 되었다.

나는 1943년 조지워싱턴 고등학교를 졸업했고 같은 해 가을 줄리아드에 입학했다. 그곳에서 피아노를 치기 시작했다. 나중에는 베이스

클라리넷과 플루트도 배웠다. 하루는 헨지 제롬 오케스트라의 매니저로부터 전화 한 통을 받았다. 당시 꽤 인기 있는 투어 공연 밴드였는데, 빌 샤이너가 나를 추천했다며 오디션을 보러 오라고 했다. 나는 지하철을 타고 미드타운으로 가서 오디션을 보았고 합격했다. 그 후 투어에 합류하기 위해 줄리아드에서 자퇴했다. 겨우 열여덟 살이었지만, 어른이 된 기분이었다.

그렇게 투어 생활이 시작되었다. 밴드 멤버는 모두 열다섯 명이었는데, 나보다 두 살 많은 레너드 가먼트Leonard Garment도 포함되어 있었다. 그는 나중에 리처드 닉슨 임기 동안 백악관 변호사로 일했다. 우리는 대개 기차를 타고 이동하며 호텔 무도회장이나 나이트클럽에서 공연했다. 가장 길었던 공연은 뉴올리언스의 호텔 루스벨트에서 한 것으로 기억한다. 모두 격식 있는 옷을 갖춰 입고 최신 유행하는 칵테일을 마시며 잠시도 쉬지 않고 담배를 피웠다. 그리고 밤새도록 춤을 췄다. 호화롭고 세련된 분위기가 넘쳐흘렀다. 워싱턴하이츠의 작은 아파트에서 삼대가 모여 살던 내게는 꽤나 자극적인 경험이었다.

헨리 제롬 오케스트라는 실력은 꽤 좋았지만 이류 밴드에 속했다. 아티 쇼Artie Shaw, 베니 굿맨Benny Goodman, 해리 제임스Harry James 같은 거물보다는 수준이 낮은 편이었다. 우리는 벨벳 재킷과 검은 바지를 맞춰 입었다. 한 번은 켄터키주 커빙턴에서 장기 공연을 했는데, 놀랍게도 호텔에서는 불법 카지노를 함께 운영하고 있었다. 어쩌면 도박 운영을 감추기 위해 우리를 고용했을 것이라는 생각이 들었다. 밴드 활동을 하면서 인간의 본성에 대해 많이 배울 수 있었다.

투어를 하는 동안 나는 밴드 멤버들의 소득세 신고를 비롯해 여러 돈 관련 문제를 도와주고는 했다. 그러면서 내게 돈과 금융과 관련된 소질이 있다는 것을 발견했다.

투어를 하면서 한 가지를 명확하게 알게 되었다. 아마추어 음악가로서는 내 실력이 나쁘지 않았지만, 프로의 기준으로 보자면 평균 이상도 이하도 아니었다. 내가 갈 수 있는 가장 멀리 또 가장 높이 도달했다는 생각이 들었다. 나는 내가 속해 있는 분야에서 최고가 되고 싶었다.

그런 이유로 밴드를 그만두었다. 지금 와서 돌이켜 보면 스탠 게츠의 영향을 많이 받은 결정이었다. 스탠의 연주를 들으면서 나는 절대 저렇게 잘할 수 없다는 깨달음을 얻었기 때문이다.

그러나 헨리 제롬 오케스트라에서 연주했던 시간들이 매우 즐거웠고 지금도 자주 그때를 떠올린다. 요즘에도 가끔 피아노를 치는데, 사실 음악 활동은 그게 전부이다. 돌이켜 보면, 오늘날 나를 여기까지 이끈 이상하고도 놀라운 인생의 길에서 계속 영감을 받고 있다.

15

루 홀츠
Lou Holtz

　루 홀츠를 처음 본 사람들은 아마도 그가 미식축구 감독처럼 생기지 않았다고 생각할 것이다. 그는 호리호리한 체격에 안경을 썼으며 살짝 혀 짧은 소리를 낸다. 하지만 누구나 그렇듯 나 역시 첫인상에 속기 쉽다는 것을 알고 있다. 루는 뛰어난 동기부여가이다. 대학 역사상 여섯 팀을 코치한 감독은 루가 유일하다. 하나같이 그가 감독으로 부임할 때는 성적이 형편없었지만 2년째 들어서는 볼 게임bowl game에 초청되었다. 또한 그는 네 개의 대학 팀을 상위 20위 안에 안착시킨 유일한 감독이기도 하다.

　우리는 1984년 처음으로 친구가 되었다. 그때 이후 나는 루가 말해 준 인생의 결정적 순간들과 강력한 영향력을 인생의 길잡이로 삼아 왔다. 스포츠를 좋아하든 아예 관심이 없든 상관없다. 역경은 모든 인생의 일부이며 이를 어떻게 극복하는지가 관건이라는 루의 메시지는 스포츠를 초월한다.

———

나는 1937년 웨스트버지니아주 폴란스비에서 태어났다. 부모님은 내 이름을 루이스 레오 홀츠라고 지었다. 당시 우리 가족은 허름한 아파트에서 살았는데, 냉장고도 샤워실도 없었다. 침실 안에 놓인 간단하게 씻을 수 있는 싱크대가 다였다. 가진 것이 너무 없어서 오히려 가난이 신분 상승이라고 생각될 정도였다. 내가 아주 어릴 때 우리 가족은 오하이오주 이스트리버풀로 이사했다. 러스트 벨트Rust Belt 시대 이전에 호황을 누리던 동네였다. 아버지는 지역 버스 회사에 취직했다. 하지만 오래 일하지는 못했다. 이사하고 얼마 지나지 않아 아버지는 제2차 세계대전에 참전했고 어머니와 루 삼촌, 할아버지와 할머니가 나를 돌봐야 했다.

아버지는 내가 5학년이 되어서야 돌아왔다. 그동안 고등학교 미식축구 선수였던 루 삼촌이 내게 운동을 가르쳐 주었다. 루 삼촌은 내가 처음으로 들어간 미식축구 팀을 지도하기도 했다. 주말이 되면 우리는 할아버지와 함께 라디오 앞에 앉아 노트르담 대학의 경기 중계를 들었다. 미식축구에 대한 내 열정이 루 삼촌에게서 비롯되었다는 점에는 의심의 여지가 없다. 집으로 돌아온 아버지는 전쟁에 대해 아무 말도 하지 않았다. 그런 아버지를 보면서 나는 겸손을 배웠다.

청소년기 대부분은 친구들과 보냈는데, 토요일 저녁이 되면 시내에 있는 데어리랜드 코너(유제품과 아이스트림을 파는 가게 - 옮긴이)에서 어울렸다. 친구들은 늘 싱글벙글한 나를 선샤인이라고 불렀다. 나는 미식축구 선수였지만 겉으로는 전혀 그렇게 보이지 않았다. 몸무게가 45킬로그램밖에 되지 않았다. 신체검사 때 몸무게를 재기 위해 기다리면서 이렇게 외치고는 했다. "이렇게 오랫동안 기다렸는데 45킬로그램도 안 되면, 엄청 실망할 거야." 고등학교 미식축구 팀에서 살아남기 위해 나는 부상자가 발생하면 바로 빈자리를 채울 수 있도록 최대한 많은 포지션을 익혔다.

가정 형편 때문에 나는 학교 공부와 용돈벌이를 병행해야 했다. 어린 나이에 나는 책임감의 중요성을 배웠다. 지금도 책임감은 내 사고방식의 길잡이 역할을 한다.

당시에는 대학을 가려는 친구가 별로 없었다. 내가 바란 고등학교 이후의 삶은 주머니에 있는 얼마간의 돈과 차, 여자 친구, 그리고 제분소 일자리가 다였다. 하지만 고등학교 팀 감독 웨이드 왓츠는 부모님에게 내가 나중에 좋은 미식축구 감독이 될 것이라며 대학을 가야 한다고 말했다. 나는 기억력이 좋았고 감독님만큼이나 플레이 북을 자세히 외우고 있었다. 대학에는 별 관심이 없던 나와 달리 부모님은 대학을 가는 것이 좋겠다고 생각했다. 결국 내 대학 진학을 두고 논쟁이 오갔다. 부모님이 "넌 대학에 가야 해"라고 말하면 나는 "안 갈 거예요"라고 대답했다. 한동안 이런 대화가 지속되었고 결국 내가 대학에 가겠다고 동의하면서 우리는 합의점을 찾았다.

나는 고등학교 친구들인 빌 루스, 밥 도지, 그리고 빌 비언과 함께 켄트 주립대학에 입학했다. 우리는 집까지 히치하이크를 하기에 적당한 거리라는 이유로 켄트 주립대를 선택했다. 나는 대학 미식축구를 매우 좋아했지만, 3학년이 되어서야 팀에 들어갔다. 당시 몸무게가 75킬로그램이었던 나는 라인배커치고는 몸집이 작았다. 누구보다 열심히 노력해야 겨우 내 자리를 지킬 수 있었다.

1959년 대학을 졸업한 이후 나는 아이오와 대학에서 석사과정을 밟으며 미식축구 팀의 조교로 일했다. 그리고 1961년에 고등학교 때부터 사귄 여자 친구 베스 바커스와 결혼했다. 윌리엄 앤드 메리 대학으로 옮겨 가서 2년 동안 보조 코치를 맡았고 그 후에는 코네티컷 대학에서 두 시즌을 보냈다.

베스와의 결혼 생활과 미식축구 지도자로서의 경력 모두 올바른 방향으로 흘러가고 있었다. 그런데 모든 것이 바뀌는 일이 벌어졌다.

1966년 2월, 사우스캐롤라이나 대학에서 백필드 수비 코치 자리를 제안받았을 때였다. 윌리엄 앤드 메리나 코네티컷과는 달리 사우스캐롤라이나는 교수 주택을 따로 제공하지 않았다. 그래서 우리는 있는 돈을 모두 긁어모아 집의 계약금을 냈다. 이사하고 한 달 후쯤, 아침에 일어나서 베스와 신문을 펼쳤는데 수석 감독 마빈 배스Marvin Bass가 사임하고 캐나다 미식축구 리그로 옮긴다는 기사가 눈에 들어왔다. 이미 봄 훈련을 시작한 후였다. 대학 측에서는 서둘러 배스 감독 후임으로 웨스트포인트 출신의 폴 디첼Paul Dietzel을 고용했다. 디첼은 전담 스태프를 데리고 왔다. 나도 면접 대상자였지만, 의례적인 절차임이 뻔했다. 그리고 얼마 지나지 않아 나는 해고당했다. 문을 나서는 나를 디첼 감독이 불러 세우더니 이렇게 물었다. "루, 다른 직업으로 전향해 볼 생각은 없나?" 내가 부족한 감독이라는 뜻은 아니었다. 그는 돌볼 가족이 있는 가장이 해고를 당했으니 마음이 안 좋았던 것뿐이었다. 그렇지만 여전히 속이 쓰렸다. 그렇게 나는 스물여덟에 무직 신세가 되었다. 집 대출금을 갚아야 하는데 모아 둔 돈은 한 푼도 없었다. 게다가 돌봐야 할 두 아이가 있었고 아내는 임신 8개월째에 접어들고 있었다.

결국 베스가 나섰다. 케빈을 낳고 몇 주 되지 않아 그녀는 X선 기술자로 일하기 시작했다. 3월이었는데, 새로 코치를 뽑는 학교가 아무 데도 없었다. 그래서 나는 3개월 동안 집에서 어린 두 아들과 갓난아기를 돌보았다. 어머니에 대한 존경심이 치솟는 경험이었다.

내 기분을 풀어 주기 위해 베스는 데이비드 J. 슈워츠David J. Schwartz 가 쓴 《크게 생각할수록 크게 이룬다》라는 책을 가져다주었다. 저자 데이비드는 삶이 지루하고 아침에 일어나 무언가를 하고 싶다는 생각이 들지 않을 때는 스스로를 위해 큰 목표를 세워야 한다고 적었다. 그래서 나는 종이와 연필을 꺼내 하고 싶은 일을 적어 내려갔다. 백악관에서 저녁 만찬 먹기, 〈더 투나잇 쇼〉 출연하기, 교황 만나기, NCAA 내셔널 챔피언십에서 우승하기, 노트르담에서 감독 생활하기 등등이었다. 비행기에서 뛰어내린 후 항공모함에 착륙하고 싶었고 스페인에서 황소와 시합을 즐기고 싶었다. 또 홀인원에도 성공하고 싶었다. 목록이 늘어날수록 신나는 기분이 들었다. 정신을 차리고 보니 하고 싶은 일이 무려 107가지나 되었다. 하루는 집에 돌아온 베스에게 이렇게 말했다. "여보, 여기 봐. 하고 싶은 일이 107가지나 되는데, 우리 이거 하나씩다 해 보자." 그녀가 대답했다. "멋지네. 하나만 더 추가하는 건 어때?" 내가 말했다. "물론이지, 뭔데?" "취직하기." 그녀가 대답했다. 그렇게 목록은 108가지로 늘어났다.

얼마 지나지 않아 놀랍게도 폴 디첼에게 일자리를 제안받았다. 스카우트 팀을 관리하는 일이었다. 월급은 1만 1000달러에서 8000달러로 줄어들었지만, 나는 기꺼이 제안을 승낙했다.

스카우트 팀은 훈련 때 상대편 팀 역할을 하는데, 실력이 뒤처지는 선수가 대부분이다. 좋은 스카우트 팀 코치라면 상대편 팀을 미리 조사해 비슷한 플레이를 펼친다. 그래야 주전선수들이 실전에 대비할 수 있기 때문이다. 내가 이끌던 스카우트 팀이 실력 좋기로 소문난 사우스캐롤라이나의 1학년 선수들과 붙은 적이 있는데, 결과는 우리 팀의 승리였다. 이 일로 디첼 감독 눈에 들게 되었고 이내 백필드 수비 코치로 발령받았다. 월급도 다시 1만 1000달러로 올랐다.

폴 디첼은 감독협회 이사회 소속이었는데, 내게 회의 기록 담당자가 되어 달라고 부탁했다. 1967년 1월 협회에서 주최하는 연례 회의가 뉴욕시에서 열렸다. 다른 일정이 있어 참석하지 못하게 된 디첼 감독은 나를 대신 보냈다. 회의 일정 중에 만찬도 있었는데, 나는 오하이오 주립대학의 전설적인 감독인 우디 헤이스Woody Hayes와 같은 테이블에 앉게 되었다. 그는 내게 감독 일에 대해 이런저런 질문을 던지기 시작했다. 나는 특정 플레이에 대한 생각과 팀워크와 노력에 대한 믿음, 그리고 모범이 될 만한 기준을 정하고 그것을 지켜 나가는 철학에 대해 이야기했다.

다음 날인 1월 6일은 내 생일이었다. 만족스러운 하루였다. 두 곳에서 일자리를 제안받았던 것이다. 조지아 공대 측과 우디 헤이스가 함께 일하자고 연락이 왔다. 액수로만 보면 조지아 공대의 제안이 훨씬 매력적이었다. 하지만 가족과 친구들은 오하이오 주립대학을 선택하라고 밀어붙였다. 나는 캠퍼스를 방문해 헤이스 감독과 이틀을 보냈다. 알고 보니 뉴욕에서의 만찬이 있기 전에 누군가 나를 추천한 모양이었다. 그와 내가 나눈 대화는 사실 면접이었다.

내가 오하이오 주립대학에 합류한 이후 우리 팀은 내셔널 챔피언십 우승을 거머쥐었다. 1년 후, 윌리엄 앤드 메리에서 수석 감독직을 제안했다. 모든 준비는 마친 상태였다. 그동안 뛰어난 코치 밑에서 배우며 내 능력에 대한 자신감을 길렀다. 나는 팀을 꾸릴 때 눈에 보이지 않는 부분까지 고려하도록 훈련받았다. 선수를 뽑을 때 내가 가장 눈여겨본 것은 경기에 대한 열정이었다. 미식축구에서 중요한 것은 키나 몸무게, 속도가 아니라 동지애와 결속력이다. 물론 재능도 중요하다. 하지만 개개인의 재능을 뒷받침함으로써 팀이 똘똘 뭉칠 수 있게 하는 힘은 눈에 보이지 않는다.

나는 1969년부터 1971년까지 윌리엄 앤드 메리 대학에서 수석 감독으로 팀을 이끌었다. 그 후 노스캐롤라이나 주립대학에서 3년을 보냈다. 그 후 1년간 미국 프로 미식축구 연맹NFL에서 뉴욕 제츠의 수석 감독을 지냈다. 하지만 내가 프로리그보다는 대학 미식축구에 더 잘 어울린다는 사실을 깨닫기까지는 오래 걸리지 않았다.

1977년에 아칸소 대학으로 옮긴 후 6년을 보냈다. 그 후 1년 동안은 미네소타 대학에서 팀을 지도했다. 단 한 곳을 제외하고는 감독 자리가 나도 계약조건상 미네소타를 떠날 수 없었다. 바로 노트르담 대학이었다. 1986년, 내 꿈의 직장이던 노트르담에서 드디어 감독 생활을 시작했다. 총 열한 시즌 동안 노트르담에서 팀을 이끌며 100승 32패 2무의 성적을 기록했다. 1988년에는 내셔널 챔피언십에서 우승했고 9년 연속으로 볼 게임에 진출했다.

1996년 은퇴한 이후에 나는 CBS에서 중계를 시작했다. 지도자의 길은 이제 끝났다고 생각했다. 하지만 3년 후, 그러니까 폴 디첼에게 해고당한 지 33년 후에 나는 사우스캐롤라이나로 돌아가 바로 전 시즌을 1승 10패로 마무리한 미식축구 팀을 맡았다.

사우스캐롤라이나에서의 첫해는 매우 정신없었다. 베스는 인후암 진단을 받은 후 두 번째 중요한 수술을 받았다. 의사는 그녀가 살 가능성이 10퍼센트라고 했다. 감사하게도 그녀는 아직도 건강하게 잘 지내고 있다. 지금은 루이지애나 공과대학에서 미식축구 감독으로 일하는 아들 스킵은 조지아와 경기가 있던 주에 바이러스 감염으로 혼수상태에 빠졌다. 하마터면 목숨을 잃을 뻔했다. 플로리다와의 경기를 앞둔 금요일에는 어머니가 돌아가셨다.

사흘간 선수 모집 출장을 간 적이 있었다. 비행기가 사우스캐롤라이나주 보퍼트에 있는 레이디스아일랜드에 도착했고 부감독 찰리 스트롱Charlie Strong과 함께 한 후보선수를 만났다. 그런데 레이디스아일랜드에는 연료 충전소가 없었다. 조종사가 말했다. "감독님, 다넬 워싱턴을 만나는 동안 17킬로미터 정도 떨어진 힐턴헤드에 다녀올게요. 거기서 연료를 충전하고 바로 돌아오겠습니다. 짐과 가방은 비행기에 놔두고 내리셔도 됩니다."

찰리와 나는 다넬을 만나 이야기를 나눈 다음 공항으로 돌아왔다. 하지만 어디에서도 비행기를 찾아볼 수 없었다. 단발항공기의 이륙 준비를 하는 남자가 있길래 자초지종을 설명했다. 그가 말했다. "사고 연락을 받았어요. 지금 비행기를 수색하러 가는 길입니다." 우리를 태웠던 비행기였다. 17킬로미터를 비행하는 도중에 비행기가 추락했던 것이다. 조종사 한 명이 즉사했고 나머지 한 명은 심각한 부상을 입은 후 끝내 숨을 거두었다. 그해 우리 팀은 모든 경기에서 패배하며 0승 11패의 성적을 기록했다.

팀에 대한 부정적인 기사가 신문에 실리기 시작했다. 사람들은 내가 너무 늙었고 감독으로서의 감이 사라졌다고 말했다. 나는 인생 최악의 시기를 보냈다. 하루는 공항에서 한 남자가 다가와 물었다. "루 홀츠 닮았다는 말 들어 본 적 있으세요?" 내가 대답했다. "물론이죠. 맨날 듣는걸요." 그러자 남자가 말했다. "정말 짜증 나겠어요, 안 그래요?"

인생에서 가장 큰 두 번의 시련을 사우스캐롤라이나에서 겪었다. 1966년에 처음 배운 이후, 1999년에 다시 한번 확인했던 교훈은 내 평생의 길잡이가 되어 주었다. 미식축구에서도 인생에서도 역경과 불행은 지나가기 마련이다. 폴 디첼에게 해고당했지만 다시 사우스캐롤라이나에서 일할 수 있었고, 3년 후에는 윌리엄 앤드 메리의 수석 감독이 되었다. 그리고 33년이 지나 0승 11패의 바닥을 친 이후 우리 팀은 다시 올라가기 시작했고 다음 해에 상위 20위 안에 랭킹되었다. 1월 1일

볼 게임에서는 오하이오 주립대학과의 경기에서 우승했다.

나는 특별하지도 않고 남들보다 똑똑하지도 않다. 성공의 비법을 발견하지도 못했다. 하지만 한 가지는 분명하게 알고 있다. 누구든, 몇 살이든, 무슨 일을 하든 역경은 삶의 일부라는 점이다. 역경을 회피하거나 끝까지 감내하는 것은 불가능하다. 다만 동기로 삼을 수 있다. 지금까지 살면서 인생에는 두 가지 선택이 있다는 사실을 깨달았다. 쓰러진 채로 있거나 다시 벌떡 일어서는 것. 인생도 미식축구도 마찬가지이다. 다른 사람이 대신 일으켜 주기를 바랄 수 없다. 조지아 대학이나 미시건 주립대학 같은 경쟁 팀에서 전화를 걸어와 '감독님, 쿼터백이 없으시잖아요. 저희가 선수를 보내 드릴게요'라고 말할 리 만무하기 때문이다.

16

모턴 콘드래키

Morton Kondracke

미국 기자이자 작가인 모턴 콘드래키는 자라면서 늘 유명해지기를 꿈꿨다. 그래서 시간이 흘러 1996년 윌 스미스Will Smith가 나오는 〈인디 펜던스 데이〉와 댄 애크로이드Dan Aykroyd와 릴리 톰린Lily Tomlin 주연의 〈 못말리는 서스펙트〉 등 두 편의 영화에 출연하게 되자 그는 뛸 듯이 기 뻤다.

그러나 실제 모턴의 삶은 할리우드의 흔한 이야기와는 거리가 멀 다. 모턴이 내게 말해 준 인생의 전환점을 이 책에 소개하기로 한 이유 는 그 주제가 용기와 강인함이기 때문이다. 모턴의 일화를 통해 아무리 성공하고 강력해지더라도 통제할 수 없는 자연적인 힘이 존재한다는 사실을 알 수 있다.

1967년, 《시카고 선타임스》에서 기자로 일할 때의 일이다. 친구를 통해 밀리센트 마르티네스Millicent Martinez를 소개받았다. 루스벨트 대학을 갓 졸업한 밀리는 마르고 아름다웠다. 올리브색 피부에 짙은 머리털 사이사이로 보이는 한참 이른 흰머리가 눈길을 사로잡았다.

처음 만났을 때 밀리는 시카고 소년법원에서 보호관찰 상담사로 일하고 있었다. 당시만 해도 판사가 방치되거나 학대받은 아이들을 상태가 열악한 보호소에 보내고는 했다. 그런 판사들에 맞서 밀리는 죄 없는 아이들을 교도소나 다름없는 곳에 보내는 것이라고 지적했다. 그녀의 노력 덕분에 그동안의 잘못된 관행이 뿌리 뽑혔다.

따뜻한 마음씨와 현명함, 거기에 에너지까지 넘치는 밀리에게 나는 완전히 반했다. 그녀와 사랑에 빠졌는데, 사실 나조차도 예상하지 못한 일이었다. 밀리는 내가 그리던 미래 아내의 모습과는 달랐다. 어리고 욕심 많던 나는 명성과 성공에 도움이 될 만한 사람과 결혼하고 싶었다. 한없이 가벼운 생각이었지만, 상원의원의 딸이나 상속녀처럼 가진 것이 많은 여성과 결혼하리라는 굳은 결심 때문에 밀리와의 관계도 끝나고 말았다. 그녀와 함께 스키를 타러 갔을 때였다. 밀리의 스키 실력은 정말이지 형편없었다. 밀리가 100번쯤 넘어졌을 때, 나는 더 이상 참지 못하고 폭발해 버렸다. 그녀에게 마구 소리를 지르며 장황하게 잔소리를 늘어놓았다. "더는 못 해, 우린 끝났어." 그렇게 밀리와 나는 헤어졌다.

얼마 후, 시카고에 있는 해변에서 우연히 그녀와 마주쳤다. 나는 통통 튀는 그녀의 매력에 또다시 마음을 빼앗겼다. 이미 헤어진 마당에 그러면 안 된다는 생각이 들었지만, 직감을 무시한 채 밀리에게 영화 데이트를 신청했다. 극장에 갔는데 마침 밀리의 친구가 우리 앞줄에 앉아 있었다. 그녀가 고개를 돌리더니 외쳤다. "너네 둘 뭐 하는 거야?" 정신을 차리고 보니 우리는 그 친구의 아파트에 와 있었다. 와인을 마시고 약간의 대마초를 피웠다. 새벽 두 시에 아파트에서 나왔는데, 비가 내리고 있었다. 가로등 아래 우산을 쓰고 걷다가 그녀에게 키스했고 이렇게 생각했다. '좋아, 이제 알겠어. 이건 운명이야'. 그 자리에서 그녀에게 프러포즈했고 그녀가 승낙했다.

우리는 시카고 대학에 있는 예배당에서 소박하게 결혼식을 올렸다. 결혼식 비용 400달러를 우리가 직접 냈다. 하도 오래전 일이라 지금은 기억나지 않지만, 피로연 음식으로 미나리 샌드위치를 대접한 것 같다.

밀리의 어머니는 미국계 유대인으로 밀리가 어렸을 때 그녀를 버렸다. 밀리는 시카고에 있는 멕시코인 위탁가정에서 자랐다. 놀랍게도 우리 결혼식에 밀리의 친어머니가 참석했다. 당연한 말이지만 그녀의 위탁가정 가족들도 모두 참석했다. 양어머니 애니 비야레알이 밀라의 손을 잡고 식장에 들어섰다. 밀리의 양아버지 레푸히오 마르티네스는 멕시코인이자 공산주의자로, 육류 가공업체 노조의 조직책이었다. 그는 밀리가 어릴 때 뇌졸중으로 쓰러져 불구가 되었다. 매카시 시절에 추방 절차가 새롭게 도입되면서 양아버지가 불리한 상황에 놓이게 되었다. 그는 미국에 남기 위해 싸웠고 소송이 대법원에까지 올라가게 되었다.

하지만 패소하면서 멕시코로 추방당했다. 그리고 다음 날 또 뇌졸중으로 쓰러져 숨을 거두었다. 양아버지가 겪은 일 때문에 약자를 보호하려는 밀리의 의지가 더욱 강해졌던 것 같다.

1968년, 나는 《시카고 선타임스》에서 전근을 통보받고 워싱턴에서 백악관 출입기자로 일하기 시작했다. 밀리는 버지니아주 알링턴 카운티에 있는 소년법원에 취직했다. 거기에서도 그녀는 자기가 맡은 아이들을 위해 싸웠다. 하지만 일만으로는 만족하지 못했다. 그녀는 늘 본업 외에 열정을 쏟을 대의명분을 찾았다.

1985년에 밀리는 우리 가족과 연관이 있는 대의명분을 찾았다. 아주 밀접한 관련이 있는 일이었다. 나는 와인을 좋아했다. 저녁에도, 점심에도, 그리고 그사이에도 와인을 자주 마셨다. 그러다가 어느 순간부터 선을 넘기 시작했다. 술을 마신 채 운전대를 잡았고 일을 제대로 해내지 못했으며 지독한 숙취에 시달렸다. 밀리는 적극적으로 개입해 내가 알코올의존증이라는 사실을 인지하도록 도와줬다. 그길로 나는 술을 끊었다.

우리는 해마다 크리스마스를 버몬트주에서 보냈는데, 그해도 마찬가지였다. 딸 앤드리아는 대학 원서를 쓰고 있었고 밀리는 테이블에 앉아 원서 접수료를 내기 위해 수표를 쓰고 있었다. "글씨가 이상하게 써져"라고 그녀가 말했다. 그녀가 쓴 수표를 보았지만 글씨체에는 문제가 없었다. 하지만 그녀는 손에 힘이 줄 수 없다고 거듭 말했다.

두 달 후, 밀리의 오른손 새끼손가락이 미세하게 떨리기 시작했다. 증상은 점점 더 심해졌지만 의사는 정확한 진단을 내리지 못했다. 그래서 우리는 여러 전문의를 찾아갔다. 그중 한 명은 시메트럴을 처방했다. 인플루엔자를 치료하기 위해 개발되었지만 파킨슨병 치료제로도 각광을 받는 약이었다. 이 사실을 안 밀리는 곧바로 약을 쓰레기통에 버렸다. 파킨슨병의 가능성을 조금도 용납하지 않았다.

1987년에 일어난 일이었다. 그때 밀리의 나이는 마흔한 살이었다. 파킨슨병이라는 진단을 받기에는 너무 젊은 나이였다.

우리는 진료를 해 주겠다는 전문의를 모두 찾아갔다. 메이오 클리닉에서 처음에는 파킨슨병이 아니라 양성 증후군인 본태떨림이라고 설명했다. 하지만 증상은 날이 갈수록 심해졌다. 다시 클리닉을 찾았더니 이번에는 파킨슨병이라며 시메트럴을 처방하기 시작했다.

밀리는 모든 병을 무서워했다. 아버지의 뇌졸중이 영향을 미쳤을 것이다. 어느 날 밤, 그녀가 이렇게 말했다. "난 불구가 될 거고 불쌍한 신세가 될 거야. 그럼 당신은 날 떠나겠지."

나는 그녀를 안아 주며 대답했다. "무슨 일이 있어도 당신 곁을 지킬 거야. 내가 여기 있잖아. 나한테 기대도 돼."

그때까지 내 인생에서 가장 중요한 것은 일과 지위였다. 나는 워싱턴 언론계라는 기름 바른 장대를 반드시 올라가겠다는 굳은 의지를 가지고 있었다. 하지만 밀리가 아프고 난 후 스스로에게 이렇게 말했다. "다른 것은 다 잘못하더라도, 이것만큼은 제대로 하자."

그렇게 17년 동안 지속된 시련이 시작되었다. 우리는 쇼핑하듯 의사를 바꿔 가며 진료를 받았다. 약도 마찬가지였다. 당시 150만 명의 환자가 파킨슨병으로 고통받고 있었지만 비교적 덜 알려진 병이었다.

밀리는 병의 그림자에서 완전히 벗어나 사회를 바꾸겠다고 결심했다.

파킨슨병에 대한 인식도 점차 개선되고 관련 연구도 진행되었지만, 여전히 치료할 수 없는 불치병이었으며(아직도 그렇다) 밀리의 병세는 더욱 악화되었다. 운명의 잔인한 장난인지는 몰라도 밀리는 일반적인 파킨슨병이 아니라 끔찍한 비정형 질환인 다계통위축증을 앓았다. 다시 말해 몸의 기능과 장기가 제구실을 하지 못하는 병이었다. 밀리는 종종 아무런 예고 없이 넘어지기 시작했다. 우리는 체비체이스에 있는 이층집에 살고 있었는데, 한번은 그녀가 계단에서 뒤로 넘어져 떨어졌다. 그 후 우리는 1층짜리 콘도로 이사했다.

그러다 실험적인 뇌 정밀검사를 진행한다는 의사를 만나러 뉴욕시에 있는 코넬 병원을 찾았다. 그곳에서 병의 진행 상황을 확인할 수 있었는데, 밀리의 뇌가 쪼그라들어 있었다. 음식을 삼키는 것조차 어려워져서 결국 투입관을 사용할 수밖에 없었다. 그 후 밀리는 걸을 수도, 말할 수도 없게 되었다. 우리는 컴퓨터나 알파벳 칠판으로 소통했다.

그 후로도 밀리의 여정은 계속되었다. 열탐지기를 이용해 비정상적으로 활발한 뇌 부분의 위치를 파악해 제거하는 창백핵절제술에 대해 알게 되었다. 밀리가 말했다. "수술받을래, 수술받고 싶어, 수술받을 거야!" 그녀는 수술을 받았지만 효과는 미미했고 그나마도 오래가지 않았다. 밀리는 또 지금은 파킨슨병의 증상을 완화하기 위해 흔히 쓰이는 뇌심부 자극술DBS 치료를 받았다. 하지만 안타깝게도 DBS 치료를 받은 후에 증상이 오히려 심해졌다.

그러던 중에 밀리의 신체적 화학반응이 급격히 나빠졌다. 나트륨

불균형이 너무 심각해서 입원할 수밖에 없었다. 치료를 받고 불균형이 나아졌지만, 끔찍한 합병증으로 장애를 갖게 되었다. 밀리는 사실상 식물인간 상태가 되었다. 우리는 그녀를 집으로 데려왔고 호스피스의 도움을 받아 그녀를 돌보기 시작했다.

2004년 여름, 이제 밀리를 보내 줄 때가 되었다는 생각이 들었다. 딸 앤드리아와 알렉산드라에게 전화를 걸었다. 음식 투입관을 뺄 것이라고 말하며 집으로 와 달라고 부탁했다.

그런 결정을 내린 다음 날 밤, 운명이 불쑥 끼어들었다. 나는 잠을 자고 있었다. 밀리는 복도 끝 방에 있었는데, 그래란다라는 이름의 호스피스 간병인이 그녀 곁을 지키고 있었다. "돌아가셨어요!"라는 그래란다의 비명에 잠에서 깼다. 나는 침대에서 뛰쳐나와 밀리에게로 갔다. 그녀의 몸에 아직 온기가 남아 있었다. 그녀의 고요한 죽음은 고마운 축복이었다.

매우 힘든 17년이었지만, 그 시간 동안 밀리 덕분에 나는 더 좋은 사람이 되었고 그녀에게서 끊임없이 영감을 받았다. 그녀는 주위에 있는 모든 사람에게 영감을 주었다. 수년 전에 우리의 좋은 친구 테리 섀퍼는 이렇게 말했다. "밀리 덕분에 모두가 더 좋은 사람이 되는 것 같아."

밀리의 묘비에도 같은 문구가 새겨져 있다.

17

테드 코펠

Ted Koppel

테드 코펠은 첫 직장에서 해고당한 일화를 종종 이야기한다. 대학을 졸업하자마자 결혼한 테드는 뉴욕에 있는 AM 라디오방송국에 주급 90달러를 받고 심부름꾼으로 취직했다. 얼마 지나지 않아 아내 그레이스 앤이 임신했을 때 테드는 방송국 소유주인 R. 피터 스트라우스R. Peter Strauss를 찾아가 주급을 올려 달라고 부탁했다. 그가 거절하자 테드는 그 자리에서 그만두었다. 몇 년이 흐른 뒤 테드는 피터 스트라우스의 인색함에 감사했다. "그가 구두쇠가 아니었다면 ABC에서 일할 기회를 잡지 못했을 테고, 언론인으로서의 경력도 쌓지 못했을 것이다"라고 테드는 설명한다.

나는 테드가 살면서 경험한 영향력들을 보며 대단하다고 생각했다. 그가 이를 너무나도 명확하게 이해하고 적극적으로 주변에 알리기 때문이다. 종종 우리는 일상의 자질구레한 일들에 휩쓸리고는 한다. 그리고 내가 겪은 경험들 속에서만 자신을 바라본다. 테드의 일화를 들으면서 때로는 한 발짝 뒤로 물러나 더 큰 무대에 있는 우리의 모습을 바라볼 필요가 있다는 점을 깨닫게 된다.

───

나는 20세기의 산물이다. 우리 가족과 내가 하는 일의 바탕에는 모두 20세기가 깔려 있다.

어머니 앨리스와 아버지 어윈은 빅토리아 여왕 후반 시대 사람들이다. 아버지는 1895년에, 어머니는 1899년에 태어났다. 두 분 다 유대인이지만 독일 출생으로, 무엇보다 자부심이 강한 독일인 그 자체였다.

아버지는 독일 제국 군대에서 4년 동안 복역했다. 그 후 성공적인 사업가로 성장했고 독일에서 세 번째로 규모가 큰 타이어 회사를 설립했다. 아버지는 스스로를 모범적인 독일 시민이라고 여겼다. 그러던 1936년 어느 날, 독일 시민권을 박탈당할 유대인 목록이 나치 신문에 실렸다. 아버지의 이름도 포함되어 있었다. 아버지는 큰 충격을 받았다.

아버지는 자신이 알던 세상이 곧 산산이 조각날 것임을 직감했다. 그런데도 할머니가 살아 있는 동안은 독일을 떠나지 않겠다고 엄포를 놓았다. 1937년 할머니가 돌아가시자 아버지는 영국으로 떠났다. 이듬해 어머니도 아버지를 따라 영국으로 건너갔다. 부모님은 영국에서 결혼식을 올리고 북쪽에 있는 랭커서로 옮겨 갔다. 영국 정부는 아버지에게 그곳에 있는 고무 공장 운영을 맡겼다. 아버지는 만약 전쟁이 날 경우 당신의 지위가 어찌 될지 우려를 표명했다. 내무장관은 편지를 써서 아버지는 영국 여왕의 손님이며 아버지에게도 가족에게도 나쁜 일은 일어나지 않을 것이라고 아버지를 안심시켰다.

1939년 가을, 제2차 세계대전이 일어났다. 나는 1940년 2월 랭커서에서 태어났다. 두 달 후, 아버지는 영국 정부에 의해 체포당했고 맨섬에 있는 포로수용소로 보내졌다. 아버지의 구금은 어찌 보면 당연한 일이었을 것이다. 독일 스파이가 영국 사회에 침투하기 위해 독일 출신 유대인 행세를 할지도 모르는 일이었다. 영국 입장에서는 모든 가능성을 배제하고 싶었을 것이다. 그래서 영국에 있는 독일인을 대부분 체포했다.

영어를 한마디도 못했던 어머니는 태어난 지 두 달 된 갓난아이와 홀로 남게 되었다. 체포당한 지 18개월 후 아버지가 풀려났고 우리 세 가족은 런던으로 이사했다.

부모님의 이야기에서 중요한 교훈을 배울 수 있다. 20세기 초만 해도 부모님은 사회적 지위에 대해 걱정할 필요가 없었다. 또한 당신들이 속한 사회가 안정적이라고 생각했다. 그런데 모든 것을 완전히 뒤바꾼 사건들이 일어났다. 만약 제2차 세계대전이 일어나지 않았다면 어머니와 아버지는 결혼하지 않았을지도 모른다. 성취욕이 강했던 아버지는 젊고 돈도 많았다. 일종의 전문직 싱글 남성으로 출장과 관광으로 많은 곳을 여행하기도 했다. 한곳에 정착하기에는 일도 인생도 너무 열심히 즐기고 있었다. 그러나 전쟁 때문에 아버지는 결혼을 선택할 수밖에 없었다.

어머니는 재능 있는 음악가였다. 피아노를 칠 줄 알았고 목소리가 아름다웠으며 독일에서 가장 저명한 지휘자들과 노래했다. 외할아버지는 어머니가 아주 어릴 때 돌아가셨는데, 그 후 가족이 운영하던 커피 도매 사업을 어머니와 남자 형제가 물려받았다. 어머니는 사업적으로도 예술적으로도 성공한 여성이었다. 그러나 전쟁이 일어나면서 두 가지 모두 한순간에 끝나 버렸다.

영국 정부에 의해 체포되었을 때 아버지는 마흔다섯 살이었다. 엄청난 성공을 달성했고 일에 있어 전성기를 누리고 있었다. 그런데 갑자기 모든 것이 사라져 버렸고 아버지는 무국적자가 되었다. 독일 시민권이 취소된 데다 자격 미달이라는 이유로 영국 시민권을 신청할 수도 없었다(전쟁이 끝난 후에 영국 시민권을 취득했다). 더욱이 일해도 좋다는 허가가 떨어지지 않아 아버지는 그저 재능을 낭비하며 시간을 보냈다. 에너지가 넘치는 사내에게는 가혹한 운명이었다.

아버지가 풀려난 이후 우리 가족은 어머니가 독일을 빠져나오면서 몰래 챙겨 온 귀중품 몇 개를 팔아 생활했다. 돈이 많지 않았지만, 부족하다고 느낀 적은 한 번도 없었다. 다행히 독일인의 입맛은 영국인이 꺼리는 고기 부위에 익숙한 터라 식량을 배급받을 때도 문제없었다. 어머니는 집으로 배달되는 우유 위에 1센티 정도 떠 있는 크림을 2~3일 모아 두었다가 버터를 만들었다. 또 정육점에서 푼돈에 닭 목을 전부 사 와 따뜻하고 맛있는 닭 수프를 만들었다.

1945년 연합군의 승리로 전쟁이 끝나자, 아버지는 예전 공장과 집을 되찾기 위해 독일을 자주 찾았다. 한번 독일에 가면 몇 달씩 돌아오지 않았다. 그러다 1950년에 부모님은 드디어 독일에서 같이 살기로 마음먹었다. 나는 영국 기숙학교인 애보츠홈으로 보내졌다. 이는 내 인생에서 중요한 전환점이 되었다.

학교는 여전히 전후의 그림자에서 벗어나지 못한 상태였다. 실내에는 화장실이 없어 모래밭이나 다름없는 야외 화장실을 써야 했다. 온수도 부족해서 일주일에 한 번 아주 재빠르게 찬물 샤워를 해야 했다. 음식은 좋게 말해 부실했다. 일주일 중 가장 맛있는 한 끼로 토끼 스튜가 나왔다. 그 외에도 삶은 콩을 올린 토스트, 치즈를 거의 찾아볼 수 없는 그릴 치즈 토스트도 인기 있는 메뉴였다.

애보츠홈은 영국에서 더 유명한 사립학교의 전통을 흉내 냈다. 상급생은 간부 역할을 도맡았는데, 나처럼 나이가 어린 하급생을 한 명씩 담당했다. 하급생은 간부의 방을 청소하고 오후에 먹을 토스트를 준비했다. 전쟁이 끝난 지 5년밖에 지나지 않았을 때라 독일인의 아들이라거나 학교를 통틀어 두 명뿐인 유대인 중 한 명이라는 사실이 학교에서의 내 지위에 별 도움이 되지 않았다. 기숙학교에서 행복하지는 않았지만 자립심을 배운 것은 사실이다. 그 후 독립적인 성향이 인생을 사는데 큰 도움이 되었다.

영국 기숙학교에서 아웃사이더로 지내며 자립심을 키웠을 뿐만 아니라 공기 중의 진동이나 위험을 알리는 미세한 신호, 자칫 놓치기 쉬운 단서들을 알아차리는 기술을 익혔다. 언론인이 되고 난 후에 이러한 경험이 뼈가 되고 살이 되었다.

아마도 아주 어릴 때부터 언론인을 꿈꿨던 것 같다. 부모님은 전쟁의 포화를 겪었고 그로 인한 고통을 감내했다. 뉴스를 듣기 위해 라디오 앞에 옹기종기 모여 앉았던 기억이 오랫동안 머릿속에 선명하게 남았다.

존 F. 케네디와 마틴 루서 킹 주니어Martin Luther King Jr.가 인용한 단테Dante의 말이 있다. "지옥에서 가장 뜨거운 곳은 도덕적 위기 앞에서 중립을 지키는 자들을 위한 곳이다." 나는 이 말이 좋은 언론인의 태도를 보여 주는 엄격하지만 우아한 정의라고 생각한다. 이슈의 양쪽 중 어느 한쪽에 공감하지 말라는 것이 아니라 어느 정도의 공정성으로 사건을 바라봐야 한다는 것이다. 어린 시절 겪은 경험 때문에 실천하기 어려운 교훈이었지만, 늘 내 영감의 원천이 되고 있다.

언론인으로 일하면서 가장 감명 깊었던 순간은 아이러니하게도 별로 기억에 남지 않을 것 같던 〈나이트라인〉의 한 에피소드에서 시작되었다. 나는 베트남 매춘부와 아프리카계 미국인 군인 사이에서 태어난 젊은 여성을 인터뷰하는 중이었다. 그러한 관계에서 태어난 자식을 '먼지의 아이들'이라고 부르기도 한다. 이 경우, 생부가 미국에서 자기 가족을 돌보다가 양심의 가책을 느끼고 베트남으로 돌아가 딸을 찾은 사례였다. 그리고 미국으로 데려온 그 딸이 〈나이트라인〉에 출연한 것이었다. 나는 그녀에게 미국에 와서 어떤 점이 가장 놀라웠는지 물었다. 그녀가 대답했다. "하늘요." 나는 되물었다. "하늘요? 이해하기 어려운데요. 베트남에도 같은 하늘이 있지 않나요?" 그녀는 이렇게 대답했다. "아, 그게 아니고요. 베트남에 있을 때는 너무 부끄러워서 고개를 들고 다니지 못했어요." 마음을 한 대 얻어맞은 듯한 기분이었다. 그때 배운 교훈이 오늘날까지도 매일 생각난다. 나 역시 미국에서 새 터전을 일군 이민자이다. 그리고 미국에 온 이후 당당히 고개를 들고 다닐 수 있게 되었다.

18

마이크 시셰프스키

Mike Krzyzewski

마이크 시셰프스키는 지금껏 가장 위대한 미국 대학 농구 감독 중 한 명이다. 그와 학교 친구들은 시카고에 있는 놀이터에서 어떤 운동을 했을까? 바로 프로레슬링이다. 친구들과 함께 유니폼을 갖춰 입고 유명한 프로레슬러 흉내를 냈다는 일화는 마이크의 단골 이야기 소재이다. 그가 가장 좋아하는 프로레슬러는 캐나다 출신의 에두아르 카르팡티에Édouard Carpentier였는데, 다수의 챔피언 타이틀 경력에 공중을 나는 동작과 밧줄을 이용해 비트는 헤드시저스로 유명한 선수였다.

마이크의 교훈에 나는 정곡이 찔린 기분이었다. 어렸을 때 밖에서 들은 이야기를 할머니에게 할 때마다 할머니는 이렇게 말했다. "있잖니, 버니. 아름다움은 아름다운 행동에서 나오는 거란다." 마이크의 일화에서 알 수 있듯이, 가끔 우리 인생에서 가장 큰 영향력은 소박하고 간단한 조언에서 비롯된다. 그런데 우리는 이러한 조언을 너무 성급하게 무시하거나 당연하게 생각한다.

━━━

나는 시카고 도심에서 자랐다. 우리 동네는 커다란 도시에 둘러싸인 작은 우크라이나와 폴란드 마을에 가까웠다. 동네에 있는 많은 가게에서 폴란드 물건을 팔았다. 폴란드어로 된 신문도 있었고 길거리에서 흔히 폴란드어를 들을 수 있었다. 서로가 서로를 잘 돌봐 주는 안전하고 깔끔한 동네였다. 많은 사람의 인생이 일과 천주교회, 그리고 가족을 중심으로 돌아가는 그런 곳이었다.

부모님은 두 분 모두 폴란드 이민 가정의 자녀였다. 학교를 10학년까지밖에 다니지 못한 아버지 윌리엄 시셰프스키는 시카고 다운타운에 있는 월러비타워 사무실 건물에서 승강기 운전원으로 근무했다. 어머니 에밀리는 내가 잠자는 밤 시간 동안 시카고운동클럽에서 청소부로 일했다. 어머니 역시 8학년까지만 학교를 다녔다. 사실 어머니는 8학년을 두 번 다녔다. 어머니에게 물었던 것이 기억난다. "엄마, 어떻게 된 거예요?" 그러자 어머니가 대답했다. "오, 마이클, 선생님이 엄마를 사랑했지 뭐니."

그리고 형이 하나 있었는데, 빌은 나보다 나이가 세 살 반 많았다. 빌과 나는 세인트헬렌 교구 학교에서 초등학교와 중학교를 다녔다. 주일에는 세인트헬렌 교회에 다녔으므로 일주일에 6일은 학교에서 보낸 셈이다. 폴란드어로 수업을 받을 수 있었지만, 부모님은 우리가 폴란드어를 배우는 것을 원치 않으셨다. 우리가 미국에 잘 적응하기를 바랐고 폴란드 억양이 너무 세면 나중에 좋은 직장을 얻지 못할까 봐 걱정했다.

어머니의 유머는 전염성이 매우 강했다. 가족 모임이 있는 날이면 어머니는 루실 볼Lucille Ball 뺨치는 익살꾼이었다. 어머니는 사람들을 웃게 하는 것을 참 좋아했다. 동시에 매우 꼼꼼한 주부였다. 우리 아파트는 늘 정돈되어 있었고 먼지 한 점도 없이 깔끔했다. 돈은 많지 않은 편이었지만 어머니는 근검절약에 일가견이 있었다. 옷은 단 두 벌의 드레스가 다였다. 어머니의 의상 철학은 간단했다. 밖에 나갈 일이 많지 않으니 두 벌이면 충분하다는 것이었다. 어머니는 빵 굽는 것을 무척 좋아했다. 초콜릿 칩 쿠키를 만들 때면 쿠키 한 개당 초콜릿 칩 세 개를 신중하게 분배했다. 시간이 흘러 내가 감독으로 일하게 되면서 돈을 잘 벌기 시작하자, 어머니는 쿠키 한 개에 네 개의 초콜릿 칩을 올렸다.

아버지는 장시간 일했다. 자라면서 아버지를 자주 볼 수 없었는데, 녹초가 된 상태로 집에 돌아온 아버지는 밥을 먹고 바로 침대로 직행했기 때문이다. 아버지는 어린 시절을 피츠버그에서 보냈다. 젊었을 때 시카고로 건너와 본명 대신 크로스라는 성을 쓰기 시작했다. 인종차별이 심할 때라 혹시라도 가족을 먹여 살리는 데 문제가 있을까 봐 내린 결정이었다. 아버지는 크로스라는 이름으로 제2차 세계대전에도 참전했다. 59세에 뇌출혈로 돌아가셨는데, 참전 용사였기 때문에 정부에서 묘비가 나왔다. 묘비에는 '윌리엄 크로스'라고 새겨져 있었다. 어머니는 돈을 절약하기 위해 묘비를 바꾸지 않고 그대로 두었다. 1996년 어머니가 눈을 감은 후, 형과 나는 '시셰프스키'라고 새긴 묘비를 부모님의 무덤에 세웠다.

아버지는 동전을 많이 가지고 다녔다. 그래서 늘 주머니에서 잘랑거리는 소리가 났다. 아버지는 자기 전에 바지를 벗어 침실 문고리에 걸어 두는 습관이 있었다. 내가 여덟 살 때, 하루는 아이스크림을 사 먹을 돈이 필요했다. 아버지는 잠자고 있었다. 나는 살금살금 바지 주머니로 다가가 손을 넣고 한 손 가득 동전을 움켜쥔 다음 최대한 조용히 손을 뺐다. 아버지는 꿈에도 모를 것이라고 생각하며 아이스크림을 사 먹었다. 그런데 주머니 안에 아버지가 절대 쓰지 않는 행운의 동전이 들어 있었다. 아무것도 몰랐던 나는 그 동전을 써 버렸다. 아버지가 잃어버린 동전에 대해 물었을 때 나는 시치미를 뗐다. 아버지는 실망한 눈치였다. 내 방으로 돌아와 곰곰이 생각한 다음 아버지에게 돌아가 모든 것을 실토했다. 아버지는 내 어깨에 손을 올리고 이렇게 말했다. "필요한 것이 있으면 당당히 요구하면 된단다. 절대로 도둑질을 하거나 거짓말을 해서는 안 돼." 그때부터 나는 한 번도 물건을 훔치거나 거짓말하지 않았다.

그때만 해도 아이들이 마음껏 뛰어놀 수 있었다. 여름이 되면 날이 밝자마자 밖으로 나가 하루 종일 쏘다녔다. 중간에 점심을 먹을 때 빼고는 집에서 보내는 시간이 거의 없었다. 동네 공립학교인 크리스토퍼 콜럼버스 학교의 놀이터는 나와 내 친구들이 모이는 만남의 장소였다. 우리는 스스로를 콜럼보스라고 불렀다. 나와 친구들은 진이 빠질 때까지 운동을 하거나 게임을 했다. 부모님이나 감독의 간섭 없이 게임의 규칙을 정하고 팀원을 뽑는 등 주요 의사결정을 다 우리 손으로 직접 했다. 나는 놀이터에서 놀며 기본적인 리더십 기술을 익혔다. 우리 콜 롬보스는 문제가 발생하면 우리 힘으로 해결했다. 달리 방법이 없었기 때문이다. 또 버스를 타고 리글리필드나 다운타운에 나가 도시 탐험을 하기도 했다.

세인트헬렌 학교는 집과 가까워서 걸어갈 수 있었다. 고등학교는 형을 따라 버스를 두 번 갈아타야 하는 시카고 북서쪽의 아치비숍 웨버 고등학교에 가게 되었다. 개학 전날 밤, 어머니는 이렇게 말했다. "마이 클, 여기 좀 앉아 보렴. 할 말이 있단다."

"무슨 말인데요, 엄마?"

"일단 앉아서 엄마 이야기를 들어 봐. 내일은 네 인생에서 새로운 시작을 맞이하는 날이란다."

나는 내가 모르는 것이 없다고 생각하는 까칠한 시카고 도시 아이였 다. 그래서 이렇게 대답했다. "나도 알아요. 고등학교 입학식이잖아요."

"네가 제대로 버스를 탈 수 있는지 확인하려고 그래." 어머니가 말 했다.

"엄마, 들어 보세요, 나도 다 알아요. 데이먼 정거장에서 아미티지 정거장까지, 아미티지 정거장에서 래러미 정거장까지, 디비전 정거장 에서 그랜드 정거장까지, 그리고 그랜드 정거장에서 다시 래러미 정거 장까지요."

"엄마 말은 그게 아니야, 마이클. 고등학교에 가면 새 친구들을 만 나고 새로운 것들을 배우게 될 거야. 버스를 타기 전에 운전기사가 좋은 사람인지 꼭 확인해야 해. 만약 네가 운전기사라면, 좋은 사람만 버스에 태우렴. 사고를 내거나 역주행을 할 것 같은 친구들과는 거리를 둬야 해. 성공한 인생을 살려면 좋은 사람이 가득한 버스를 타는 것이 중요하단다."

이해하기 쉬운 말이었지만 그 안에 담긴 뜻은 매우 심오했다. 엄마의 말은 내가 받은 최고의 조언으로, 그때부터 내 행동과 결정의 길잡이가 되었다.

고등학교에서 농구를 했는데, 주 대표 팀에 뽑힌 것을 보면 꽤 잘하는 편이었던 것 같다. 4학년 때는 크레이턴 대학과 아이오와주에 있는 가톨릭 학교, 위스콘신 대학 등 여러 대학에서 스카우트 제의를 받기도 했다. 웨스트포인트의 밥 나이트Bob Knight 감독도 장학금을 주겠다며 연락했다. 하지만 군대에 갈 생각은 전혀 없었기에 제안을 거절했다. 부모님은 내 결정을 믿을 수 없다는 반응을 보였다.

우리 집에서 부엌은 편하게 앉아서 이야기를 나누는 공간이었다. 어머니와 아버지는 나나 형 모르게 하고 싶은 이야기가 있으면 폴란드어로 대화했다. 2주 동안 우리 부엌에서는 꽤나 많은 폴란드어가 오갔다. 어쩌고저쩌고, 어쩌고저쩌고, 어쩌고저쩌고, 마이크! 이런 패턴이었다. 민족적 압박감이나 다름없었다. 마침내 나는 부모님의 메시지를 알아듣고 웨스트포인트의 제안을 받아들였다. 폴란드어는 더 이상 들리지 않았다. 웨스트포인트라는 버스에 올라탄 것이 아마도 내 인생에서 가장 중요한 결정이었을 것이다.

어머니는 내가 듀크 대학 감독으로 내셔널 챔피언십에서 두 번 우승하는 것을 보고 돌아가셨다. 어머니가 돌아가신 지 10년이 되던 2006년, 아내와 나는 어머니를 기리는 의미에서 더럼에 에밀리 시셰프스키 센터를 지었다. 센터의 목적은 성적이 우수한 저소득층 가정의 아이들이 학교에서 더 열심히 공부하고 좋은 대학에 진학할 수 있도록 도와주는 것이다. 이를 가리켜 우리는 '유치원에서 대학까지 모델'이라고 부른다.

"올바른 버스에 타라"는 어머니의 조언은 내 삶의 전환점이었다. 그 말은 어른이 된 후에도 영감을 주었고 나를 바른길로 인도했다. 어디를 가든 어머니의 간단하면서도 심오한 말을 사람들에게 전하는 것이 내게 주어진 숙제라고 생각한다. 어머니는 주위 사람들을 정말 아꼈다. 당신은 고등학교 교육을 받지 못했지만, 오늘날 아이들 사이에서 어머니의 지혜와 지식이 살아 숨 쉰다는 사실에 뿌듯함을 느낄 것이다.

19

스튜 레너드 주니어

Stew Leonard Jr.

"가업을 물려받는 것은 기쁨이자 시련이다." 스튜 레너드 주니어는 망설임 없이 이렇게 말할 것이다. 그는 경영대학원을 졸업하자마자 아버지 회사에 입사했다. 스튜 주니어는 대학원에서 배운 것을 직원들과 공유하기 위해 아버지를 설득해 정기적으로 전략 회의를 잡았다. 스튜의 아버지가 일정 때문에 회의에 참석하지 못하게 되자, 스튜는 아버지의 의견을 물어보기 위해 전화를 걸었다.

"아버지, 이번 회의에 참석 못 하시잖아요. 대신해서 직원들에게 전달할 메시지 있으세요?"

"그래, 반드시 그날 갓 딴 옥수수만 팔라고 전해다오."

"아버지, 이건 전략 회의예요. 회사가 처한 중요한 전략적 문제를 논의하는 자리예요. 직원들에게 언급할 만한 심각한 전략적 문제가 있으세요?"

"그래, 반드시 그날 갓 딴 옥수수만 팔라고 전해다오."

스튜 인생의 결정적 순간을 통해 비극 앞에 무릎을 꿇을 때도 있지만 그때를 삶을 재평가하고 목표를 다시 세우는 기회로도 삼을 수 있다는 점을 깨닫게 된다.

———————

나는 아버지 곁에서 사업을 배웠다. 경영대학원을 졸업한 후에는 하루빨리 내가 아버지의 높은 기대를 충족시킬 뿐 아니라 아버지가 쌓은 성공을 더욱 크게 만들 수 있다는 것을 아버지와 온 세상, 그리고 나 자신에게 증명하고 싶었다. 첫날부터 이미 일에 집착하고 있었던 것이다.

아버지는 바닥에서 시작해 사업을 일구었다. 1969년 코네티컷주 노워크에 스튜 레너즈Stew Leonard's의 첫 매장을 열었다. 위치가 매우 좋은 농장이 있었는데, 주인이 농장을 파는 대신 땅의 일부를 계속 농장으로 운영하고 농장에 있던 동물들도 돌봐야 한다는 조건을 내걸었다. 아버지는 조건을 받아들였고 동물 체험장이라는 훌륭한 아이디어를 떠올렸다. 처음에는 직원이 일곱 명뿐이었지만, 아버지는 계속해서 고객들의 쇼핑 경험을 개선했고 춤추고 노래하는 동물 인형도 배치했다. 직원들은 농부 의상을 입었다. 전체적으로 재미있고 신나는 분위기가 넘쳤다. 오늘날 스튜 레너즈는 총 아홉 곳의 지점에서 2000여 명의 직원이 일하는 커다란 회사로 성장했다. '미국 내 단일 식품 매장 중 단위면적당

최대 매출'로 기네스북에 오르기도 했다. 톰 피터스Tom Peters 는 《우수함을 향한 열정A Passion for Excellence》이라는 베스트셀러에서 가장 일하기 좋은 기업 중 한 곳으로 스튜 레너즈를 꼽았다.

나는 회사에 모든 것을 바쳤다. 7년 동안은 아무런 문제가 없었다. 하지만 인생은 순식간에 바뀌기도 한다. 정확히 1989년 1월 1일에 내 인생이 바뀌었다.

친척들과 신트마르턴에 있는 집에 있을 때였다. 딸 블레이크의 세 번째 생일을 축하하는 자리였다. 나는 수영장 옆 사다리에 올라가 21개월 된 아들 스튜이가 건네주는 풍선을 불어서 매달고 있었다. 아내 킴은 집 안에서 생일 케이크를 굽는 데 열중했다. 아직도 케이크 냄새와 수영장 주위를 뛰어놀던 아이들의 웃음소리가 생생하게 떠오른다. 완벽한 하루였다.

어느 순간 아래를 내려다보았는데 스튜이가 보이지 않았다. 그릇에 붙은 반죽을 핥기 위해 부엌으로 들어갔을 것이라고 생각했다. 원래 반죽 핥는 것을 좋아했었다. 집 안으로 들어갔는데, 스튜이의 흔적을 찾을 수 없었다. 킴과 나는 침실을 확인했다. 스튜이의 곰돌이 인형이 홀로 침대에 누워 있었다. 우리는 당황해서 바깥으로 뛰어나갔다. 순간 그가 입고 있던 노란색 티셔츠가 수영장 물에 떠 있는 것이 보였다. 재빨리 스튜이를 들어 올렸지만, 의식이 없었다. 나는 곧바로 심폐소생술을 했으나 반응이 없었다. 킴과 나는 차로 뛰어가 80킬로미터 떨어진 가장 가까운 병원까지 시속 129킬로미터로 달렸다.

의사가 나오더니 너무 늦었다고 말했다. 킴과 나는 충격에 휩싸인 채 두 손을 맞잡고 앉아 멍하니 앞만 바라보았다. 그 순간 나는 우리의 인생이 '그 전'과 '그 후'로 나뉠 것을 짐작했다.

킴과 나는 오랫동안 슬퍼했다. 시간이 필요했다. 슬픔 외에도 비난, 분노, 원망이 뒤섞였다. 비극의 화살을 서로에게 돌리는 사이 결혼 생활이 삐걱거리기 시작했다. 우리가 피해자라는 생각을 떨칠 수 없었다. 왜 이런 끔찍한 일이 내게 일어나는 거지? 때때로 사람들이 좋은 뜻에서 "극복해 낼 거예요"라고 말하고는 했다. 내가 배운 것이 있다면 이렇게 깊은 상처는 절대로 극복할 수 없다는 것이었다. 덮어 버릴 수도, 잊어버릴 수도, 없던 일처럼 계속 살아갈 수도 없다.

스튜이의 죽음은 사고였다. 일에 대한 내 집착과 그의 익사 사고는 아무런 관련이 없었다. 몇 년 동안 혹시나 하는 마음에 괴로워한 끝에 겨우 이 점을 이해하고 받아들이게 되었다. 그렇다고 지금도 선명하게 느끼는 죄책감이 줄어들지는 않았다. 경영대학원을 졸업한 이후 일보다 중요한 것은 없었다. 내 우선순위는 온통 일과 관련된 것들이었다. 가족보다 일을 우선시했고 '우리 가족을 위한 최선이야'라는 변명으로 합리화했다.

일을 시작한 지 얼마 되지 않았을 때, 독일에서 이민 온 외할아버지에게 가슴이 훈훈해지는 제안을 받았던 것이 기억난다. 외할아버지에게는 가족이 제일 중요했다. 어느 날 외할아버지는 불쑥 전화해 독일에 함께 가자고 했다. 그가 자란 마을과 우리 집안의 뿌리를 보여 주고 싶어 했다. 내가 말했다. "어쩌죠, 할아버지. 제가 너무 바빠서요. 여행을 가기 위해 열흘을 뺄 수가 없어요." 외할아버지는 상처를 받았지만 애써 숨겼다. 결국 나는 독일에 가지 않았다. 얼마 후 그는 세상을 떠났다.

이제 내 인생은 예전과는 많이 다르다. 더 중요한 것은 내가 다른 사람이 되었다는 점이다. 나는 늘 할아버지의 제안을 떠올리면서 혼잣말을 한다. "저런, 시간을 냈으면 좋았을 텐데." 할아버지에게는 너무나도 의미 있는 여행이었고, 어차피 내가 없다고 그리워할 사람도 없었을 텐데 말이다.

지금은 네 딸과 아내를 훨씬 더 오래 그리고 훨씬 더 꼭 안아 준다. 친척과도 더 많은 시간을 함께 보낸다. 굳이 설명이 필요 없는 교훈들이다. 예전에 비해 사람들을 더 소중하게 대하는 것도 사실이다. 이것도 당연한 이야기이지만 말이다. 우리 회사는 늘 사람을 소중하게 생각했다. 그래서 업무의 일부처럼 늘 사람들에게 친절했다. 겉으로 보이는 변화보다 나의 내면의 변화가 훨씬 더 깊고 설명하기도 어렵다. 이제 내 삶은 훨씬 천천히 움직인다. 아, 물론 일에는 변화가 없다. 내가 하고자 하는 말은 내가 사람들을 다른 방식으로 보기 시작했다는 것이다. 이제는 누군가를 만나면 '이 사람의 삶에는 어떤 일이 일어나고 있을까?'라는 생각이 머리를 가득 채운다.

스튜이의 죽음으로 내가 배운 교훈은 아마도 공감과 관점 사이 어딘가에 속할 것이다. 나는 내 직업의식이 늘 자랑스러웠다. 그러나 솔직히 말해 태어나면서부터 특권을 누리며 살았다. 누구나 다 그런 것은 아니다. 비극은 사람을 겸손하게 만들고 우리 모두가 인간적인 면을 공유한다는 사실을 깨닫게 한다.

최근 딸아이와 대학에 관한 이야기를 나눴다. 딸은 최고의 대학에 입학해야 한다는 압박에 시달리며 집착하고 있었다. 나는 딸에게 대학에 들어가는 것만으로도 행운이라고 말했다. 모두에게 주어지는 기회는 아니다. 우리 회사에는 시간제 전문대학 등록금을 모으기 위해 야간에 계산대 앞에서 일하는 젊은 직원이 많다.

사촌 대니에게 관점에 대한 놀라운 이야기를 들은 적이 있다. 그는 하트퍼드 외곽에 있는 우리 매장을 운영하고 있다. 그곳에서 일한 지 벌써 30년이 되었는데, 지금도 최선을 다해 일한다. 케이프코드에 작은 해변 별장을 가지고 있는 그는 얼마 전에 9미터짜리 보트를 중고로 구입했다. 매우 멋진 보트이다. 하루는 대니가 자기 아내와 항구에 나갔는데 근처에 매끈한 18미터짜리 요트가 서 있었다. 대니의 아내가 말했다. "여보, 저런 요트 갖고 싶지 않아요?" 대니는 제방에서 일하는 어부들을 가리키며 말했다. "저 사람들도 지금 우리를 보면서 똑같은 말을 하고 있을 거예요."

앞에서 말한 것처럼 똑 부러지게 설명하기는 조금 어렵다. 내게는 여전히 진행 중인 과정이며 세월이 지난 지금도 이해하기 위해 애쓰고 있다. 그러나 한 가지 확언할 수 있는 것은 이제 더 나은 사람이 되겠다는 결심을 했다는 점이다. 이유는 다음과 같다. 스튜이를 위해서 더 좋은 사람이 되고 싶다.

20

메리 매털린

Mary Matalin

워싱턴에 있는 거의 모든 사람을 놀라게 한 메리 매털린과 제임스 카빌은 거의 33년 동안 행복한 결혼 생활을 이어오고 있다. 물론 여느 부부처럼 때때로 전투가 벌어지기도 한다. 주로 동물에 관해 싸우는데, 메리는 동물을 정말 좋아하는 반면 제임스는 좋게 말해 별 감흥이 없는 편이다. 메리와 제임스는 또 이라크전쟁과 관련해 싸운 적이 있다. 조지 W. 부시 대통령의 첫 임기 동안 메리는 딕 체니Dick Cheney 부통령과 함께 일했다. 그녀의 놀림 섞인 말에 의하면, 그 당시 제임스는 몇 달이나 대화를 거부했다고 한다.

메리가 들려준 삶의 영향력들은 모두 세상에서 훌륭한 일을 하고자 하는 이들에게 중요한 교훈을 던진다. 바로 성공의 가능성이 희박할수록 그 대가가 달콤하다는 것이다.

나는 기적적으로 태어났다. 적어도 우리 집안의 전설에 따르면 그렇다. 어머니 아일린은 다섯 번 유산한 끝에 더 이상 아이를 낳을 수 없다는 이야기를 들었다. 그런데 내가 들어선 것이다. 어쩌면 내가 무탈하게 태어난 것이 당연한 일일지도 모른다. 그야말로 희망의 시대였던 1950년대 초였으니 말이다.

모든 어머니가 그렇듯(이 분야에서 나는 전문가다!), 우리 어머니도 나를 지나치게 보호하는 경향이 있었다. 아버지 스티브는 장남의 장남이었다. 그런 아버지가 낳은 첫째가 안타깝게도 딸인 나였다. 그러나 '기적의 아기'에게는 아무런 문제가 되지 않았다. 페미니즘 이전 시대였지만 부모님은 아들딸 가리지 않고 똑같이 큰 기대를 품었다. 부모님은 내가 마음만 먹으면 못 할 일이 없다고 생각했다. 그런 생각은 부모님에게 페미니즘이 아니라 아메리카니즘이었다.

어머니는 아일랜드계와 영국계의 혈통을 지녔는데, 일찍이 미국으로 건너왔다. 반면 아버지의 집안은 20세기 초에 크로아티아에서 이민 왔다. 할아버지와 할머니는 당시 유고슬라비아에서 서로 다른 도시에서 살았는데, 미국으로 건너오는 배에서 처음 만났다. 그 후 둘은 연인이 되었고 고국에 있었다면 상상도 못 했을 삶을 미국에서 함께 만들어 나갔다. 할아버지는 영어를 제대로 배우지 않았다. 할머니는 8학년까지밖에 다니지 않았지만 대부분의 여성이 일하지 않던 시절부터 병원 최고 영양사로 근무했다. 계층 상승을 꿈꾸는 아메리칸드림이 내 몸속에 흐르고 있다. 나는 지속적으로 전형적인 미국 예외주의를 접하며 자랐다.

외할머니가 마흔두 살이라는 젊은 나이에 믿을 수 없을 만큼 안타까운 사고로 숨을 거둔 후 부모님은 따로 보금자리를 마련했다. 이내 여동생 아이린과 남동생 스티븐이 태어났다. 아버지는 미국의 대표적인 철강회사인 US 스틸에서 일했다. 직업의식이 투철했고 끊임없는 자기 계발과 평생학습을 꾀하는 투지의 미국인 그 자체였다. 하루 종일 일하고 아이 세 명을 키우는 동시에 일리노이 공과대학에서 기계공학 학위를 받았다. 어머니 역시 매우 성실했다. 동생들과 바닥에 앉아 어머니가 쉬지 않고 다림질, 요리, 청소를 하는 모습을 지켜보던 것이 기억난다. 아이 셋을 돌봐야 했는데도 어머니는 집안일을 조금도 소홀히 하지 않았다.

우리는 여러 인종이 화목하게 모여 지내는 동네에서 살았다. 멜팅 **포트**(melting pot, 다양한 인종과 문화의 혼합 – 옮긴이) 그 자체였다. 폴란드인, 이탈리아인, 독일인, 세르비아인, 리투아니아인, 크로아티아인, 아일랜드인, 그 외 유럽 이민자 등등 다양한 출신의 사람들을 만날 수 있었다. 상식과 열망, 그리고 공동체의식이 우리의 공통된 가치였다. 우리 동네에서는 스스로를 돌보는 것을 의무라고 여겼다. 나 자신을 돌보지 못하면 가족도 돌볼 수 없다는 이유에서였다. 그 당시 우리 동네의 중심은 가족이었다. 모두 가족의 문제를 외부에 알리고 싶어 하지 않았다. 감당하기 힘든 어려움이 있을 때는 교회나 더 큰 공동체의 도움을 구했다. 정부는 정말 어쩔 수 없을 때 찾는 최후의 수단이었다. 우리 동네에서 정부 보조금을 받은 사람이 한 명도 없었던 것으로 기억한다.

나는 선머슴이었다. 여자아이는 지루했다. 예쁜 옷을 싫어한 것은 아니었지만, 남자아이들이 하는 일이 더 좋아 보였다. 운동을 하거나 말썽을 피우고 손잡이를 잡지 않고 자전거를 타는 그런 일들이 훨씬 마음에 들었다. 남자아이들이 더 자유롭고 재미있었으며 활기가 넘쳤다. 또 남자아이들은 남의 시선을 신경 쓰지 않았다. 내가 10대 때 따분하지 않은 인생을 사는 것이 목표라고 생각했던 기억이 난다.

우리가 모두 학교에 들어가고 나자 어머니는 가정의 수입을 늘리기로 결심했다. 당시 여성들에게는 '커리어'가 허락되지 않았다. 외할아버지는 어머니에게 대학은커녕 간호학교도 보내지 않을 것이라고 못박았다. 외할아버지의 속뜻은 결혼이었다. 어머니는 진짜로 결혼을 했지만 그 후에도 호기심과 야망을 꺾지 않았다. 열렬한 독서광이었던 어머니는 책을 통해 많은 것을 독학했다. 외할아버지가 뭐라고 하든 어머니는 일을 하고자 했다. 야간 미용 학교를 다닌 끝에 우리 집 지하에 미용실을 차렸다. 미용 솜씨도 나쁘지 않았지만, 어머니의 진짜 재능은 가르치고 관리하는 데 있었다. 어머니는 미용 학교 강사로 취직했고 나중에는 교장 자리에까지 올라갔다. 그리고 미용 학교를 인수했다. 나는 열한 살 때부터 어머니의 미용 학교에서 일했다. 손님을 맞고 예약을 잡고, 계산을 하고 장부를 정리했다.

당시에는 미처 몰랐지만, 청소년 시절부터 내 정치적 견해가 형성되었던 것 같다. 어머니가 사업을 확장하려고 할 때마다 규제가 걸림돌이 되었다. 아버지와 삼촌들이 일하던 제강소에 정부가 마음대로 개입한 유명한 사건이 있었는데, 정부의 개입이 오히려 역효과를 낳았다. 규제를 만들고 현장에서 이행하는 취지가 아무리 좋다고 해도 성장과 일자리 창출에는 방해가 될 수 있다는 점을 배웠다.

나는 서서히 내 자유주의적인 감상에 의문을 품기 시작했다. 당시에는 그런 사상이 대유행을 했다. 민주당을 지지하던 블루칼라 동네에서 보수당 지지자는 컨트리클럽에나 다니는 엘리트 취급을 받았다.

웨스턴일리노이 대학에 들어간 이후 본격적으로 정치에 참여하기 시작했다. 나는 정치학을 전공했지만 내가 직접 겪은 경험들이 내 사고방식에 가장 큰 영향을 미쳤다.

나는 등록금과 생활비를 벌기 위해 학업과 일을 병행해야 했다. 지방세, 주세, 연방세 등을 제하느라 월급이 대폭 줄어든 것을 볼 때마다 충격을 받았다. 덕분에 종종 빵에 잼을 발라 먹으며 버텨야 했다.

1992년 대통령 선거 때 나는 조지 H. W. 부시 대통령의 선거 캠페인에서 부매니저로 일했다. 상대 후보인 빌 클린턴 측의 최고 선거 전략가 제임스 카빌과는 1년 정도 연애 중이었다. 반대편에 속한 우리의 연애는 금세 사람들의 입에 오르내렸다. 하지만 사람들은 우리 둘 다 열정이 넘치고 때로는 불같은 성격이라는 점을 모르고 있었다. 정치적 견해는 달랐지만, 마치 결이 같은 천생연분을 만난 기분이었다.

대선 결과는 알다시피 클린턴의 승리로 돌아갔다. 하지만 나는 제임스를 얻었다. 어쩌면 그가 나를 얻은 것인지도 모르겠다. 어쨌든 결코 쉬운 길은 아니었다! 우리는 1993년 10월에 결혼했다. 사람들은 수군거리는 것으로도 모자라 눈을 굴렸다. 23년이 지난 지금 우리는 아직도 잘 살고 있다. 남편은 한순간도 지루하지 않은 사람이다.

나와 남편의 성장배경은 달라도 너무 다르다. 제임스는 남부 출신으로 루이지애나주 시골에서 태어났다. 내 고향은 시카고이다. 나는 다양한 민족이 공존하는 동네에서 교통체증 때문에 빵빵거리는 소리와 제강소 돌아가는 소리를 들으며 자랐다. 반면 남편은 자신의 성을 딴 마을에서 어린 시절을 보냈다! 제임스는 어릴 때 자전거가 아니라 말을 탔다. 우리가 연애를 시작할 때도 제임스에게는 차가 없었다.

우리 두 사람 모두 타협에는 소질이 없다. 정치적 타협을 말하는 것이 아니다. 타협에 실패해도 각방을 쓰고 있어 문제가 되지 않는다. 서로에게 충분한 공간을 주니 말이다. 게다가 우리는 나이가 꽉 차서 결혼했다. 나는 마흔이었고 제임스는 마흔아홉이었다. 자신이 누구인지 잘 알고 있었고 각자 커리어도 있었다.

우리 부부는 철학적 견해도 매우 다르다. 제임스는 내가 총소리가 나는 곳으로 뛰어간다고 생각하지만, 나는 사람들이 자신의 문제를 해결하도록 내버려 두는 편이다. 제임스는 고쳐야 할 문제를 발견하면 돈부터 모으고 싶어 한다. 공동체에 기반한 해결책을 찾고자 한다. 그는 소득재분배론자로 예수님이 "가난한 자들에게 옷을 주어라"라고 말씀하셨다고 생각한다. 반면 나는 예수님이 사도 바울을 통해 "일하지 않는 자, 먹지도 말라"라고 말씀하셨다고 믿는다.

어쨌든 우리 두 사람은 문제를 해결하기 위해 수표를 쓰는 것보다 시간과 노력을 들여 진심을 다하는 것이 중요하다고 믿는다.

결국 우리 사이의 공통점이 차이점보다 더 강력하다. 남편도 나도 도덕적 상대주의를 믿지 않는다. 시대와 트렌드의 변덕 앞에 구부러지지 않아야 하는 가치도 있다. 정의와 자비, 정직을 오랫동안 갈고닦아 온 이유 역시 존재한다. 요즘에는 거짓말을 해도 벌을 받지 않는 경우가 많다. 무언가를 큰 목소리로 자주 언급하면 마치 진실이 된다고 믿는 듯하다. 말도 안 되는 헛소리이다. 진실은 어디까지나 진실이다. 제임스와 나는 옳고 그름, 공정성과 충성심에 대해 비슷한 가치관을 공유한다. 우리 두 사람은 인습 타파주의자이다. 세상과 뜻이 다를 때도 있는데, 그럴 때는 각자 어린 시절을 통해 배운 가치를 존중하면서도 우리 사이의 의견이 만나는 지점을 찾으려고 노력한다.

21

크리스 매슈스

Chris Matthews

정치와 정사에 관심 있는 수많은 젊은이들처럼 크리스 매슈스는 일할 곳을 찾기 위해 워싱턴 D.C.로 향했다. 연설문 작성하는 일을 하고 싶었던 그는 국회의사당을 찾아가 문을 두드리기 시작했다. 몇 주가 지났다. 크리스는 진보 성향의 민주당원이자 유타주의 상원의원인 프랭크 모스Frank Moss의 의원실에 취직했다. 크리스에 따르면 일자리를 얻기 위해 그는 미국 국회의사당 경비대 지원 임무에 동의해야 했다. 낮에는 의원실에서 입법 관련 우편물을 처리하다가 오후 세 시가 되면 유니폼과 38구경 스페셜을 챙겨 경비대 근무를 서는 것이 조건이었다.

크리스가 경험한 인생의 전환점을 듣고 난 후 나는 놀라움과 깊은 감동을 감추지 못했다. 크리스의 결정적 순간과 영향력에서 볼 수 있듯이 안락 지대를 벗어나 한계를 넘어설 때 우리는 삶의 방향을 바꿀 수 있다.

나는 필라델피아의 조용한 외곽에서 자랐다. 벅스 카운티와 경계를 마주한 작은 마을 서머턴은 놀라울 정도로 완전 시골이었다. 사방을 둘러싼 농가 뒤로 푸른 초원에서 풀을 뜯어 먹는 소를 볼 수 있었다. 네 명의 남자 형제와 나는 사립학교와 피아노 레슨, 저지 쇼어에 있는 여름 별장 등 많은 혜택이 주어지는 안전하지만 따분한 세상에서 성장기를 보냈다.

또 지금 돌이켜 보면 서머턴은 꽤나 배타적인 곳이었다. 친구들은 모두 중산층 출신의 천주교 신도였다. 부모님의 일상은 예수성명신심회와 교우회, 그리고 콜럼버스 기사수도회에서 열리는 평일 예배와 종교의식을 중심으로 돌아갔다. 나는 초등학교와 고등학교, 심지어 홀리크로스 대학에 들어간 이후에도 아프리카계 미국인이나 종교가 다른 친구와 수업을 들은 적이 단 한 번도 없었다.

대학을 졸업한 후에 나는 드디어 더 넓은 세상으로 나가게 되었다. 조건이 까다롭지 않은 조교수직 덕분에 나는 노스캐롤라이나 대학에서 경제학 박사과정을 밟을 수 있었다. 그곳은 '천국의 남쪽'이라는 이름에 걸맞은 완벽한 대학 도시였다. 채플힐에서 나는 매우 만족스러운 시간을 보냈다. 1학년 성적이 좋았기 때문에 학기가 끝나고 국가방위교육법 펠로십에 합격했다. 만약 운명이 끼어들지 않았더라면 아마도 펠로십을 통해 박사학위를 받았을 테고 십중팔구 교수로서의 삶을 선택했을 것이다.

하지만 1968년 봄에 나는 어쩔 수 없이 결정을 내려야 했다. 아주 중요하고 의미 있는 결정이었다. 군대 지원 과정에서 나는 1A 판정을 받고 여러 옵션을 고려했다. 룸메이트 중 한 명이 육군 경리장교 발령을 앞두고 있었다. 육군 공보장교 또한 선택지 중 하나였다. 그 일이 저널리즘에 필요한 경력을 쌓는 데 도움이 될 것 같았으니, 당시 내가 고민하던 진로 중에 언론도 포함되어 있었던 모양이다.

다행히도 가장 좋은 옵션을 발견했다. 평화봉사단의 모집 담당자가 스와질란드에서 진행하는 새로운 프로그램에 대한 안내 책자를 잔뜩 들고 우리 캠퍼스를 찾아온 것이다. 곧 독립국가가 될 남아프리카의 스와질란드에서 소규모 사업 개발을 담당하는 일이었다. 내 주된 관심사였던 경제개발과 관련해 직접 발로 뛰며 행동할 수 있는 좋은 기회였다.

그해 9월, 나는 루이지애나주 배턴루지 북쪽에 있는 자그마한 촌마을 베이커로 떠났다. 평화봉사단의 훈련장이 그곳에 있었다. 〈시민권법〉이 통과된 지 4년밖에 되지 않은 때라 여전히 흑인 차별 정책의 흔적을 찾아볼 수 있었다. 훈련장에서 멀지 않은 곳에 있던 빨래방 창문에는 '백인 전용'이라는 번질거리는 간판이 붙어 있었다. 자원봉사자 중에 뉴저지주 베이온에서 온 다소 거친 친구가 있었는데, 백인 부보안관이 운영하던 흑인 전용 술집에서 나가지 않겠다고 버티다가 권총으로 마구 맞았다. 그곳에서 양방향으로 행해지는 엄격한 인종차별을 직접 보지 않았다면 가능한 일이라고 상상도 못 했을 것이다.

다른 동네 상점들에서는 우리에게 친절했다. 훈련장에서 걸어서 멀지 않은 곳에 머스탱이라는 술집이 있었다. 술집 주인은 새로운 고객층을 반기는 의미에서 스와지어로 말horse을 뜻하는 리하시로 이름을 바꿨다. 아마도 일시적인 조치였을 것이다. 우리는 언어 훈련에 최대한 몰입하기 위해 이미 엄격하게 영어 사용을 제한하고 있었다.

11월 말에 첫 봉사단이 아프리카로 파견되었다.

스와질란드의 무역·산업·광산부 장관을 만나 내가 담당하게 될 남부 지방에 대해 안내받았다. 그는 남아프리카 금광에서 일한 경험이 있는 예리한 정치가였는데, 새 '무역 개발 자문가'를 손수 자랑하고 싶어 했다.

나는 시카고에서 온 건축가 클리프 시어스와 숙소를 같이 썼다. 우리는 오래된 아프리카너 마을 은랑가노에 있는 집에 배정되었다. 중심가를 따라 판자로 만든 길이 이어져 있어 꼭 서부영화에 등장하는 도지시티 같았다. 마을 끝자락에 있는 우리 숙소는 간호사 기숙사로 쓰이던 곳으로, 차갑지만 수돗물이 나오고 현대식 화장실이 있는 등 제3세계의 럭셔리를 누릴 수 있는 곳이었다. 대부분의 평화봉사단 자원봉사자는 수돗물도 화장실도 없는 곳에서 지내야 했다. 동네에서 산 단파 라디오 역시 또 다른 특전이었다. 늦은 밤이면 BBC와 '미국의 소리'가 유일한 말동무가 되어 주었다.

다행히 클리프와 나는 다른 봉사단 단원들처럼 책 읽는 습관을 갖게 되었다. TV가 한 대도 없는 나라에서 지내다 보면 누릴 수 있는, 잘 알려지지 않은 장점 중 하나였다.

앞에서 설명했듯이 나는 스와질란드의 남부 지방을 담당했다. 전국의 4분의 1에 해당하는 지역이다. 남부 지방에 있는, 소규모 무역을 하는 200여 명의 업자가 비즈니스 역량을 쌓을 수 있도록 돕는 것이 내 일이었다. 그들을 만나러 이동하려면 스즈키 120 모터바이크를 몰아야 했다. 가는 곳마다 내 모습에 깜짝 놀라거나 친절하게 인사를 건네는 지역민들을 보고 그들이 가까이에서 백인을 보는 것이 처음이라는 것을 알 수 있었다.

가게들을 방문할 때마다 따르는 나만의 의식이 있었다. 우선 판매 중인 물건을 파악하기 위해 선반 위를 살펴보았다. 좀 더 큰 상점을 제외하면 대개 설탕, 차, 그리고 '밀리 밀'이라고 부르는 곡물 가루를 큰 자루에 담아 거래하고 있었다. 가게 주인에게 내 소개를 하고 줄루어와 매우 비슷한 스와지어로 "나는 정부를 위해 일하고 있습니다. 당신의 사업을 돕기 위해 왔습니다"라고 말했다. 매번 주인은 '차가운 음료수'를 내왔는데, 콜라나 환타였다. 주변에 냉장고가 없는데도 꼭 차가운 음료를 권했다.

그런 다음 본격적으로 일 얘기를 했다. 보통은 주인에게 장부를 더 잘 정리하는 방법이나 수익을 최대한으로 낼 수 있는 가격 책정 방법 등을 알려 주었다.

아프리카의 도로 상황은 대개 질서가 부재했다. 또 스와질란드에서는 뱀을 쉽게 볼 수 있었다. 달이 뜨지 않은 밤에 걸어서 집에 갈 때는 발을 굴려 쿵쿵 소리를 냈다. 뱀에게 물리고 싶은 생각은 조금도 없었다. 특히 검은맘바를 조심해야 했다. 이런 공격적인 파충류에게 물리면 목숨을 잃을 수도 있다.

검은맘바가 뛰어올라 움직이는 자동차 뒤를 공격했다거나 말의 뒤를 쫓았다는 이야기를 많이 들은 터였다. 뱀과 관련된 책을 펼치면 모두 검은맘바가 엄청난 속도로 이동한다는 내용이 나와 있다.

하루는 우리가 '저주받은 계곡'이라고 부르던 황량한 사막을 차로 가로지르다가 말로만 듣던 광경을 아주 가까운 거리에서 실제로 목격했다. 마치 아스팔트포장을 막 한 듯, 눈앞에 펼쳐진 흙길에서 증기가 올라올 정도로 늦은 오후의 열기가 매우 뜨거운 날이었다.

갑자기 차 오른쪽 앞에 검은 선 같은 것이 보였다. 그것은 길 너비의 절반을 차지하고 있었다. 무시무시한 검은맘바인 것을 알아차린 나는 왼쪽으로 차를 꺾었다. 순간 뱀이 벌떡 일어나 오른쪽 창문까지 뛰어올랐다.

나는 서둘러 브레이크를 밟았다. 창문 사이로 뱀이 들어왔다고 확신했다. 금방이라도 차 안에서 나를 공격할 것 같았다. 로스앤젤레스에서 온 내 친구 게리 로스는 뒷좌석에 앉아 그 모든 장면을 목격했다. 앞좌석에는 스와질란드 기업협회 리더가 타고 있었다. 다행히도 게리는 기쁜 목소리로 자동차가 앞으로 달리는 바람에 검은맘바가 다시 뒤쪽으로 튕겨 나갔다고 재빨리 보고했다. 길 어디엔가 떨어져 덤불 속으로 다시 기어가고 있는 것이 분명했다.

스와질란드에서 지내는 것이 즐겁기도 했다. 삼면이 남아프리카공화국에 둘러싸여 있어 국경 밖으로 나가는 것이 어려웠지만, 한쪽은 뚫려 있어 모험을 하기에 충분했다. 히치하이크를 해서 동쪽으로 한 시간 정도 가면 모잠비크가 나왔다. 당시 수도였던 로렌수마르케스에서 어니스트 헤밍웨이Ernest Hemingway의 스페인 분위기를 흠뻑 느낄 수 있었다. 로맨틱하고 생기 넘치는 곳으로 야외 카페와 포르투갈 투우장, 현대식 영화관, 그리고 완벽한 해변이 있었다. 20만 명의 유럽인이 거주하고 있었는데, 글로벌한 분위기에 호기심을 자극하는 신비스러움이 살짝 묻어났다. 야외 카페에 앉아 있는 군인들의 모습에서 아직 혁명이 끝나지 않았다는 사실을 실감했다.

스와질란드에서의 생활이 2년 차에 접어들면서 나는 한 달 정도 휴가를 내고 혼자서 히치하이크를 하며 동아프리카를 여행했다. 2500킬로미터 떨어진 탄자니아의 킬리만자로산 기슭에 도달하기도 했다. 〈타잔〉에 나왔을 법한 경치를 바로 앞에서 보기도 했는데, 특히 잠비아의 수도인 루사카로 향하는 길에 본 넓은 급경사지가 아주 멋졌다. 깜깜한 밤에 빅토리아폭포에 도착해서 폭포 아래에 있는 다리를 건넜다. 근처에 있는 커다란 호수에서 백인 잠비아인과 그의 아프리카인 아내와 함께 낚시를 했다. 나는 대부분의 사람이 보지 못하는 아프리카를 경험했다. 믿기 어렵다는 사람이 많겠지만, 그곳에서 보내는 2년 동안 안전을 걱정한 적은 한 번도 없었다.

1970년 12월이 되자 집으로 돌아갈 시간이 찾아왔다. 내게는 동아프리카를 한 번 더 여행할 수 있는 좋은 기회였다. 너무 마음에 들었던 케냐 몸바사의 동네 영화관에서 〈내일을 향해 쏴라〉를 상영 중이었다. 아프리카에서 스크린에 비친 폴 뉴먼Paul Newman과 로버트 레드퍼드Robert Redford를 보고 있자니 이제 미국으로 돌아가야 할 시간이라는 생각이 들었다. 영화를 통해 미국의 대중문화가 2년 사이에 얼마나 바뀌었는지 알 수 있었다. 베트남전쟁에 대한 반대 목소리가 커졌다. 나쁜 놈들이 이제는 좋은 놈들이 되었다.

케냐에서 이스라엘로 건너간 후 한 달을 머물렀다. 계획에는 없었지만 영혼이 충만해지는 여정이었다. 예루살렘 구시가지Old City 위 아랍 호텔에서 지내면서 나는 총 세 개의 다른 세상을 경험했다. 다마스쿠스 문 안쪽에 있는 아랍 세계, 예루살렘 서쪽에 있는 개봉 극장들, 그리고 하느님을 믿는 내 기독교 신앙의 성지였다.

그 후 카이로, 키프로스, 런던에 들른 후 집이 있는 미국으로 돌아왔다.

인생은 정말 흥미로운 방법으로 우리에게 가야 할 길을 알려 준다. 1968년에 평화봉사단에 지원해 아프리카에서 2년을 보내지 않았다면, 나는 완전히 다른 인생을 살고 있을 것이다. 2년의 경험이 내 관점을 바꾸었다. 난생처음 혼자 힘으로 집에서 수천 킬로미터가 떨어진 곳에서 어쩌면 만나지 못했을 사람들과 함께 일했다.

덕분에 나만의 세계가 열렸다. 가능성과 잠재력으로 가득한 미래를 얻었다. 작은 친절이 가진 힘을 직접 목격했다. 한 가족이나 다름없는 인류에 대한 믿음이 생겨났다. 아프리카의 하늘 아래서 나는 영감을 받았고 미래를 찾았다.

22

조지 미첼

George Mitchell

워싱턴의 정치가들은 종종 공공의 이익보다 개인의 이익을 중요하게 여긴다. 조지 미첼의 일화가 더욱 놀라운 이유이다. 1993년 11월, 조지 미첼 상원의원은 미국 상원에 건강보험 개혁안을 상정했다. 그리고 이듬해 3월, 미첼은 재출마하지 않기로 결정했다. 한 달 후 해리 블랙먼Harry Blackmun 판사가 대법원에서 은퇴했다. 클린턴 대통령은 미첼에게 전화해 블랙먼 판사 후임으로 그를 추천하겠다고 말했다. 일생일대의 기회였다. 하지만 미첼은 대통령에게 감사의 인사를 하며 건강보험 협상이 한창 진행 중이라 판사직을 승낙한다면 협상에 차질이 빚어질 것이라고 설명했다. 미첼의 뜻을 받아들인 대통령은 그를 대신해 스티븐 브라이어Stephen Breyer를 대법원 판사로 임명했다.

조지가 겪은 결정적 순간과 영향력은 오늘날의 대중적, 정치적 담론과 맞닿아 있다. 우리는 누구이며 우리의 가치는 무엇일까? 조지가 내게 말해 준 일화에서 나는 한 가지 진실을 엿볼 수 있었다. 결국 우리의 삶을 판단하는 기준은 우리가 누구인지 혹은 어느 국가 출신인지가 아니라 우리가 어떤 가치를 선택하고 평생 지켜 나가는지이다.

━━━━

내 이야기는 지극히 미국적이다. 할아버지와 할머니는 아일랜드에서 태어나서 살다가 19세기 말에 미국으로 건너왔다. 보스턴에 자리를 잡았는데, 아버지도 그곳에서 태어났다. 안타깝게도 할머니는 아버지를 낳고 얼마 되지 않아 돌아가셨다. 할아버지는 혼자서는 아버지와 형제자매들을 키울 수 없어서 보스턴 주변에 있는 가톨릭 고아원에 맡겼다.

그때만 해도 수녀들이 여러 명의 고아들을 데리고 시골에 있는 천주교회를 돌아다니는 관행이 있었다. 미사가 끝나고 나면 아이들이 신도들 앞에 나란히 섰다. 그러면 교구민들이 나와 한 명 또는 여러 명 고아의 손을 잡고 교회 밖으로 걸어 나갔다. 이를 가리켜 '주말 스페셜'이라고 불렀는데, 형식상의 절차도, 서류도, 법적 절차도 전무했다. 학대를 부추기는 것이나 다름없었다. 농촌 가정에서 아이들을 데리고 가서 학교에도 보내지 않고 일만 시키는 경우가 허다했다. 나중에는 이러한 관행이 제재를 받았지만, 이미 그 전에 아버지는 보스턴에서 뱅고어로, 다시 메인으로 옮겨 갔고 마침내 아이가 없던 레바논계 미국인 부부가 아버지를 데리고 갔다. 얼마 지나지 않아 부부와 아버지는 워터빌로 이사했다.

당시 인구가 2만 명 정도였던 워터빌에서는 섬유산업이 번창했다. 아버지의 양부모는 방직공장 옆 노동자계급이 사는 동네에 자그마한 잡화점을 열었다. 가족은 가게 위층에서 생활했다. 아버지는 몇 년 정도 학교에 다니다가 일을 하기 위해 4학년 때 자퇴했다.

어머니 메리 사드는 레바논의 어느 마을에서 태어나 천주교 신자로 자랐다. 어머니의 언니 두 명이 어머니보다 먼저 미국으로 이민 왔다. 그중 한 명이 레바논인 남편과 함께 건너왔는데, 어쩌다 보니 워터빌에 정착했고 아버지 양부모네 바로 옆집에 살았다. 그 이모네에 어린 딸이 있었는데, 미국에서 자리 잡을 때까지 레바논에서 데리고 오지 못했다. 마침내 준비가 되자 이모네는 당시 열여덟 살로 레바논에서 살고 있던 어머니에게 딸을 데리고 미국으로 와 달라고 부탁했다.

1920년, 어머니는 조카와 함께 미국 땅을 밟았다. 얼마 지나지 않아 어머니는 방직공장에서 일하기 시작했다. 그 후 40년 동안 공장에서 일하며 매우 숙련된 방직공이 되었다. 어머니의 인생 이야기는 당시 사람들이 누리던 경제적 호황을 잘 보여 준다. 제대로 된 교육을 받지 못했고 경험도 부족할뿐더러 영어도 할 줄 몰랐던 젊은 여성도 미국에 도착하자마자 바로 일자리를 구할 수 있었다.

아버지와 어머니는 바로 옆집에 살면서 얼굴을 익혔다. 그리고 사랑에 빠졌고 결혼에 성공했다. 다섯 명의 자식을 낳았는데, 아들 네 명을 낳은 후에 딸을 출산했다. 나는 아들 중 막내로 1933년에 태어났다.

어머니는 밤 열한 시부터 아침 일곱 시까지 이어지는 철야 근무를 하면서 다섯 명의 아이들을 키웠다. 그것이 어떻게 가능했는지 나는 절대로 이해하지 못한다. 보풀을 잔뜩 뒤집어쓰고 집으로 돌아오는 어머니의 모습이 아직도 눈에 선하다. 당시에는 방직공장의 작업환경이 매우 열악했다. 공장 안에는 온통 보푸라기 실이 두껍게 쌓여 있었다. 더군다나 기름으로 뒤덮여 바닥이 미끄러웠기 때문에 근로자들은 느릿느릿 조심하면서 걸어 다녀야 했다. 귀청이 터질 듯한 소음도 끊이지 않았다. 15센티미터 떨어진 곳에 있는 사람의 목소리조차 들리지 않을 정도였다. 그런 환경에서 어머니는 수십 년을 일했다. 그런데도 아침마다 우리를 등교시켰고 매일 오후에는 집에서 우리를 반갑게 맞아 주었다. 장보기와 요리, 빨래, 청소도 모두 어머니의 몫이었다. 어머니를 보면서 우리는 자립하는 방법을 배웠다.

정규교육을 제대로 받지 못한 어머니는 영어를 읽고 쓸 줄 몰랐다. 사실 말하기 실력도 많이 부족했다. 악센트가 강했고 종종 틀린 단어를 썼다. 그러나 당신의 부족함을 웃어넘길 줄 아는 남다른 유머 감각을 지녔다. 발음을 지적받을 때면 일부러 더 틀리게 발음해 사람들을 웃게 만들었다. 신앙심이 깊은 어머니 때문에 우리는 일요일 미사에 빠진 적이 없다. 어머니는 이타적인 마음과 쾌활한 에너지, 그리고 너그러움으로 매일 복음을 전파했다. 어머니는 내가 아는 사람 중에 가장 다정하고, 최고이며, 가장 강인한 사람이었다. 또한 내 인생에 가장 큰 영향을 미쳤다.

우리는 폭포 머리Head of the Falls라는 이름의 동네에서 살았다. 케네벡 강에서 강물이 폭포와 댐으로 급락하는 지형 바로 위에 위치한 곳이었다. 강 바로 건너편에는 커다란 제지 공장이 있었다. 당시 사람들은 강

옆에 살기를 꺼렸다. 심하게 오염된 케네백강에서 악취가 진동했고 수면에는 쓰레기와 거품이 둥둥 떠다녔다. 여섯 살이 되던 해, 우리 가족은 몇백 미터 떨어진 집으로 이사했다. 아버지는 이를 매우 자랑스러워했다. 전에 살던 집에서 그리 멀지 않은 곳이었지만, 강에서 조금 더 벗어난 철로 건너편이었다. 철로를 기준으로 그나마 좋은 동네인 오른편으로 이사하게 된 것이었다. 아주 작은 화장실 하나가 딸린 그 집에서 일곱 식구가 살았다.

형제자매들은 아주 어린 나이에 일을 시작했다. 나는 다섯 살 때부터 신문을 배달하고 눈을 치웠으며 잔디를 깎고 세차도 했다. 남성 전용 클럽에서 청소부로도 일했다. 부모님이 버는 돈은 결코 많지 않았다. 하지만 배를 곯는 일은 없었다. 물려받은 옷을 입으며 컸기에 크게 부족함을 느끼지 못했다. 동네 주민의 절반은 우리와 상황이 비슷했기 때문에 가정 형편 때문에 수치심을 느낀 적은 한 번도 없었다.

머리가 좋았지만 학교를 제대로 다니지 못했던 아버지는 지역 공익 기업에서 일했다. 내가 고등학교 졸업반일 때 회사에서 아버지가 속한 부서를 없애 버렸고 아버지는 해고당했다. 아버지는 실직을 치욕으로 받아들였고 이내 우울증에 빠졌다. 그러다 마침내 워터빌에 있는 콜비 대학에 청소부로 취직했다. 단 몇 년 만에 아버지는 대학 시설관리 부서의 책임자로 승진했다.

형 세 명은 운동에 소질이 있어서 모두 체육 특기생으로 좋은 대학에 들어갔다. 하지만 나는 형들만큼 운동을 잘하지 못했다. 사실 남의 집 아이들과 비교해도 운동 실력이 형편없었다. 내가 고등학교 졸업반일 때 아버지가 무직이었기 때문에 대학 진학을 꿈꾸기 어려웠다. 동네 제지 공장에 입사 지원서를 넣기 직전, 아버지는 공익 기업에 다닐 때 상사였던 하비 포그가 나에게 할 이야기가 있다고 전해 주었다.

나는 포그 씨를 만나러 갔다. 그는 우리 집 사정을 잘 알고 있었다. 포그 씨는 내게 대학에 갈 생각이냐고 물었다. 나는 잘 모르겠다고 대답했다. 그가 말했다. "고등학교에서 공부를 잘했더구나. 내 모교인 보든 대학에 갈 생각은 없니?"

나는 깜짝 놀랐다. 고마웠지만 겁이 나기도 했다. 보든은 명성 있는 대학이었다. 내 실력으로는 오르지 못할 나무라는 생각이 들었다. "생각해 본 적 없어요." 나는 솔직하게 대답했다.

"한번 생각해 보렴." 포그 씨가 말했다. "사실 말이야, 네가 입학처장을 만날 수 있도록 약속을 해 두었단다."

일주일 뒤, 나는 보든 대학 캠퍼스로 향했다. 우리 집에는 차가 없었고 버스를 탈 돈도 없었기 때문에 나는 히치하이크를 하기로 했다. 어머니가 싸 준 샌드위치 두 개를 챙겨 아침 일찍 집을 나섰다. 고속도로를 향해 3킬로미터 정도 걷다가 지나가는 차를 얻어 탔다. 차 주인에게 자초지종을 설명했더니 고맙게도 캠퍼스까지 데려다주었다. 덕분에 약속된 시간보다 다섯 시간이나 일찍 도착했다. 그때 캠퍼스에 있는 모든 건물과 랜드마크 위치를 외웠기 때문에 학교에서 길을 잃지 않는다고 나중에 농담처럼 이야기하고는 했다.

마침내 입학처장인 빌 쇼와 마주 앉았다.

몇 분 정도 친근한 대화가 오간 뒤 그가 물었다. "보든에 오고 싶나요?" 나는 그렇다고 대답한 후에 내 재정 상태에 대해 설명했다.

그가 질문했다. "일할 의향이 있나요?"

"네."

"일할 의향이 있다면, 적당한 일을 찾아보죠. 여기 입학원서를 가지고 옆방에 가서 빈칸을 채우세요. 검토해 보고 연락하겠습니다."

그렇게 나는 보든에 입학했다. 학기 첫 주에 일자리를 얻기 위해 체육 감독 맬 모렐을 찾아갔다. 모렐가는 메인주 중심부에서 규모가 큰 난방유와 건축자재 회사를 소유하고 있었다(지금도 소유하고 있다). 맬은 회사 사무실을 연결해 주었고 그곳에 취직할 수 있었다. 출근 첫날을 결코 잊지 못할 것이다. 현장감독이 내게 운전을 할 수 있냐고 물었다. 면허증은 있었지만 운전대를 잡아 본 것은 딱 두 번에 불과했다(한 번은 면허 시험을 볼 때였다). 하지만 나는 "네"라고 대답했다.

현장감독은 이렇게 말했다. "플랫베드 트럭을 토머스턴까지 몰고 가. 그리고 시멘트 공장에 가서 40킬로그램짜리 건조 시멘트 포대를 실으면 돼."

토머스턴까지 가려면 차가 많은 1번 국도를 따라 북쪽으로 80킬로미터를 달려야 했다. 게다가 트럭은 엄청나게 컸다. 나는 당황했지만 시작도 하기 전에 잘리고 싶지 않았다. 나는 침을 꿀꺽 삼키고 운전석에 올라타 기어 작동법을 알아내려고 애썼다. 현장감독이 물었다. "무슨 문제라도 있나?"

"아, 아니에요. 아무 문제 없어요." 다행히 위기를 모면할 수 있었다. 갈 때는 대략 시속 8킬로미터로, 올 때는 대략 시속 3킬로미터로 트력을 몰았다.

대학에 들어간 후 2년 동안 브런즈윅 석탄·석유 회사에서 일했다. 그 후 나는 맬 모렐의 도움을 받아 농구 경기의 팸플릿 판매권을 따냈다. 농구는 보든 대학뿐 아니라 지역사회에서 매우 인기 있는 운동이었다. 농구 경기가 열리면 모두가 보러 왔고, 경기장에서 시즌 일정과 선수 소식, 그리고 지역 기업의 광고가 실린 팸플릿을 샀다. 쉽게 말해 나는 장학금을 받는 대신 팸플릿을 만들어 팔았다. 팸플릿에 들어갈 광고를 판매하고 인쇄해서 배포한 후에 남는 차액은 내 몫이었다. 비즈니스의 기본을 배우는 훌륭한 기회였으며 학비 대부분을 벌었을 만큼 수익도 좋았다.

또 나는 남학생 클럽인 시그마 누Sigma Nu에 가입해서 밥을 공짜로 먹을 수 있는 간사로 활동했다. 기숙사에서는 학생 사감을 하면서 공짜로 지냈다. 이런 식으로 아주 저렴하게 대학 교육과정을 무사히 마쳤다. 하비 포그와 빌 쇼, 그리고 맬 모렐과 같은 멘토가 없었다면 불가능했을 것이다. 그들은 아일랜드와 레바논에서 온 이민자의 아들인 내게 먼저 손을 내밀고 기꺼이 내 가능성을 믿어 주었다.

어린 시절, 나중에 커서 미국 상원의원의 다수당 대표가 되거나 대통령 훈장을 받으리라고는 꿈에도 생각 못 했다. 월트디즈니사의 회장직도 마찬가지였다. 근면 성실한 태도와 우리 가족 특유의 의연함은 내 삶의 기초이고 내가 언제든 되돌아가는 토대이다. 우리 집의 독특한 미국식 전통은 내 행동의 길잡이가 되고 매일같이 내게 영감을 불어넣는다.

23

리즈 머리

Liz Murray

리즈 머리는 완벽하게 평범한 인생을 살고 있다. 결혼한 후에 너무나도 아름다운 두 아이 리암과 마야를 키우고 있으며 컬럼비아 대학에서 심리학 석사과정을 밟고 있다. 하지만 그녀의 참혹한 어린 시절에 대해 듣는 순간 '평범한' 인생이 얼마나 눈부신 성과인지 알게 될 것이다.

리즈와 대화를 나누면서 나는 이 세상에서 가장 위대한 교훈 중 하나를 깨달았다. 바로 인생에 굴복해서는 안 된다는 것이다.

여섯 살 정도 되었을 때의 일이다. 나는 브롱크스에 있는 아파트 거실 바닥에서 놀고 있었다. 어머니는 부엌에서 요리 중이었는데, 메뉴는 브라우니도 스파게티도 아니었다. 헤로인중독자였던 어머니는 헤로인

을 끓이고 있었다.

어머니가 복도를 걸어오는 소리가 들렸다. 문 사이로 나타난 그녀는 잔뜩 겁먹은 얼굴을 하고 있었다. 어머니는 주사 자국과 멍으로 가득한 양팔을 내밀며 말했다. "절대로 이런 짓은 하면 안 돼. 멈추는 방법을 모르겠어. 그러니까 너는 절대 손을 대면 안 돼. 만약 그러면 엄마 마음이 너무 아플 거야." 말이 끝나자 그녀는 눈물을 흘리기 시작했다.

내 어린 시절을 단면적으로 보여 주는 장면이다. 나는 1980년 브롱크스에서 마약중독자 부모 밑에서 태어났다.

부모님은 매일 마약을 했다. 식탁에 음식이 충분했던 적이 손에 꼽을 만큼 적었고 집 안은 늘 엉망진창이었다. 부모님은 언니 리사나 나를 돌볼 겨를이 없었다. 약에 취해 있지 않을 때는 새로운 약을 구하는 데 정신이 팔려 있었다.

부모님은 부엌에서 주사 바늘을 꽂을 때면 항상 문을 닫았다. 유모차를 문 앞까지 끌고 가 기어오른 다음 부모님이 나올 때까지 기다렸던 것이 아주 어릴 적 기억 중 하나이다. 마침내 문을 열고 나온 부모님의 눈에는 마치 전기가 통한 듯 흥분이 그대로 녹아 있었고 팔에는 온통 피가 튀어 있었다. 그때는 부모님이 무엇을 하는지 이해하지 못했지만, 적어도 잘못된 행동이라는 것은 알 수 있었다.

급기야 부모님은 부엌문을 열어 놓은 채 마약을 하기 시작했다. 리사와 내가 부엌에 들어가면 팔에 주사기를 꽂은 어머니와 아버지를 볼 수 있었다. 결국 우리는 그런 부모님의 모습을 보고도 못 본 척 고개를 돌리는 지경에 이르렀다. 우리는 부엌에 들어가 필요한 것을 챙긴 다음 서둘러 나왔다.

부모님은 병을 앓고 있었고 중독에서 헤어나지 못했지만, 믿기 힘들 정도로 다정할 때도 있었다. 어느 날 밤에는 어머니가 침대 발치에 앉아 내 미래에 대한 꿈을 들려주었다. 사랑한다고 말하고 얼굴에 뽀뽀한 다음 이렇게 덧붙였다. "너와 리사는 내 인생에서 가장 큰 행운이야." 마약에 빠지기 전 박사과정 공부를 하던 아버지는 나를 데리고 한참 산책하며 과학과 문학, 그리고 역사에 대해 이야기하고는 했다.

그러나 매번 끝내 부모님의 병이 승리했다. 롱아일랜드에 친가 친척들이 살고 있었는데, 한 번도 우리를 보러 오지는 않았지만 생일이나 연말연시에는 잊지 않고 카드를 보냈다. 카드 안에는 대개 5달러짜리 지폐가 들어 있었다. 내 열 살 생일날 어머니는 내가 생일 선물로 받은 돈을 갖고 아파트를 나갔다. 상황을 이해하는 데 오래 걸리지 않았다. 나는 어머니가 돌아오기를 기다렸다.

얼마 지나지 않아 나타난 어머니의 손에는 작게 접은 은박지로 포장한 헤로인이 들려 있었다. 나는 곧장 부엌으로 향하는 어머니를 따라가 형편없는 엄마이며 형편없는 인간이라고 소리 질렀다. 처음 있는 일이었다. 어머니는 당황한 눈빛으로 나를 바라보더니 헤로인과 주사기, 팔을 묶을 때 사용하는 고무관을 낚아채 화장실로 뛰어 들어갔다. 나를 피해 조용한 곳에서 약을 하려는 것 같았다.

나는 어머니 뒤를 따라갔다. 어머니는 변기에 약을 던져 넣고 물을 내렸다. 그리고 울기 시작했다. 나도 따라 울었다. 화장실 바닥에 앉아 서로 부둥켜안고 우는데 애원하는 어머니의 목소리가 들렸다. "나는 괴물이 아니야, 그런데 도저히 멈추지 못하겠어. 사랑한단다, 정말 사랑해." 어머니의 품속에서 나를 얼마나 사랑하는지 또 당신을 얼마나 미워하는지 고스란히 느낄 수 있었다.

그 일이 있는 후 이런저런 것들이 눈에 들어오기 시작했다. 내가 24시간 동안 따뜻한 식사를 한 끼도 못 할 때 부모님은 2~3일을 제대로 된 식사 없이 견뎠다. 내게 새 겨울 코트가 필요할 때이지만 아버지는 접착테이프를 덕지덕지 바른 운동화를 신고 다녔다. 손에 없는 것을 다른 사람에게 줄 수 없다는 말이 이해되기 시작했다. "당신은 1달러가 필요한데 나한테 10센트밖에 없다면, 나는 당신을 돕지 못해요"라는 말도 마찬가지였다. 부모님은 한 푼이 아쉬운 상황이었다. 이 점을 깨닫고 나니 어린 나이였지만 부모님의 병을 원망하지 않게 되었다. 부모님은 내가 사랑하는 사람들이었고 부모님 역시 나를 사랑하는 것을 잘 알고 있었다.

다행히 책임감 있는 어른이 가까이에 있었다. 그의 이름은 아서였다. 우리 집 위층에 사는 이웃이었는데, 어머니, 아버지와 친하게 지냈다. 그는 가죽 재킷을 입고 오래된 트라이엄프 모터사이클을 몰고 다니며 전형적인 1960년대 스타일을 고수했다. 개 두 마리를 키웠고 예쁘장한 여자 친구도 있었다. 아서는 또 낚시를 매우 좋아했다. 가끔 부모님이 비명을 지르며 싸우는 소리가 위층에 있는 아서에게까지 들리는 경우가 있었다. 병이 날아가 부서지고 욕설이 오가는 가운데 문을 두드리는 소리가 들려 나가 보면, 낚싯대를 든 아서가 내게 모험을 떠나자고 제안했다. 우리는 차를 몰고 웨스트체스터에 있는 호수에 가거나 로

클랜드 카운티의 허드슨강을 가로질러 건넜다.

강물에 낚싯대를 드리우고 앉아 있으면 아서는 내가 쉽게 속을 털어놓을 수 있도록 가벼운 말투로 기분이 어떠냐고 묻고는 했다. 언제나 그는 부모님이 병 때문에 아픈 것이고 나를 무척이나 사랑한다고 말했다. 그리고 부모님이 아픈 것은 그들 잘못이 아니라고 설명했다. 부모님을 생각하는 아서의 마음이 무척이나 넓고 깊었다.

나는 어렸을 때 결석을 많이 했다. 두어 번 사회복지관에서 개입한 적이 있고, 나는 잠깐이었지만 위탁가정에 보내지기도 했다. 나는 사회복지사와 무단결석 담당 경찰관에게 거짓말을 하면 쉽게 빠져나갈 수 있다는 것을 배웠다. 나한테는 부모님을 보호하는 것이 제일 중요했다. 그래서 두 달 정도는 학교를 잘 나간 다음 서서히 수업을 빼먹는 수법을 썼다.

열두 살 정도 되었을 무렵, 부모님이 HIV 검사에서 양성 판정을 받았다. 그 후 부모님의 건강이 점점 더 나빠졌다. 열네 살 때 어머니가 병원으로 실려 갔는데, 퇴원이 어려워 보였다. 우리는 살던 아파트를 포기할 수밖에 없었고 아버지는 쉼터로 거처를 옮겼다. 리사는 폭력적이었던 외할아버지 집으로 들어갔지만 나는 끝까지 거부했다. 결국 나는 집이 없는 신세가 되었다.

처음에는 이 친구 집에서 저 친구 집으로 옮겨 다니며 잠시 동안만 신세를 지면 된다고 생각했다. 크리스라는 친한 친구 역시 집에서 가출한 터라 우리는 매일 밤 다른 친구 집 문을 두드렸다. 그러던 어느 날 밤, 우리를 재워 주겠다는 사람이 아무도 없었다. 친구 부모님들이 더 이상은 어렵다며 우리를 돌려보냈다. 하는 수 없이 우리는 달리는 D선 열차 안에서 웅크린 몸을 바짝 붙이고 잠을 청했다. 배낭에는 양말과 칫솔, 일기장이 들어 있었다. 모두 우리에게 소중한 물건들이었다. 또 나는 내가 제일 좋아하는 어머니 사진을 가지고 다녔다. 어머니가 열일곱 살 때 찍은 사진이었다. 어머니는 그리니치빌리지의 길거리에 서 있었다. 집을 뛰쳐나와 나와 비슷한 노숙자 생활을 하고 있었지만 함박웃음을 짓고 있었다. 자유와 미래에 대한 기대가 가득한 생기 넘치는 모습이었다.

나는 길거리에서 살아남기 위해 필요한 생존 요령을 배웠다. 지하철뿐만 아니라 센트럴파크와 다세대주택의 어두컴컴한 복도에서도 잠을 잤다. 대부분의 다세대주택 건물에는 옥상으로 향하는 문 바로 앞에 층계참이 있었다. 눈에 잘 띄지 않기 때문에 가장 이상적인 잠자리였다. 잠을 자려고 눕기 전에 나와 크리스는 빨랫줄에 걸려 있는 담요를 훔쳤다. 아침 해가 밝으면 일찍 일어나 이를 닦고 머리를 감거나 세수를 할 수 있는 화장실을 찾아다녔다. 최대한 부랑자처럼 보이지 않도록 애썼다.

그러다가 도어Door라는 곳에서 길거리 생활을 하는 아이들을 돌봐준다는 이야기를 들었다. 다운타운 소호의 서쪽 가장자리에 있는 시설로 의료서비스와 식사, 음식이 가득 담긴 가방, 치료 요법, 게다가 친구들과 어울릴 수 있는 공간까지 제공했다. 그곳에서 크리스와 나는 시리얼 치리오스와 땅콩 잼이 들어 있는 음식 가방을 받고는 했다. 또 우리는 잔돈을 구걸하거나 슈퍼마켓에서 물건을 훔치기도 했다.

내가 집이 없는 노숙자라는 사실을 받아들이기까지는 시간이 꽤 걸렸다. 처음에는 모험을 하는 것 같아 재미있었다. 자유롭다는 기분마저 들었다. 어쨌든 나쁜 상황을 벗어났으니 말이다. 우리는 머리부터 발끝까지 펑크록 스타일로 하고 다녔다. 크리스는 핑크색 모호크 헤어스타일에 개 목걸이를 차고 다녔고 나 역시 머리를 보라색으로 염색했다. 우리는 또 검은색 옷만 입었다. 그런데 어느 순간 재미는커녕 우울해지기 시작했다. 불쑥 찾아간 친구의 표정에서 우리가 불편하고 귀찮은 빈대라는 사실을 금방 읽을 수 있었다. 우리가 계획을 세운다는 것은 불가능했다. 돈 몇 푼, 약간의 음식, 잠자리 등 당장 필요한 것만 해결할 뿐이었다.

어머니는 병원에서 서서히 의식을 잃어 갔다. 나는 어머니를 보기 위해 병원에 들렀다가 잘 곳을 찾아 돌아다니고는 했다. 어머니가 아파하는 모습을 보면 슬프면서도 동시에 내 안에 심오한 변화가 일어났다. 딱딱한 바닥에 웅크리고 있거나 지하철 안에서 꾸벅꾸벅 졸 때면 머릿속에서 울리는 목소리가 괴롭히기 시작했다. 나는 이를 가리켜 '만약에' 목소리라고 불렀다. 목소리는 이런 말을 내뱉었다. '만약에 아파트를 구한다면?' '만약에 학교를 다시 다니고 인생을 다시 제자리로 돌려놓는다면?'

누구나 저마다의 '만약에' 목소리를 가지고 있다. 힘들 때는 이 목소리를 쉽게 무시할 수 있다. 매일 마주하는 이런저런 문제들을 해결하느라 바쁘기 때문이다. 그러나 나는 고단한 삶 속에서도 머릿속에서 메아리 치는 목소리를 멈출 수 없었다.

어머니를 보는 것이 너무 고통스러워서 병원에 가는 것을 미루기 시작했다. 에이즈에 시달리는 어머니는 해골처럼 말랐고 염증이 온몸을 뒤덮었다. 마음속에는 후회와 죄책감, 슬픔이 가득했다. 자랑할 것은 아니지만, 한 달이나 발길을 끊은 적도 있다. 그러던 어느 날, 어머니가 눈을 감았다.

크리스마스 다음 날 어머니를 땅에 묻었다. 내 열다섯 살 생일이 막 지났을 때 일이다. 나는 리사와 함께 묘지까지 타고 갈 택시비를 마련하려고 거리에서 돈을 구걸했다. 장례식은 따로 준비하지 못했다. 어머니는 그저 땅속으로 들어가는 또 하나의 네모난 소나무 상자에 불과했다. 상자 위에 검은색 마커 펜으로 어머니 이름이 쓰여 있었다. 하지만 그조차도 틀린 철자였다. 상자의 양쪽 끝에는 '머리'와 '발'이라고 적혀 있었다.

어머니의 시신이 땅에 묻힌 후 나와 리사는 브롱크스에 있는 친구 집으로 돌아갔다. 익숙한 곳이었지만 내게는 예전과 완전히 다르게 보였다. 그 집에 있던 아이들과 함께 둘러앉았는데, 모두 분노와 반항심이 들끓었다. 한 명은 전날 밤 어머니가 돼지고기 요리를 태웠다며 불만을 쏟아 냈다. 또 다른 친구는 상사가 짜증 나서 일을 그만둘 것이라고 말했다. 자퇴하려는 친구도 있었다. 친구들의 이야기를 듣는 내내 나는 내가 감사할 것이 참 많은 사람이라는 생각을 떨칠 수 없었다. 어머니는 소나무 상자에 담겨 차가운 땅속에 묻혔다. 나는 젊고 선택을 할 수 있었다. 더 무엇이 필요했을까?

나는 지구 곳곳에서 가난과 배고픔으로 고통받는 이들을 생각했다.

나는 지극히 미국인의 관점에서 빈곤을 생각했다. 내가 직접 겪고 또 목격했던 가난은 어쩌면 다른 곳에 있는 수천 만의 사람들에게는 만족스러운 삶일 수도 있었다. 음식 가방이 아예 없는 곳도 있었다. 나는 전부 괜찮아질 것이라고 확신했다.

학교를 다시 다니는 것이 가장 먼저 할 일이었다. 나는 아이들에게 어느 고등학교를 나왔는지 물어보았다. 그런 다음 공중전화로 114에 전화해 학교 전화번호를 알아냈다. 학교 입학처 측과 만날 약속을 잡고 시간과 주소를 작은 수첩에 적었다. 여러 학교를 돌아다니며 면접을 보았다. 하지만 무단결석 기록과 나이 때문에 가는 곳마다 입학을 거절당했다. 나이는 11학년 아이들과 같았지만 9학년부터 다시 다녀야 했다. 여러 입학 담당자들이 이미 너무 늦었다며 검정고시를 보라고 조언해주었다.

면접을 보면서 내 가장 큰 불안이 고스란히 드러났다. 나는 항상 나 같은 사람과 나머지 사회 구성원들을 분리하는 벽이 있는 듯한 기분이 들었다. 나와 그들의 싸움이라고 생각했다. 열등감은 아니었다. 다만 다른 세상, 다른 현실에서 살고 있다고 느꼈다. 크리스마스 장식으로 치장된 고급 백화점 창문 안을 들여다보는 듯한 기분이 늘 들었다. 볼수는 있지만 만질 수는 없었다.

어느 날 오후, 나는 어퍼이스트사이드에 있는 헌터 대학 밖에 서 있었다. 그 대학 부속학교인 어번 아카데미에서 거절당한 직후였다. 나는 좌절했고 낙담했다. 이제 남은 약속은 첼시에 있는 휴머니티스 예비 학교뿐이었다. 두 가지 선택권이 있었다. 하행선 지하철을 타고 첼시로 향하거나 상행선을 타고 브롱크스로 돌아가 피자 한 조각을 사 먹고 친구들과 노는 것. 두 가지를 다 하기에는 가진 돈이 부족했다. 첼시에 갔다가 다시 브롱크스로 올라가려면 지하철을 두 번 타야 했다. 게다가 배도 고팠다. 나는 그 자리에 서서 고민했다. '피자 아니면 면접? 피자 아니면 면접?' 그런데 갑자기 '만약에' 목소리가 슬쩍 끼어들었다. '만약에 이 학교에서 나를 받아준다면?'

나는 지하철을 타고 첼시로 향했다. 휴머니티스 예비 학교는 20세기 초에 지어진 엄청나게 큰 건물 지하에 있었다. 건물의 나머지 공간이 휴머니티스 고등학교였다. 나는 건물 안으로 들어가 휴머니티스 예비 학교라고 쓰인 안내판을 따라갔다. 그때까지 면접을 모두 망쳤던 터라 떨렸다. 엎친 데 덮친 격으로 집단 면접을 보기로 했는데 약속 시간에 늦고 말았다. 사무실에 들어가자 다른 아이들은 이미 책상에 앉아 에세이를 쓰고 있었다. 나도 얼른 자리에 앉아 연필을 들었다.

내 이름이 불리자 나는 좀 더 작은 사무실로 들어갔다. 책상 너머에 50대 정도로 보이는 백인 남자가 앉아 있었다. 안경을 쓰고 트위드재킷을 입고 있었는데, 마치 셰익스피어를 가르친 적도 있고 도서관에서 살아 본 적도 있는 사람처럼 보였다. 반면 나는 머리부터 발끝까지 펑크 복장으로 무장하고 있었다. 나는 팔짱을 끼고 바닥을 내려다보며 말했다. 그는 자신을 페리라고 소개했다. 태도는 친절했지만, 내가 약속 시간에 늦었기 때문에 면접을 볼 수 없다고 말했다. 나는 사과와 함께 에세이를 썼다고 설명했다. 그러자 그가 흥미를 보였고 우리는 잠시 대화를 나누었다. 하지만 나는 그의 눈을 똑바로 쳐다보지 못했다. 페리는 내 배낭에 달린 해골과 뼈 모양의 핀을 가리키며 물었다. "멋진 핀이구나. 재킷에 달고 싶은데 어디서 살 수 있지?"

"아, 자신이 재미있는 사람이라고 생각하시나 봐요?"

"실제로도 재미있는 편이야." 페리가 바로 맞받아쳤다. 그러고는 정말 형편없고 썰렁한 농담들을 던지기 시작했다. 나도 모르게 웃음이 터졌다. 대화를 계속할수록 페리와 잘 맞는다는 느낌이 들었다. 자연스럽게 마음의 경계가 풀렸고 내 이야기를 털어놓았다. 나는 무의식중에 팔짱을 풀고 페리의 눈을 바라보며 말하고 있었다. 그는 책상 앞에 앉아 걱정과 호기심 어린 눈빛으로 내 말에 귀 기울였다.

나는 상대방의 말을 경청하는 것이야말로 사랑에서 비롯되는 행동이라고 생각한다. 페리 외에 내 이야기를 진지하게 들어 준 어른은 아서밖에 없었다. 상대방이 나를 걱정하고 신경 쓰면 그 마음이 그대로 느껴진다. 페리는 내게 마음을 쓰고 있었다.

그에게 한 가지 말하지 않은 것이 있었는데, 바로 길거리에서 생활하고 있다는 점이었다. 사실대로 말하면 아동복지시설에 연락할까 봐 무서웠다. 나는 친구네 주소를 남기면서 아버지와 그의 여자 친구와 함께 살고 있다고 말했다.

심지어 페리에게 '만약에' 목소리에 대해서도 이야기했다. 내가 말했다. "만약에 내가 이 학교에 입학해서 올 A를 받고 대학에 간다면요?"

"그렇게 되려면 얼마나 많은 노력을 기울여야 하는지 알고 있니?"

그의 말이 충격적이었다. 나는 사람들의 동정은 받는 데 익숙해져 있었다. 대부분의 사회복지사가 진심으로 남을 배려하지만, 동정이 과

할 때도 있다. 그래서 완전히 망가진 피해자가 된 듯한 기분이 들게 만든다. 그러나 페리는 나를 만나자마자 쓴소리를 아끼지 않았다.

"이렇게 하자." 그가 말했다. "학교에 입학해도 좋아. 그 대신 내가 멘토로서 조언하고 네 행동에 대해 책임을 물을 거야."

멘토에게 조언을 받은 적도, 스스로에게 책임을 물은 적도 없었다. 페리는 벽 건너편 세상에 속하는 사람이었다. 그런 그가 내게 먼저 손을 내밀어 준 것이다. 대화를 끝낸 우리는 자리에서 일어났다. 알고 보니 페리는 포옹하기를 좋아했다. 나는 아니었다. 하지만 페리가 안아 주었을 때 기분이 꽤 좋았다.

나는 휴머니티스 예비 학교에 9학년으로 입학했다. 첫 학기에 다섯 개 수업을 신청했다. 그러나 다시 한번 내 나이를 상기시키며 따라잡으려면 많은 노력을 해야 한다는 페리의 말에 수업 두 개를 더 신청했다. 학기마다 1년 치 수업을 들어야 2년 안에 졸업할 수 있었다. 올 A가 목표였지만 그보다 낮은 성적을 받을 때도 있었다. 페리에게 B+를 받았다고 말하면 그는 이렇게 말했다. "다른 학생이라면 괜찮겠지. 하지만 너는 올 A를 받기 위해 학교에 왔잖아." 나는 선생님을 찾아가 추가 과제를 하고 성적을 A로 올렸다.

운 좋게도 교육에 대한 열의가 남다른 선생님들을 만났다. 예비 학교를 설립한 페리가 영입한 선생님들이었다. 페리는 그 전에 휴머니티스 고등학교에서 영어를 가르쳤는데, 학생 수가 너무 많고 자퇴율도 너무 높았다. 교사들이 모여 해결책을 의논하는 자리에서 한 교사가 말했다. "지하실에 대안학교를 만드는 것은 어떨까요? 낙제하는 아이들을 모아 반나절만 가르치고 교사들은 일찍 퇴근하고요. 낙제 고등학교라고 부르면 되겠네요." 회의실에 있던 사람들이 웃음을 터뜨렸다. 하지만 페리는 웃지 않았다.

페리는 자리에서 일어나 말했다. "아이들에게 진짜로 필요한 것을 주는 그런 대안학교를 만들어 보시죠." 누군가 페리에게 직접 해 보라고 말하자 그는 이렇게 대답했다. "그래야겠군요." 페리는 모든 교사 메일함에 도와 달라는 쪽지를 남겼다. 답장을 보낸 교사는 단 한 명뿐이었다. 그것이 시작이었다. 다른 대안학교를 방문에 기존의 모델을 살펴보는 대신, 페리는 졸업률이 높고 학생들에게 셰익스피어와 미적분학을 가르치는 사립학교와 공립학교를 찾았다. 이를 바탕으로 휴머니티스 예비 학교의 모델을 만들었고 관심 있어 하는 교사들을 영입했다.

그 결과, 엄격하지만 공정한 선생들로 교사진이 꾸려졌다. 내가 집이 없는 상황에서도 숙제를 다 할 수 있었던 것은 청소부가 학교 문을 걸어 잠글 때까지 선생님들이 학교에 남아 있었기 때문이다. 그런 선생님들에게 추가 수당은 없었다. 중앙자습실이라고 부르는 널찍한 방이 있어 숙제나 공부를 할 수 있었다. 선생님들의 책상도 같은 공간에 있어 언제든지 도움을 구할 수 있었다. 길거리에서 생활하는 아이에게는 천국이나 다름없었다. 특히 자습실에는 소파도 마련되어 있었다. 나는 늦게까지 그곳에 남아 공부하거나 모르는 것을 물어보고, 컴퓨터를 쓰거나 잠깐 눈을 붙이기도 했다.

휴머니티스 예비 학교는 내게 안전한 피난처였다. 나는 학교를 마친 후에 길모퉁이에 있는 건물 복도나 D선 열차로 향한다는 사실을 아무에게도 말하지 않았다. 알람 시계를 가지고 다녔는데, 알람이 울리면 화장실을 찾아 깨끗하게 씻었다. 그리고 제발 티가 나지 않기를 바라며 등교했다.

휴머니티스에 들어간 지 2년째가 되던 해 가을, 페리는 성적이 우수한 학생들을 데리고 보스턴으로 현장학습을 갔다. 매우 멋지고 알찬 주말이었다. 마지막 일정은 하버드 대학 견학이었다. 나는 배낭을 멘 채 하버드 야드를 통과해 걸었다. 배낭 안에는 어머니 사진과 일기장, 양말, 그리고 칫솔이 들어 있었다. 존 하버드John Harvard 동상 앞에서 페리가 단체 사진을 찍어 주었다. 하버드를 떠나면서 나는 교정을 돌아다니는 학생들을 바라보았다. 비싼 옷이나 하버드 로고가 박힌 스웨트셔츠를 입고서 웃고 떠들고 있었다. 그들과 나 사이에 벽이 다시 우뚝 솟아올랐다.

내 생각을 읽은 페리가 고개를 숙여 말했다. "있잖니, 리즈. 노력이 필요하긴 하지만 아주 불가능한 것은 아니야. 한번 지원해 보는 것이 어때?"

페리와 대화하면 늘 그랬듯, 내 안의 무언가가 변하기 시작했다. 높았던 벽이 갑자기 덜 벅차게 느껴졌다. 나는 "그럴게요"라고 대답했다.

"꼭 지원했으면 좋겠구나."

하버드 대학의 등록금을 안 후에 나는 깜짝 놀랐다. 터키 샌드위치를 살 돈도 없는 형편이었다. 그래서 장학금을 알아보기 시작했고《뉴욕타임스》의 대학 장학금 프로그램을 포함해 여러 곳에 지원서를 냈다. 대부분의 재단에서 지원 서류와 함께 그동안 극복했던 어려움에 대해 기술하는 자전적 에세이를 요구했다. 나는 '전혀 문제없지!'라고 생각했다. 그리고 하버드 대학과 브라운 대학을 포함해 일류로 손꼽히는 대학 여러 군데에 지원했다.

휴머니티스 예비 학교에서 보낸 두 번째 학년이 거의 끝날 무렵에 리사와 나는 아파트를 얻었다. 여름방학 동안에는 뉴욕 공공이익 조사 그룹NYPIRG에서 일했다. 클립보드를 들고, 지나가는 사람들에게 환경보호 탄원서 서명을 부탁하고 기부금 안내를 하는 일이었다. 대부분은 여름방학을 맞이한 대학생들이고 나만 괴상한 노숙 소녀였지만, 다행히 굉장히 잘 적응했다. 기부금의 38퍼센트가 우리 몫이었다. 나는 길거리 생활을 청산하겠다는 의지를 다지며 열심히 일했고 악착같이 돈을 모았다.

마지막 학기에는 열한 개 수업을 듣느라 일을 할 수 없었다. 그래서 옷 가게에서 일하던 언니와 거래를 했다. 이사 비용을 모두 내가 내고 월세는 언니가 감당하기로 합의했다. 그런데 이사하고 일주일 후에 언니가 해고당했다. 전화가 곧 끊길 예정이었고 퇴거 통지서가 날아오기 시작했다. 우리는 도어에서 나누어 주는 음식 가방으로 연명했다. 그 시기에 나는 대학 입학 면접을 봐야 했다. 또 집에서 쫓겨나지 않으려면 복지수당을 받아야 했다. 그런데 담당 기관에서 대기하는 시간이 길었기 때문에 수업을 빠지는 날이 잦아졌다.

결석을 줄이기 위해 나는 복지 기관 상담과 하버드 대학 면접, 그리고 《뉴욕타임스》 대학 장학금 프로그램 면접을 모두 같은 날에 잡았다. 단정하게 보이기 위해 구세군에서 산 정장 바지에 단추가 몇 개 떨어진 언니의 피코트를 빌려 입었다. 첫 번째 목적지는 복지 기관이었다. 하지만 복지수당 신청은 거절당했다.

복지 기관을 나와 하버드 대학으로 면접을 보러 갔다. 면접 장소는 도심에 있는 멋진 로펌이었고 면접관은 하버드를 졸업한 여성이었다. 면접을 그럭저럭 잘 마무리한 후 시내를 가로질러 《뉴욕타임스》 건물로 걸어갔다. 이때까지만 해도 《뉴욕타임스》가 저명한 신문사라는 것을 미처 모르고 있었다. 한 번도 사서 읽어 본 적이 없기 때문이었다. 나는 엘리베이터를 타고 면접실로 올라갔다. 긴장한 다른 지원자들이 땀에 흠뻑 젖은 채로 거친 숨을 내쉬고 있었다. 맨 먼저 내 눈에 들어온 것은 도넛이 담긴 쟁반이었다. 다들 너무 긴장한 나머지 도넛에는 손도 대지 않았다. 하지만 나는 달랐다. 공짜 음식을 볼 때면 생존 본능이 발동했다. 마음껏 먹으라는 안내 직원의 말에 나는 도넛 서너 개를 집었다.

내 차례가 되어 들어가니 면접관이 여덟 명 정도 있었다. 면접장에는 매우 심각한 분위기가 감돌았다. 꼭 배심원단 앞에 앉아 있는 기분이었다. 탁자에 놓인 화장지 통을 보고 다른 지원자들이 울었구나 하고 생각했다. 나는 그동안 살아온 이야기를 하면서 화장지 몇 장을 뽑아 도넛을 잘 포장했다. 눈물을 흘리던 한 여성을 제외하고 면접장에 있던 모든 사람이 이내 웃음을 터뜨렸다. 나는 그녀에게 이렇게 말했다. "당사자는 저인데, 정작 저는 눈물이 안 나네요." 면접이 끝나고 면접관들의 배려로 구내식당에서 공짜로 밥을 먹었다. 나는 《뉴욕타임스》 직원들의 인성이 훌륭하다고 생각하며 집으로 돌아갔다.

그 후 학교에 다니느라 면접 본 일을 금방 잊어버렸다. 언니와 나는 집주인에게 제발 내쫓지 말아 달라고 애원했다. 전화가 끊기기 이틀 전 전화벨이 울렸다. 《뉴욕타임스》에서 온 전화였는데, 내가 장학생으로 뽑혔다는 소식이었다. 나는 목청이 터질 듯이 소리를 질렀다. 전화 한 사람이 사진을 찍어야 하니 사무실을 방문하라고 말했다. 단체 사진을 촬영한 뒤, 신문사 측에서는 나만 따로 불러 단독 사진을 찍자고 제안했다.

다음 날 《뉴욕타임스》에는 장학생들에 관한 기사가 실렸다. 사진과 함께 내 인생 스토리도 실렸다. 다음 날 아침 학교에 갔더니 생전 처음 보는 사람들이 나를 기다리고 있었다. 월세를 지원해 주겠다는 사람도 있고, 직접 구운 쿠키가 담긴 통을 건네는 사람도 있었다. 잘 맞았으면 좋겠다며 옷을 건네기도 했고, 어떤 이들은 말없이 나를 안아 주었다. 다음 날도 마찬가지였다. 그 주 내내 날마다 모르는 사람들이 나를 찾아왔다. 그들 대부분이 이렇게 말했다. "당신 덕분에 큰 감동을 받았어요." 여성 두 명은 이케아 가구를 잔뜩 들고 우리 집을 찾아와 직접 가구를 조립했다. 장을 봐 와서 냉장고를 가득 채워 준 사람들도 있었다. 모두 벽 건너편에 있던 사람들이었다. 그 후 하버드 대학에서 보낸 입학통지서를 받았다. 벽이 조금씩 무너지기 시작했다.

사람들은 저마다 개인적인 어려움과 일에 집중하느라 바쁘다. 하지만 시간을 내어 귀 기울이고, 마음을 쓰고, 먼저 손을 내민다면 인류애가 꽃필 수 있다. 나는 아서와 페리, 선생님들, 친구들, 심지어 낯선 이들로부터 세상에는 매일 좋은 일을 하는 좋은 사람들이 있다는 사실을 배웠다. 그들 덕분에 나도 좋은 사람이 되고 싶다는 생각을 하게 되었다. 어머니가 나를 자랑스러워했으면 좋겠다.

24

스콧 오그레이디

Scott O'Grady

스콧 오그레이디가 어쩔 수 없이 낙하산을 타고 뛰어내려야 했던 세상은 폭력으로 얼룩진 곳이었다. 당시 유고슬라비아에서는 보스니아 내전이 한창이었다. 보스니아인, 크로아티아인, 세르비아인은 비극적인 전투로 인한 혼란에 갇혀 있었다. 암살단이 활동했고 강제수용소가 운영되었다. 대량 처형도 벌어졌다. 집에서 산 채로 타 죽은 사람들도 있었다. 강간이 조직적으로 행해졌다. 암살단이 살해한 것으로 추정되는 민간인의 수가 적어도 25만 명이었다. 하지만 오그레이디는 살아남았고 보스니아에서의 6일에 대한 일화를 전하고 있다.

스콧의 이야기를 들으면 그가 적진에서 겪은 처참한 시련에 깜짝 놀랄 수밖에 없다. 매우 강력한 결정적 순간임이 틀림없다. 하지만 스콧의 일화에는 사람들이 쉽게 간과하는 교훈이 한 가지 있다. 바로 내가 내린 결정을 신중하게 검토하고 언제든 내 선택이 시험대에 오를 수 있음을 인지해야 한다는 것이다.

━━━━ ▬▬▬

나는 1965년 뉴욕 브루클린에서 태어났다. 아버지 윌리엄 오그레이디 박사는 미 해군 소속 군의관이었다. 내가 다섯 살 때 아버지가 캘리포니아주 롱비치에 있는 해군 병원에 배치되었다. 우리 가족은 차를 몰고 미국을 횡단해 그곳으로 갔다. 우리는 기지 밖에서 살았는데, 우리가 탄 차가 지나가면 해병대 보초가 경례하던 것을 아직도 생생하게 기억한다. 나는 아버지가 무척 자랑스러웠다. 그 후 아버지는 베트남전쟁때 통킹만에 있는 병원선으로 파병되었다. 그곳에서 헬기에 실려 온 부상당한 병사들을 수술했다.

아버지는 조종사 자격증도 가지고 있었다. 롱비치 공항에서 카타리나섬까지 아버지가 모는 작은 세스너 경비행기를 탔던 것이 내 첫 비행이었다. 나는 비행의 매력에 매료되었고 비행이 엄청난 모험이라고 생각했다. 자라면서 내 꿈은 군 조종사가 되는 것이었다. 열두 살 때는 오로지 조종사가 되고 싶다는 생각뿐이었다. 나는 손에 잡히는 대로 관련 자료를 읽었다. 각기 다른 분과에 대한 내용도 있었고 조종사 훈련을 받으려면 대학을 가야 한다는 정보도 있었다. 조사 끝에 나는 미 공군에 지원하기로 결정했다. 공군에서 보유하고 있는 여러 종류의 항공기가 무척이나 마음에 들었기 때문이다. 사실 또 다른 이유는 항공모함처럼 움직이는 활주로에 비행기를 착륙하고 싶지 않다는 것이었다. 항공모함에 한번 타면 6~9개월은 견뎌야 한다는 것도 썩 내키지 않았다. 그래서 나는 공군을 선택했다. 그리고 열심히 공부했다. 모든 사관학교에 지원했는데 어이없게도 웨스트포인트에 합격했다. 하지만 육군에서는 고정익항공기(동체에 날개가 고정된 항공기 - 옮긴이)가 아닌 헬기만 비행했고, 나는 헬기 조종에는 관심이 없었다.

그래서 경로를 바꾸기로 마음먹었다. 나는 애리조나주 프레스콧에 있는 엠브리리들 항공대학에 입학했고 학생군사교육단인 ROTC에 지원했다. 학교 성적도 꽤 좋았고 ROTC에서도 출중했다. 대학에서 마지막 2년은 ROTC 장학금을 받고 다녔다. 졸업 후에 미 공군 소위로 임관했고 제트기 조종사 훈련을 받게 되었다. 꿈이 이루어지는 순간이었다.

생존 훈련이 포함된 F-16 비행훈련을 마친 후에 나는 첫 발령을 받았다. 목적지는 한국이었다.

그다음에는 독일로 보내졌다. 그곳에서 전투비행을 시작했다. 우리 부대는 독일에서 터키로 배치되었고 나는 이라크 북부 상공에서 열 번의 전투 임무를 완수했다. 지역 내 쿠르드족 주민을 보호하는 것이 우리의 임무였다. 그런 다음 이탈리아 아비아노로 재배치되어 보스니아 상공에서 비행 임무를 시작했다. 보스니아에서는 내전이 진행 중이었다. 우리는 유엔 결의안에서 정한 비행금지구역 단속 작전을 시행하던 나토군의 일부였다. 그 때문에 우리 입장이 곤란해졌다. 엄밀히 말하면 우리는 전쟁 중인 파벌 어디에도 속하지 않기 때문이다. 옛 유고슬라비아의 통합방공체계가 여전히 가동 중이었다. 즉 공격이 개시될 수 있는 공항과 통신 초소, 작전통제센터 등이 모두 그대로였다. 그들은 지

대공미사일 기지와 우리가 대공 포대라고 부르는 대포 포좌가 있어 우리를 향해 발사할 수 있었다. 그런데 우리의 교전규칙은 지상으로부터 공격당할 경우 우리는 발사하지 않는다는 것이었다. 방어 목적으로도 공격할 수 없었다.

보스니아는 국토가 넓지 않은 나라이다. 보통의 임무에는 두 시간 정도 소요되었다. 당시 우리는 보스니아의 북서쪽 모퉁이에서만 비행했다. 정보에 따르면 임무 비행경로의 서쪽과 북쪽, 그리고 북동쪽에 미사일 포대가 있었다. 그곳에 가까이 다가가지 않기 위해 우리는 공중 전투초계 비행을 수행했다. CAP라고도 부르는 임무인데 경주로의 타원형 트랙을 따라 비행하는 것이나 마찬가지이다. 하지만 우리가 몰랐던 사실이 하나 있었다. 적군은 1년 넘도록 우리가 동일한 비행 패턴을 반복하는 모습을 지켜보고 있었다.

사건의 발단은 1년도 전인 1994년 2월에 일어났다. 당시 우리는 비행금지구역에서 비행하던 세르비아 군용기 여섯 대를 차단했다. 군용기에서 폭격을 하길래 우리는 교전 허가를 요청했고 결국 다섯 대를 격추했다. 나토가 취한 사상 첫 군사행동이었다.

그 후 우리는 적군의 공습을 막기 위해 타원형 패턴으로 반복해서 비행했다. 그러는 사이에 적군은 우리가 비행기를 격추했다는 사실을 파악했고 복수하기를 원했다.

1995년 6월 2일 오후, 우리는 여느 때처럼 보스니아 상공에서 타원형 패턴으로 비행 중이었다. 그런데 갑자기 편대장의 경고 시스템에 미사일 포대에서 나오는 듯한 레이더가 잡혔다. 비상사태를 대비해 우리

위쪽으로 다른 정찰기가 비행하며 상황을 재확인하고 있었다. 이내 정찰기에서 별다른 추적레이더를 감지하지 못했다는 무전이 왔다. 우리는 평소처럼 비행경로의 서쪽 끝에서 비행기를 돌려 동쪽으로 향했다. 순간 내 경고 시스템이 꺼졌다. 나는 우리가 공격받고 있는지 확인하기 위해 주위를 둘러보았다. 나중에 안 사실인데 미사일 두 대가 우리를 향해 발사되었다. 하나는 두 비행기 사이를 지나갔지만, 두 번째 미사일이 내가 탄 비행기 한가운데를 적중했다. 내가 앉아 있던 곳에서 3미터 정도 떨어진 지점이었다.

미사일에는 폭발하는 탄두가 탑재되어 있다. 충격 시 튀어나오는 금속 파편이 비행기 연료에 불을 붙이면 비행기 전체가 폭탄으로 변한다.

내가 몰던 비행기는 산산조각이 났다. 비행기가 타면서 내가 앉아 있던 조종석 쪽이 부서지기 시작했다. 나는 활활 타오르는 불길 속에서 탈출하려고 안간힘을 썼다. 비행기는 왼쪽으로 천천히 돌며 땅을 향하고 있었다. 나는 겨우 다리 사이에 있는 사출좌석(비행기 밖으로 비상탈출을 할 수 있는 장치가 달린 좌석– 옮긴이) 핸들을 찾아 잡아당겼다. 그러면 가장 먼저 캐노피(항공기 조종실의 투명한 덮개– 옮긴이)가 날아가고 로켓모터의 힘에 의해 캐노피가 기체에서 멀어져야 정상이다. 캐노피가 손상되어 제대로 분리되지 않으면 사출좌석이 발사되지 않는다. 조종사는 불타는 금속관에 갇혀 땅바닥에 곤두박질치는 수밖에 없는 것이다. 다행히 내 캐노피는 깔끔하게 분리되었다. 눈 깜짝할 사이에 사출좌석이 발사되었고 나는 하늘 높이 쏘아 올려졌다.

사출좌석은 대략 20 대지속도로 날아갔는데, 자극의 강도가 엄청났다. 물론 미사일 충돌과 그에 따른 폭발에 비하면 훨씬 조용했다. 나는 비행기를 탈출했다는 사실에 큰 안도감을 느꼈다. 그러나 동시에 돌풍 부상, 말하자면 탈출 후 빠른 속도로 날아가는 조종사가 갑자기 시속 800킬로미터의 돌풍을 만날 때 입는 부상이 걱정되었다. 강력한 돌풍에 팔이나 다리가 부러지기도 하고 심지어 목숨을 잃을 수도 있었다.

사방에 온통 파편이 날아다녔다. 비행기 잔해가 날아가는 것을 보았던 기억이 난다. 엄청난 바람 때문에 벨크로로 붙어 있었던 내 명찰과 비행 기장記章을 포함한 비행복 일부가 찢겨 날아갔다. 헬멧의 바이저도 보이지 않았다. 화상을 입은 얼굴과 목이 아직도 타오르는 듯했다. 마스크가 녹아 얼굴 속으로 스며드는 듯한 기분이 들어 서둘러 떼어 냈더니 보조 산소를 공급받을 수 없었다. 엄청난 추위에 몸이 덜덜 떨렸다. 8000미터 상공에서 땅을 내려다보았다. 낙하산이 제대로 작동하는지 알 수 없었다. 폭발과 화재로 망가졌을지도 모를 일이었다. 이미 낙하산이 활활 타고 있는 듯한 기분이 들었다.

바로 이럴 때 그동안 받은 훈련이 빛을 발한다. 제대로 훈련받았다면 두렵지 않다. 그저 상황에 적절히 대처하면 된다. 비상조치를 단계별로 수행하는 것이다. 사출은 크게 두 가지로 나뉜다. 첫 번째는 준비할 시간이 주어지는 상황이다. 그때는 속도를 줄이고 적당한 장소를 찾은 다음, 땅에서 충분한 거리를 확보하되 낙하 시간이 지나치게 길지 않은 고도에서 사출한다. 두 번째는 사출 시점에서 2초가 지난 뒤에야 빠져나오는 상황이다.

내가 처한 상황은 말할 것도 없이 후자였다. 사출 과정에서 고민할 시간 따위는 없었다. 그저 본능에 따라 움직였다. 하지만 이제는 생각을 해야 했다. 사출좌석이 망가졌는지 알 길이 없었다. 낙하산이 제대로 퍼질지도 미지수였다. 낙하산은 내 등 뒤에 있었는데, 나는 비행기에서 내 뒤로 있던 거의 모든 것이 불에 탔다고 생각했다. 8000미터 정도 떨어져 있는 땅을 보며 낙하산이 퍼지지 않으면 나는 죽은 목숨이라고 생각했다. 만약 낙하산이 불타고 있다면 낙하산을 펴는 동시에 불이 꺼질 수도 있을 것 같았다. 그래서 수동으로 낙하산을 펼쳤다. 다행히도 속도가 천천히 줄어들었다. 7600미터 높이의 상공에 있지만 나는 온전한 상태로 분리된 캐노피 아래쪽에 떠 있었다. 게다가 돌풍 부상도 입지 않았다. 발목이나 다리가 부러졌다면 착륙 후에 포로로 잡힐 위험이 컸다.

낙하산이 펼쳐진 후 하강 속도는 분속 304미터 정도이다. 착륙까지는 대략 25분이 남아 있었다. 무슨 이유에서인지 산소가 부족하다는 느낌이 들지 않았다. 추위도 느끼지 못했다. 대체 어찌 된 일인지 설명할 수 없었다. 나는 땅을 내려다보며 비행 지점과 착륙 지점을 일치시키려고 노력했다. 지상에 나를 도와줄 친구는 없었다. 몸을 숨길 수 있는 은신처도 없었다. 온통 나쁜 놈만 득실대는 곳에서 세 개 군대가 전쟁을 벌이고 있었다. 만약 포로로 잡힌다면 그 자리에서 총살당하고, 놈들은 미국에 군대를 철수하라는 메시지를 전달하기 위해 내 시신을 카메라 앞에서 이리저리 끌고 다닐 것이 분명했다.

마을과 농장이 보였다. 민간인이 거주하는 지역이었다. 내 밑에서 트럭과 차량 무리가 움직이는 것도 보였다. 그 차량에 타고 있던 몇몇

이 나중에 다큐멘터리 인터뷰를 했는데 당시 나를 발견하는 순간 사살할 계획이었다고 말했다.

네모난 모양의 낙하산은 비행이나 방향 조종이 가능하다. 하지만 나는 내려가는 것 외에는 별다른 기능이 없는 둥근 모양의 평범한 낙하산에 매달려 있었다. 나는 머리 위에 커다란 팻말을 달고 있는 처지나 다름없었다. 당연히 적군에게 노출되었고 그들은 내가 누군지 알고 있었다. 격추된 비행기에서 추락하면, 비행기를 격추한 사람들 머리 위에 떨어지기 마련이다.

하지만 나는 운이 좋았다. 고속도로에서 멀리 떨어진 숲속에 착륙하는 바람에 몸을 숨길 수 있었다. 나무에 낙하산이 걸려 발각되기 쉬운 그런 숲이 아니어서 착륙하기에 더없이 좋았다. 나는 안전하게 착륙하기 위해 집중했다. 발목이라도 부러져 적군에게 잡히는 상황만은 피하고 싶었다.

땅에 닿자마자 나는 생존 가방을 움켜잡고 숲속으로 200미터를 달렸다. 무전기로 편대장을 호출했지만, 지직거리는 잡음만 돌아왔다. 습격을 당한 지 30분이 지나 있었다. 잠시 후 자동차가 다가오는 소리가 들리더니 낙하산을 버린 곳 근처에서 말소리가 들렸다. 나는 무전기를 끄고 낮은 곳으로 가서 나무들 틈으로 기어 들어갔다. 노인과 10대 소년이 2미터 앞에서 지나갔다. 그들은 그로부터 며칠 동안 내가 본 사람 중에 유일하게 무장하지 않은 사람들이었다. 나머지는 모두 불법 무장 단체의 복장을 하고 SKS 소총을 들고 있었다.

시간이 오후 세 시 반쯤 되었다. 어두워지려면 여섯 시간은 기다려야 했다. 내 인생에서 가장 긴 여섯 시간이었다. 일곱 시에 첫 번째 총소리가 들렸다. 사방에 무장단체 요원들이 깔려 있었다. 가까이에 있든 멀리 있든 모두 나를 찾고 있는 것이 분명했다. 사슴을 사냥하러 나왔을 리 만무했다. 그들은 움직임이 있거나 소리가 나는 곳이면 무조건 발사했다. 모두 여섯 발이 발사되었다. 나는 친절한 사람이 한 명이라도 있기를 바라는 기대를 버렸다.

몸을 숨기고 누워 있는 동안 많은 생각이 머릿속을 스쳐 지나갔다. 비행기가 미사일에 공격당했을 때 나는 내가 죽었다고 생각했다. 그러자 하느님이 떠올랐다. 어렸을 때는 그리스도를 믿고 따랐지만 그동안 신앙에 전념하지 못했다. 그런데도 삶에서 죽음으로, 또 그 이후의 세상으로 걸어 들어간다고 생각했던 순간에 살아남았다. 불치병 진단을 받은 사람들은 두려움, 부인, 절망, 분노, 슬픔을 포함하는 다양한 감정 단계를 거친다. 나는 이 모든 과정을 30분 만에 끝냈다. 지금은 감정에 휘둘릴 때가 아니라고 스스로에게 말했다. 살아서 걸어 나가려면 집중해야 했다.

훈련을 통해 기초가 탄탄해진다. 불가능한 상황에서도 어려움을 극복할 수 있다는 믿음이 생기는 것이다. 나는 계획을 세웠다. 무사히 집으로 돌아가는 것이 내게 주어진 임무였다. 머릿속으로 해야 할 일들의 목록을 만들고 우선순위를 정했다. 생존 훈련에서 희망 사항이나 불리한 요소들에 집착하지 말라고 배웠다. 전혀 도움이 되지 않기 때문이다. 그 대신 작은 승리에서 성취감을 느끼고 긍정적인 자세를 잃지 않아야 한다.

문제는 가만히 누워서 생각하는 시간이 너무 길다 보니 부정적인 생각을 어느 정도 할 수밖에 없다는 것이다. 나를 찾으려고 주변을 수색하던 무장단체 요원과 그들이 총을 쏘는 장면이 떠올랐다. 어쩌면 다음 총알이 내 머리를 관통할지도 모른다는 생각이 들었다. 어쩌면 바로 이 자리에서 아무런 표시도 없는 무덤에 묻힐 수도 있겠다는 생각도 들었다. 결혼도 못 해 보고 아이도 보지 못하고 죽는다면 정말 슬플 것 같았다.

그런 생각들이 아주 빠르게 머릿속을 스쳤다. 하지만 이내 정신을 다잡고 생존에만 집중했다. 특히 두 가지에 신중을 기했다. 움직임을 최소화하는 것과 어떤 소리도 내지 않는 것. 완벽한 위장이 필요했다. 윤곽을 드러내지 않고 주변에 완전히 스며들어야 했다. 무엇보다 가만히 있어야 했다. 움직임은 이목을 집중시킨다. 소리는 멀리까지 전달된다. 첫날 밤에는 주변이 온통 깜깜해질 때까지 오랜 시간을 기다렸다. 그러고는 숨어 있던 곳에서 기어 나와서 풀밭으로 1미터 안 되게 이동하는 데 두 시간이 걸렸다. 나는 매우 천천히 움직였다. 움직이든 가만히 있든 최대한 눈에 띄지 않는 것이 도피의 핵심이다.

착륙 지점을 한참 벗어난 후에야 안도감이 들었다. 나는 생존 장비를 확인한 다음 최악의 상황에 대비하기 시작했다. 가지고 있는 것들로 얼마나 버틸 수 있을까? 음식은 하나도 없고 마실 물도 조금밖에 없는 상황이었다. 핵심 장비인 무전기의 배터리는 열다섯 시간을 버틸 수 있었다. 따라서 잠깐잠깐 써야 했다. 먹을 것을 구하고 무전기를 신중하게 쓴다면 45일은 버틸 수 있다고 판단했다. 물론 45일이 지나도 포기하거나 죽을 생각은 없었다. 어떻게 해서든지 살아남겠다고 다짐했다. 해안에 다다를 때까지 산맥을 너머 130킬로미터 이상 걸어가야 한다고 해도 말이다.

결론만 말하자면 나는 그곳에서 6월 2일부터 6월 8일까지 엿새를 보냈다. 장소를 바꿔 가며 몸을 숨겼고 밤에만 움직였다. 주위가 온통 컴컴할 때와 잡히지 않기 위해 꼭 필요하다고 생각될 때만 옮겨 다녔다. 휴대용 GPS 장비와 나침반이 있었지만 밤에는 불빛이 새어 나와 내 위치가 발각될 수 있었다. 그래서 날이 어두워지면 거의 쓰지 않았다. 대개는 별을 보고 길을 잡았다. 밤을 낮처럼 보냈고 낮을 밤처럼 보냈다. 그곳에 있는 동안은 20분 이상 눈을 붙인 적이 없었다. 사방에서 나를 찾고 있었기 때문에 한시도 긴장을 늦출 수 없었다. 나를 찾아다니지 않는 사람 눈에 우연히 띄게 될 가능성도 늘 있었다. 한번은 내가 숨어 있던 들판으로 농부가 소를 몰며 다가왔다. 바로 옆에서 농부의 목소리가 들릴 정도로 가까웠다.

불을 피우기에는 너무 위험했다. 그래서 저체온증에 걸린 것처럼 늘 춥고 축축했다. 물도 얼마 없었다. 작은 식수 팩 두 개가 전부였다. 훈련할 때 물을 덜 마시라고 교육받지 않는다. 그 대신 신체 활동을 최소화해 땀 배출을 조절해야 한다. 하지만 마라톤을 뛸 때처럼 내 심장은 밤낮을 가리지 않고 두근거렸다. 결국 엿새 만에 몸무게가 10킬로그램 이상 줄었다. 가장 큰 걱정은 물이었다. 탈수 상태가 되면 그릇된 결정을 내리고 결국 목숨을 잃을 수도 있었다. 죽음을 맞이하는 상황만은 반드시 피하고 싶었다. 지도가 있었지만 마실 물의 위치를 파악할 수 있을 만큼 자세하지 않았다. 나는 물 흐르는 소리에 귀 기울였고 근처에 물이 있다는 것을 보여 주는 동물들의 흔적을 살폈다. 주변에 농가가 있었지만 위험을 감수할 수 없었다. 가끔 오후에 보슬비가 내렸는데 어느 날은 꽤 굵은 빗방울이 떨어졌다. 나는 가지고 있던 작은 스펀지로 잎에 고인 물방울을 닦은 다음 지퍼 백에 짜 모았다.

마지막 며칠 동안은 너무 춥고 축축해서 발의 감각이 무뎌졌다. 침수발 증상이었다. 발이 쪼글쪼글해졌고 발가락에 피가 통하지 않았다. 신경종말이 죽어 가고 있었다. 나는 방수 처리가 되지 않은 일반 가죽으로 만든 군화를 벗었다. 발을 따뜻하게 하기 위해 양말도 벗었다. 젖은 양말을 지퍼 백에 넣고 물기를 짰다. 몇 방울밖에 되지 않았다. 마시기에는 턱없이 부족했지만 퉁퉁 붓고 건조해진 입술에 바르기에는 충분했다. 맛이 끔찍했지만 나는 작은 승리라고 여겼다. 생존을 향한 또한 번의 긍정적인 발걸음이었다.

깜깜한 밤이 되면 길을 잃기도 했는데, 특히 숲속에서 많이 헤맸다. 들판에는 지뢰가 묻혀 있었으므로 피해야 했다. 나는 밤 열두 시가 될 때까지 기다렸다가 이동했고 새벽 다섯 시 전에 눈을 붙이기 적당한 숨을 곳을 찾으려고 노력했다. 생존 훈련이 큰 도움이 되었다.

생존 가방에 들어 있던 지도에 현지 식물에 대한 간단한 정보가 나와 있었지만 읽을 시간이 없었다. 나는 이동하다가 발견한 잎과 풀을 먹으며 버텼다. 훈련에서 곤충은 단백질이 풍부한 좋은 식량이라고 배웠다. 지렁이도 마찬가지였다. 결국 개미를 좀 먹었다. 생각했던 것보다 재미있었다. 고도의 긴장에서 잠시나마 정신적 휴식을 취할 수 있었다. 식감이 아삭아삭했고 레몬 맛이 났다.

　나는 지형이 높은 남쪽으로 이동했다. 지형이 높아야 송수신기인 무전기가 더 잘 작동할 것이라고 판단했다. 그것은 위성 전화나 휴대전화가 아니라 비행기와 교신이 가능한 무전기에 불과했다. 나는 매 시간 교신을 시도했고 혹시 나와 교신하려는 사람이 있을까 봐 내 주파수도 확인했다. 누군가 내 목소리를 들을 수 있기를 바라며 "아무도 없습니까, 배서 파이브 투"라고 호출했다. 하지만 아무런 응답이 없었다. 사흘째가 되던 날 밤, 드디어 지직거리는 약한 신호가 잡혔다. 하지만 비행기와 교신하는 데는 실패했다.

　다음 날 밤 더 높은 지대로 올라갔지만, 아무도 내 호출에 답하지 않았다. 그러다 닷새째 되는 날 밤에 친구인 토머스 핸포드 대위와 연결되었다. 그는 내 위치에서 120킬로미터 정도 떨어진 바다 위에서 F-16기로 비행하고 있었다. 늦은 밤이었다. 핸포드는 무전기 교신을 통해 내 위치를 파악해도 좋다는 허락을 받은 뒤, 정해진 복귀 시간보다 더 오래 비행했다. 그에게는 30분 정도 버틸 수 있는 연료가 있었다. 그는 좀 더 정확한 신호를 잡기 위해 내 위치로 추정되는 계곡을 향해 해안 가까이 다가왔다. 내 생존을 확인할 수 없었지만 포기하지 않았다. 나는 그에게 평생 갚지 못할 빚을 졌다. 그는 고요 속에서 계속 외쳤다. "여기는 배서 원 원, 배서 파이브 투 응답하라. 여기는 배서 원 원, 배서 파이브 투 응답하라."

　나는 산비탈에 올라 내 주파수를 확인하며 무전을 보냈다. 찰칵 하는 소리가 세 번 들리더니 말이 끊겨서 들렸다. 그러다가 갑자기 정확한 소리가 흘러나왔다. "여기는 배서 원 원, 배서 파이브 투 응답하라." 나는 소리를 지르고 싶었지만 그 대신 두 손으로 무전기를 감싸고 속삭였다. "여기는 배서 파이브 투. 여기는 배서 파이브 투." 핸포드가 대답했다. "잘 들린다." 그러고는 내 신원을 확인하기 위해 한국에서 어느 비행 중대 소속이었는지 물었다. 내가 추락한 후에 누군가 내 무전기를 주웠을지도 모르는 일이었다. 나는 정확하게 대답한 후 말했다. '나 살아 있어."

그가 내 목소리를 들으니 좋다고 말한 순간을 평생 잊지 못할 것이다. 오만 가지 감정이 한꺼번에 몰려왔다. 울고도 싶고 웃고도 싶었다. 마구 소리 지르며 기뻐서 방방 뛰어다니고 싶었다. 하지만 그 모든 감정을 다스려야 했다. 내가 임무를 수행 중인 군인이라는 사실을 스스로 상기시켰다. 게다가 교신에 성공했다고 해서 안전하게 집에 가리라는 보장은 없었다. 그 후 상황이 빠르게 전개되었다. 나토의 최고사령관 레이턴 스미스Leighton Smith 제독이 내 위치와 가장 가까이에 있던 미 해군 전함 키어사지호에 승선한 해병대 측에 주간 구출 작전을 수행할 수 있는지 물었다. 보통은 야간 구출 작업을 선호한다. 어둠 속에서 야간 식별 역량을 십분 발휘할 수 있기 때문이다. 하지만 스미스 제독은 그 사이 지상에 있는 적군이 기습 공격을 준비할 수도 있다고 판단했다. 그래서 당장 구출 작전을 수행하고 싶어 했다. 그리고 정말로 곧바로 일이 진행되었다. 공격헬기 두 대와 해병대를 태운 병력수송헬기 두 대, 지원 전투기가 투입되었다. 그날 비행이 예정되어 있던 항공기들이었다. 임무를 기다리던 그들에게 같은 군인을 구출하는 것만큼 보람찬 임무는 없었다.

구조대가 내 신원을 확인하고 덫이 아님을 확신할 수 있도록 두 가지 암호를 이용해 내 위치를 알리고 내 입대 기록에 나와 있는 개인정보를 말했다. F-18기 여러 대가 날아와 내가 알려 준 좌표를 확인했다. 나는 헬기가 다가오는 소리를 들으며 전날 들었던 소형 무기 발사 위치를 보고했다. 또 내가 있는 곳을 향해 방향을 잡을 수 있도록 기수방위를 알려 주었다. 헬기 소리가 점점 더 가까워지더니 한 대가 수평선 위로 올라왔다. 나는 늘 애국심이 강한 편이었다. 그러나 조국이 나를 구하러 기꺼이 적지로 달려온 그 순간처럼 미국인이라는 사실이 자랑스러운 적은 없었다.

머리 위로 헬기가 원을 그리며 비행했다. 날이 밝고 있었다. 안개가 서서히 걷히면서 조종사들의 시야에 멀리 있는 집들이 들어올 수 있었다. 적당한 착륙 지점이 없었지만 어쨌든 헬기는 하강했다. 나무 사이를 지나기 위해 거의 헬기 꼬리로 서다시피 했다. 헬기 한 대가 장애물 위에 착륙하는 바람에 뒷문이 열리지 않았고 안에 타고 있던 해병대원들이 내릴 수 없었다. 다른 헬기를 타고 온 해병대원들은 별 탈 없이 내려 대략적인 경계선을 짰다. 나는 제일 가까이에 있는 헬기로 최대한 빨리 뛰어가라는 지시를 받았다. 아직까지 적의 총알은 날아오지 않았지만, 땅에서 보내는 시간을 최대한 줄여야 했다.

내가 헬기에 안전하게 타자마자 우리는 곧장 출발했다. 상승 중에 휴대용 미사일이 날아왔다. 미사일 두 대는 헬기 바로 옆을 지나쳤다. 곧 커다란 총좌에서 우리를 향해 발포를 시작했다. 문 옆에서 대기하던 포병이 응사했지만, 우리의 임무는 남아서 싸우는 것이 아니라 그곳을 빠져나오는 것이었다. 그 외에도 수많은 소총이 우리에게 조준사격을 했다. 총알 한 개가 내가 타고 있던 헬기의 꼬리날개 부분으로 들어왔다. 기체에 부딪혀 튕겨 나온 총알이 내 건너편에 앉아 있던 선임 하사관 쪽으로 날아갔다. 다행히 총알은 물통을 맞고 바닥에 떨어져 다른 해병대원의 군화로 굴러갔다. 그는 총알을 집어 들고 몇 초간 바라보더니 주머니에 집어 넣었다.

열두 살 이후로 나는 늘 조종사를 꿈꿨다. 훌륭한 조종사가 되고 싶었다. 조종사는 단순한 우선순위가 아니라 내 인생 그 자체였다. 하지만 보스니아에서 홀로 보낸 6일이 모든 것을 송두리째 바꿨다.

혼자 격리되어 풀밭에 숨어 지내면서 생각할 시간이 많았다. 분명한 것은 다년간 받은 훈련 덕분에 목숨을 구할 수 있었다는 사실이다. 하지만 단 몇 분 뒤에 죽을 수 있다고 생각하면 질문이 많아진다. 나는 지금까지 좋은 사람이었을까? 인생의 우선순위를 제대로 정했을까? 어렸을 때부터 나는 이런 질문에 대해 깊게 고민하지 않았다. 또 내 믿음에 대해서도 생각해 본 적이 없었다. 여러 면에서 내 인생의 초점은 오직 나 자신에 맞춰 있었다. 수년 동안 나 자신을 돌아보고 스스로 많은 질문을 던진 후 나는 댈러스 신학교에 입학해 공부하고 졸업했다.

25

콜린 파월

Colin Powell

주말에 콜린 파월 장군을 만나려면 차고로 가야 한다는 것은 공공연한 사실이다. 그는 자동차 애호가이다. 자동차에 대한 애정은 독일에서 복무할 때 그와 아내 앨마가 새로 나온 1961년형 폭스바겐 비틀을 사면서 시작되었다. 그 후 파월 장군은 빈티지 자동차와 사랑에 빠졌다. 지금까지 스무 대가 넘는 1950년대와 1960년대산 볼보를 손수 고쳐서 팔았다. 돈을 벌기 위해서가 아니라 자동차를 수리하고 복원 작업을 할 수 있는 기회를 굳이 거절하지 않았기 때문이라고 한다.

콜린이 들려주는 인생의 결정적 순간과 영향력이 마음에 와닿을 것이다. 나 역시 그랬다. 아주 멀리 그리고 오랫동안 여행한다고 해도, 마음속에 '집'이라고 부르는 장소가 있다면 우리 인생은 훨씬 더 풍요롭고 공고해진다.

내가 지금껏 이룬 성공은 모두 바나나 켈리라는 곳 덕분이다. 그 전에 설명이 필요할 듯하다. 부모님은 1920년대에 자메이카에서 미국으로 이민 왔다. 아버지 루서 파월은 1920년 필라델피아 항구에 도착했고 어머니 모드 매코이는 1924년 엘리스섬을 통해 미국으로 건너왔다. 앞서 미국 땅을 밟은 수백만 명의 사람들처럼 부모님은 경제적인 이유로 이민을 선택했다.

아버지는 몇 년 동안 뉴욕시의 다른 동네에서 살다가 할렘으로 옮겨 널찍한 아파트의 방 하나를 월세로 빌렸다. 그는 곧바로 집주인의 딸에게 마음을 빼앗겼다. 상대방도 마찬가지였다. 결국 아버지는 방을 구했을 뿐 아니라 아내까지 얻게 되었다. 루서와 모드는 할렘에서 신혼을 보냈고 그곳에서 누나 메릴린과 나를 낳았다.

어머니는 고등학교를 졸업했지만 아버지는 그렇지 않았다. 언쟁을 벌일 때면 어머니는 "고등학교도 졸업 안 한 사람이"라고 웅얼거리듯 낮은 목소리로 말했다. 부모님 두 분 다 재미있는 것을 좋아했다. 가족 모두가 그랬다. 늘 음악을 가까이하고 웃음을 잃지 않는, 서인도 사람 특유의 삶을 대하는 태도를 지녔다. 어머니는 요리 솜씨가 매우 뛰어났다. 그녀만의 자메이카 스타일 미국 요리를 만들기도 했다. 햄버거처럼 지극히 미국적인 음식에 자메이카 향신료를 넣는 식이었다. 하지만 우리는 주로 플랜틴과 쌀, 콩, 그리고 구운 염소 고기를 먹었다.

늘 집에는 럼이 준비되어 있었다. 아버지는 매일 저녁 럼과 진저에 일을 섞어 만든 하이볼을 즐겼다. 나 역시 집안의 이 전통을 이어 가는 중이다. 어머니는 휴일이나 축하할 일이 있을 때만 술을 마셨다. 점잖은 말투로 "럼 한 모금만"이라고 말하고는 했는데, 그 말은 곧 럼으로 한 잔을 가득 채우고 진저에일을 몇 방울 넣으라는 뜻이었다.

내가 두 살 때 우리 가족은 더 좋은 동네로 이사했다. 폭스가로 갔다가 사우스브롱크스에 있는 켈리가로 옮겼다. 나중에는 평판이 아주 나빠졌지만, 1930년대만 해도 널찍한 도로 양옆으로 아파트가 늘어서 있고 골목에는 단정하고 깔끔한 집들이 가득한 아름다운 동네였다.

우리는 집 근처 네 블록이 만나는 모퉁이를 바나나 켈리라고 불렀다. 도로가 꼭 바나나처럼 휘었기 때문이다. 친척 여러 명이 바나나 켈리 안에 살았다. 우리 집 남의 집 할 것 없이 어른들이 사촌지간인 아이들을 모두 보살폈다. 새끼들을 함께 돌보는 한 무리의 사자들 같았다.

바나나 켈리는 아이들이 자라기에 더할 나위 없이 좋은 곳이었다. 성실하고 남을 배려하는 사람들로 가득했고, 다양한 배경을 가진 이들을 만날 수 있었다. 나는 친구가 많았는데, 학교가 끝나면 어머니가 "저녁 먹자!"라고 외칠 때까지 거리에서 스틱볼을 하고 놀았다. 친척이 아닌 이웃들도 약속이나 한 듯이 서로 보살펴 주었다.

동네 사람들은 경제적으로 모두 비슷했다. 아버지는 주당 60달러 정도를 벌었다. 부모님 모두 일을 했기 때문에 나는 새 슈윈 자전거를 탈 수 있었다. 나중에 우리 가족은 차를 마련했다. 파월 집안의 경사였다.

나는 집 근처 공립학교를 다녔다. 1940년대 말과 1950년대 초 뉴욕의 공립학교 시스템은 매우 훌륭했다. 선생님들은 엄격하면서도 공정하게 학생들을 가르쳤는데, 내가 오늘날까지 우러러보는 영웅들이다. 당시 공립학교는 미국 내에서 몇 안 되는, 진정으로 통합된 기관 중 하나였다. 학교에서는 모두가 다 잘 지냈다. 실제로 서로의 인종을 두고 농담하고는 했는데, 요즘이었다면 아마 문제가 됐을 것이다.

바나나 켈리가 곧 내 어린 시절이었다. 한 블록 끝에는 토머스 J. 크놀턴 중학교가 있었다. 우리 집은 반대편 끝이었다. 나는 학교 가는 길에 사촌과 친구를 자연스럽게 만나 함께 등교했고, 그런 우리를 어머니들은 창문으로 내다보았다. 학교에 가려면 세인트 마거릿 성공회 교회 앞을 지나가야 했다. 교회는 우리 집의 중요한 일부였다. 의지할 수 있는 공동체와 도움의 손길을 제공했고 무엇을 하든 최고가 되겠다는 의지를 심어 주었다.

집에서 배우는 자메이카 방언 외에도 나는 유대인 친구들에게 이디시어를, 푸에르토리코인 친구들에게 스페인어를 조금씩 배웠다. 이탈리아 사람들도 많이 살았다. 새미 피오리노라는 제화공의 손을 거치면 어떤 신발이든 제 수명보다 훨씬 더 오래 신을 수 있었다. 새미는 내게 포커 치는 방법을 알려 주었다. 대개 비번 중인 경찰 한두 명과 함께 새미의 가게에서 포커를 치고는 했다. 어느 날 저녁, 신참 경찰이 들어와 포커 게임을 중단하라고 말했다. 그러자 고참 두 명이 그를 데리고 나가 잠시 이야기를 나누었다. 그 후 우리는 두 번 다시 방해받지 않고 포커를 쳤다.

대체로 다양한 사람이 모여 사는 다채롭고 풍요로운 동네였다. 나는 자라면서 여러 문화와 언어를 접할 수 있었다. 그래서 미국인들이 서로 잘 지낼 수 있다는 사실을 알고 있다. 내가 직접 경험했기 때문이다.

10대에 들어서면서 내가 알던 세상이 한층 더 넓어졌다. 지하철을 타고 어느 동네든 갈 수 있었다. 열세 살이 되자 나는 슈윈 자전거와 지하철을 다리 삼아 뉴욕시 구석구석을 돌아다녔다.

크놀턴 중학교 졸업을 앞두고 있던 1950년 어느 날, 나는 지도 선생님을 찾아갔다. 나는 성적은 보통이었지만 뉴욕에서 손꼽히는 공립학교인 스타이비선트 고등학교나 브롱크스 과학고를 가고 싶다고 말했다.

이제 40년을 건너뛰어 회고록을 쓰던 때로 가 보자. 나는 뉴욕시 교육위원회에 편지를 보내 내 학교생활기록부를 보관하고 있는지 물었다. 확인해 보니 유치원 때부터 시립대까지 그동안 받은 성적표 한 장한 장을 포함해 모든 기록이 그대로 남아 있었다. 종이 더미 속에 지도 선생님이 쓴 메모도 들어 있었다. "파월 학생이 브롱크스 과학고 진학 의사를 밝힘. 교사는 반대 결정을 권고함."

결국 나는 동네에 있는 모리스 고등학교에 입학했다. 성적은 오르지 않았지만, 그곳에서 정말 좋은 교육을 받았다. 학교생활도 즐거웠다. 유일하게 잘하는 운동인 육상도 했다.

나는 학교 수업과 육상 팀, 파트타임 아르바이트, 교회 활동 등으로 바쁜 고등학교 시절을 보냈다. 교회의 부교회지기를 맡아 십자가를 나르고, 크리스마스 혹은 부활절과 같은 중요한 행사 때는 그날의 사도 서간을 선창했다. 어머니는 예복을 차려입고 사람들 앞에 서서 선창하는 아들을 매우 자랑스러워했다.

학교에서는 기도가 허용되지 않았다. 그 대신 상상할 수 있는 모든 종교의 학생 기구가 모리스 고등학교에 있었다. 화요일 오후에 우리는 '종교 집회'라는 시간을 가졌다. 유대인 학생들은 사원에서 율법인 토라를 공부했다. 천주교 학생들은 교리문답 수업을 들었다. 성공회 교도들은 집으로 갔다. 그렇게 우리는 종교와 국가 사이에 선을 긋지 않고 저마다의 방식대로 믿음을 실천했다.

나이가 70이 넘고 나니 어린 시절을 되돌아볼 때가 많다. 공립학교에서 예술과 음악을 접했던 것이 기억난다. 당시에는 한없이 지겨웠다. 하지만 예술은 우리가 거부해도 어느샌가 우리 삶 속에 스며드는 재주가 있다. 라벨의 〈볼레로〉, 초서의 《캔터베리 이야기》, 렘브란트의 〈야간 순찰〉을 아직도 기억하고 있다. 나는 예술교육의 열렬한 지지자이다. 예술이 우리를 인간답게 만든다고 믿기 때문이다.

열네 살 때의 일이다. 길을 가고 있는데 동네에서 장난감과 어린이용 가구 가게를 하는 제이 시크서라는 남자가 나를 불러 세웠다. 그가 말했다. "얘야, 일할 생각 없니?" 나는 "좋아요"라고 대답했다. 첫날에는 트럭에 실린 짐을 내리는 일을 했다. 일이 끝나자 그가 말했다. "일을 잘하는구나. 내일 또 오겠니?" 다음 날에도 그리고 그다음 날에도 나는 일하러 갔다. 그 후 대학을 졸업하고 군대에 입대하기 전까지 7~8년 동안 러시아계 유대인이었던 시크서 씨 밑에서 틈틈이 일했다. 시크서 가족 전부가 가게 운영을 도왔다. 그들이 내 편의를 많이 봐주었기 때문에 일하는 시간은 자유로웠다. 하지만 바쁜 시기인 크리스마스 때는 항상 일정을 미리 비워 두었다.

가게에서 일한 지 2년 정도 되던 어느 날, 시크서 씨가 사무실로 나를 불렀다. 그가 말했다. "콜린, 넌 일도 잘하고 착한 애야. 또 나는 너희 가족을 무척 좋아해. 하지만 절대로 이 가게에 네 미래가 있다고 생각하지 말렴. 가게는 내 딸과 사위에게 물려줄 거야. 넌 공부를 계속하고 앞만 보고 나아가야 한다." 나는 신경 써 줘서 고맙다고 말했다. 그의 말을 한 번도 잊은 적이 없다. 물론 유아용 가구를 싣고 내리면서 평생을 보낼 생각은 조금도 없었다. 그러나 시크서 씨가 나를 생각해 그런 말을 했다는 데 깊은 감동을 받았다.

시간이 지남에 따라 동네는 점차 쇠퇴했다. 제이 시크서 씨가 운영하던 가게는 문을 닫았고 그는 세상을 떠났다. 그의 아내와 딸도 세상을 떠났다. 그의 사위 루 키르히너는 모든 것을 팔고 플로리다로 내려간 후 재혼했다. 어느 날 그는 신문에서 내가 레이건 대통령의 국가안보 보좌관으로 임명되었다는 소식을 접했다. 그는 매우 기뻐하며 아내에게 이렇게 말했다. "세상에, 이것 좀 봐! 옛날 브롱크스에서 살던 어린 콜린 파월이야! 내 덕분에 이렇게 잘 큰 거야!" 내 성공을 보며 그는 무한한 기쁨을 느꼈다. 내가 합동참모본부 의장이 된 이후 그와 그의 아내가 펜타곤을 방문한 적이 있다. 그는 남은 여생 동안 내가 플로리다에 갈 때마다 나를 만나러 호텔로 왔다. 로비에서 대화를 나눌 때면 그는 지나가는 사람들에게 손을 흔들며 이렇게 말했다. "와서 내 친구 콜린 파월과 인사하세요."

사람들은 종종 어렸을 때 장군이나 심지어 국무장관이 되고 싶었냐고 물어본다. 그럼 나는 미소를 띠며 농담처럼 대답한다. "물론이죠. 열 살 때 163번가와 켈리가 모퉁이에 서서 혼잣말을 하곤 했답니다. 내 자아야, 넌 다음에 커서 합동참모본부 의장이 될 거야." 1940년대 사우스 브롱크스에서 자란 노동자계급 출신 흑인 꼬마가 상상조차 할 수 없는 꿈이었다.

이러한 일이 가능했던 이유는 내가 입학 기준보다 조금 성적이 낮았는데도 뉴욕 시립대학에 진학했기 때문이다. 어쩌면 내가 흑인이라서, 아니면 내가 불쌍해서, 또는 내가 쓴 에세이가 마음에 들어서였는지도 모른다. 뉴욕 대학에도 합격했는데, 학비가 공짜라는 이유로 나는 뉴욕 시립대를 선택했다. 뉴욕 대학은 1년 학비가 750달러였다.

어머니는 내가 공학을 전공하기를 원했다. 하지만 공학은 내 적성과 맞지 않았다. 나는 대학 학위를 따기 수월한 지질학으로 전공을 바꿨다. 그러던 어느 날 나는 ROTC에 대해 알게 되었다. 규율과 질서, 그리고 간절히 바라던 지위를 선사해 줄 제복이 마음에 들었다. ROTC에서 평생 친구로 지낸 좋은 사람들을 만났다. ROTC 덕분에 내 인생이 바뀌었다고 할 수 있다.

4년 반이 흘러 지질학 학사학위를 받은 후 나는 미 육군 보병 소위로 임관했다. 그렇게 내 경력이 시작되었다. 어떤 길이 나를 기다리고 있을지 전혀 알 수 없었다. 사람들이 야망이 무엇이냐고 물을 때마다 나는 이렇게 대답했다. "매일 좋은 군인이 되는 것과 앞으로의 일을 지켜보는 것입니다." 육군은 내게 그 어떤 미래도 약속하지 않았지만, 군과 나는 처음부터 합이 잘 맞았다.

부모님은 내가 민간인 신분으로 돌아오기를 원했다. 실제로, 내가 군인이 된 것이 당신들의 잘못이 아닐까 하는 생각을 했다. 하지만 나는 군대에 남았고 독일에서 한 번, 베트남에서 두 번 복무했다. 또 아내 앨마를 만나 결혼했다. 그럼에도 가족들은 여전히 내가 군을 떠나기를 바랐다. 앨마와 로리스 이모와 함께 저녁 식사를 할 때였다. 로리스 이모는 우리 집안의 여성 대표였다. 그녀는 자리에 앉자마자 군대를 그만두라며 잔소리하기 시작했다. 마침내 내가 말했다. "마흔한 살이 되면 평생 연금을 받을 수 있는 자격이 주어져요." 그 후 더는 언쟁이 오가지 않았다. 여느 이민자 가족처럼 우리 집에서는 경제적 안정이 최우선이었다. 마흔한 살에 꼬박꼬박 연금을 받을 수 있다면 볼 것도 없이 좋은 직장이었다. 그날이 오기 전에 죽을 수 있다는 점은 부차적인 문제였다.

물론, 준장으로 진급한 후에 어머니는 말끝마다 "내 아들, 장군님"을 덧붙였다. 아버지도 내가 진급하는 것을 보았으면 좋았겠지만, 안타깝게도 내가 준장이 되기 2년 전에 돌아가셨다.

뉴욕 시립대학에서 받은 양질의 교육 덕분에 웨스트포인트, 하버드, 프린스턴, 버지니아 군사학교, 텍사스 A&M과 같은 학교를 졸업한 동기들과 어깨를 나란히 할 수 있었다. 우리는 동료이자 형제였다. 우리에게 중요한 것은 오직 성과와 결과였다. 나는 열심히 일했고 문제를 일으키지 않았다. 할 수 있는 한 최고의 군인이 되기 위해 노력할 뿐 나머지는 미래와 운명의 손에 맡겼다.

1997년, 뉴욕에서 손꼽히는 자선단체 중 한 곳인 루딘Rudin 가문에서 연락이 왔다. 시립대에 내 이름을 딴 공공정책 센터를 세우고 싶다고 했다. 당연히 나는 엄청난 영광이라고 생각했고 제안을 승낙했다.

그 후 나는 바쁜 탓에 파월정책연구센터에 많은 시간을 할애하지 못했다. 2005년 초 국무부를 떠난 후에야 여유가 생겼다. 나는 뉴욕 시립대학 캠퍼스를 방문해 센터에서 10여 명의 학생들을 만났다. 모두 저소득층 이민자 가정의 자녀들인 그들은 50년 전 내가 그랬던 것처럼 뉴욕 시립대를 선택했다.

센터는 청년들에게 리더가 되는 방법을 가르치는 데 중점을 두었다. 학생들에게 재계를 경험하는 기회를 주고 학교 공부와 사회 경험을 연결하도록 도와주었다. 이를 가리켜 서비스학습이라고 불렀다. 예컨대 보건관리를 공부하는 학생에게 병원이나 보건소에서 자원봉사를 할 기회를 찾아 주었다. 이론으로 배운 것을 강의실을 벗어나 현장에서 경험하고 그 결과에 집중할 수 있는 기회였다.

파월센터는 점점 더 성장해 훨씬 더 규모가 큰 '콜린 파월 시민 및 글로벌 리더십 전공 대학'으로 발전했다. 이 대학은 2013년 5월 2일 개관했다. 개관식은 무척 감동적이었다. 뉴욕 시립대학 역사상 두 번째 로즈 장학생이자 러시아에서 이민 온 레프 스비리도프Lev Sviridov를 포함해 몇몇 학생들이 연사로 무대에 섰다. 오리건 고등학교 중퇴자이자 전과기록이 있는 트레버 하우저Trevor Houser도 있었다. 그는 전국을 떠돌아다니다 뉴욕까지 오게 되었고 보람 있는 인생을 살겠다고 결심했다. 그래서 검정고시로 고등학교 졸업장을 받은 후 뉴욕 시립대학에 진학했고 학교생활을 훌륭하게 보냈다. 지금은 중국 전문가로 중국에서 일하며 에너지와 환경 분야에서 좋은 일을 많이 하고 있다.

앞서 말했듯이 사우스브롱크스는 힘든 시기를 겪었다. 그곳은 도시의 쇠퇴를 보여 주는 대표적인 예가 되었다. 일자리가 뉴욕시에서 다른 곳으로 빠져나갔다. 예컨대 의류산업 전체가 값싼 노동력을 찾아 해외로 옮겨 갔다. 경제적 기회가 줄어들자 사람들은 희망을 잃어버렸다. 그리고 빈자리를 마약이 채웠다. 바나나 켈리는 전쟁터로 바뀌었다. 내가 자란 집은 뼈대만 남고 모두 타 버렸다. 그나마 남아 있던 동 배관을 마약중독자들이 훔쳐 갔다. 블록마다 앙상한 집들로 가득했다. 나는 아이들이 어렸을 때 그들의 뿌리를 보여 주고 싶어 그곳에 데려간 적이 있다. 그러나 아이들 눈에 비친 것은 퇴색한 동네뿐이었다.

2010년 가을, 내 인생에서 가장 자랑스러운 순간 중 하나가 일어났다. 내가 자란 곳에서 두 블록 떨어진 곳에 새 아파트가 들어선 것이다. 최고 수준의 친환경 기준에 부합하는 아름다운 건물이었다. 옥상에는 정원이 있고 에너지 효율 시스템도 갖추어져 있었다. 개장식에 나도 참석했다. 설명을 덧붙이자면 건물의 이름은 '콜린 파월 아파트먼트'이다. 나는 희망을 되찾았다.

뉴욕에서 나고 자란 뉴요커로서 어린 시절을 보낸 동네의 재건은 매우 흐뭇한 일이었다. 놀랍게도 또 기쁘게도, 딸들이 일 때문에 뉴욕으로 이사 왔다. 반면 나는 내 일을 위해 도시를 떠났다. 그러나 바나나 켈리를 향한 고마움과 그곳과의 연결 고리는 조금도 변하지 않았다. 바나나 켈리는 인생의 첫발을 내디딜 수 있게 해 준 따뜻한 정과 영감으로 가득한 곳이었다.

26

로버트 라이시

Robert Reich

젊은 로버트 라이시는 로즈 장학생이 되기 위해 옥스퍼드로 향하면서 비행기 대신 배를 타고 대서양을 건너기로 했다. 하지만 배에 오르고 얼마 지나지 않아 멀미가 시작되었고 꼼짝없이 선실에 갇혀 있어야 했다. 선실에서의 첫날 밤, 누군가 문을 두드렸다. "안녕하세요, 저는 빌 클린턴입니다. 멀미로 고생한다고 들었는데, 혹시 도움이 될까 해서 가져왔어요." 그는 라이시에게 닭고기 수프와 크래커를 건넸다. 클린턴 역시 옥스퍼드로 가는 길이었다. 승선하기 전에 잠깐 만나기는 했지만, 두 사람이 정식으로 인사한 것은 선실 문 앞에서였다. 그렇게 평생 우정이 시작되었다.

로버트의 인생을 바꾼 강력한 영향력은 어린 시절 경험을 바라보는 새로운 시각을 선사할 것이다. 로버트의 경우 괴롭힘을 당했다. 어렸을 때 맺은 인간관계가 미래의 우리를 결정한다. 자라면서 우리는 어린 시절의 경험을 극복했다고 여긴다. 그러나 우리가 자라 온 시간들은 종종, 때로는 매우 극적으로 성인이 된 이후의 삶에도 영향을 미친다.

내 키는 150센티미터이다. 나는 늘 키가 작았다. 그래서 유치원 때부터 키 때문에 놀림을 당했다. 아이들에게 욕을 먹거나 남자 화장실 안에서 이리저리 밀쳐졌던 것이 기억난다. 결과적으로 많이 위축되었다. 일찍부터 나는 대처 전략을 세웠다. 나이가 더 많고 몸집이 큰 남자아이에게 들러붙어 그를 내 보호자로 삼았다.

유치원 때, 4학년짜리 남자아이를 알고 지냈다. 부모님들이 친구 사이였다. 나는 그 친구에게 내 뒤를 봐 달라고 부탁했다. 그는 알겠다고 대답했다. 복도나 놀이터에서 그와 같이 있는 모습을 일부러 다른 아이들에게 보여 주었다. 나를 괴롭히던 녀석들은 메시지를 이해하고 물러났다.

어렸을 때 해마다 여름이 되면 뉴욕주 애디론댁산맥 기슭에 있는 할머니 댁에서 시간을 보냈다. 하지만 그곳에서도 괴롭힘은 계속되었다. 동네 아이들 중에 나보다 나이가 많고 친절한 눈빛과 따뜻한 미소를 지닌 소년이 있었다. 나는 그와 친해졌고 그는 아무도 나를 괴롭히지 못하도록 했다. 그의 이름은 마이클 '미키' 슈워너 Michael 'Mickey' Schwerner이다. 당시에는 우리 두 사람 중 누구도 예상하지 못했지만, 그가 내 인생을 바꾸어 놓았다.

나는 1946년 펜실베이니아주 스크랜턴에서 태어났다. 아버지는 여성복 사업을 했다. 내가 여섯 살 때 우리는 웨스트체스터 카운티 북쪽으로 이사했다. 1950년대에 그곳은 자그마한 농촌 마을이었다. 요즘에는 고급스러운 뉴욕 교외이지만, 그때만 해도 대개는 노동자들이 살던 곳이다. 아버지는 동네에 저렴한 가격에 물건을 파는 상점 두 곳을 열었다.

자라면서 부족하다고 느낀 적은 없지만, 돈은 늘 우리 집의 걱정거리였다. 퇴근하고 집에 온 아버지가 공과금을 내지 못할까 봐 걱정했던 것이 기억난다. 어머니는 50대 중반까지 전업주부였다가 아버지와 함께 가게를 운영했다.

1950년대 말, 부모님은 웨스트체스터 북쪽으로 돈이 모인다는 것을 깨달았다. 그래서 가게를 고급스럽게 탈바꿈시켰더니 장사가 매우 잘됐다. 부자가 되지는 않았지만, 경제적 불안이 줄어들자 느긋해진 아버지를 볼 수 있어 기뻤다.

부모님은 정치적인 사람들이 아니었다. 생계를 이어 가느라 바빴기 때문이다. 다만 아버지는 공화당을 지지했고 어머니는 민주당을 지지했다. 집에서 정치 이야기를 하는 일은 거의 없었다. 그래도 매카시 청문회를 아버지와 함께 보았던 기억이 난다. 아버지는 조지프 매카시 Joseph McCarthy를 개자식이라고 불렀다. 당시 나는 매카시가 사람들에게 상처를 주고 권력을 남용했다는 사실을 잘 알지 못했다. 그러나 내 경험을 바탕으로 사람들을 괴롭히는 그의 행동과 방법을 한눈에 알아볼 수 있었다. 에드워드 R. 머로 Edward R. Murrow가 매카시의 마녀사냥에 대한 우려를 대중 앞에서 밝혔을 때, 아버지는 그를 응원했다. 어쨌든 나는 매일매일의 중요한 이슈들은 크게 신경 쓰지 않으면서 자랐다.

1964년 나는 고등학교를 졸업했고 그해 가을 다트머스 대학에 들어갔다. 6월에 미시시피주 네쇼바 카운티에서 젊은 민권운동가 세 명이 실종됐다는 이야기가 들렸다. 두 명은 백인이고 한 명은 흑인이었다. 몇 달이 지나서야 그들의 시신이 발견되었다. 그중 한 명은 어렸을 때 나를 보호해 준 미키 슈워너였다. 그 전까지 미키의 소식을 모르고 살았다. 그는 원래 미시건 주립대학을 다니며 수의사가 되고 싶어 했지만 나중에는 컬럼비아 대학으로 편입해 사회복지를 전공했다. 결혼도 하고 사회정의와 평등을 위해 인생을 바치며 살아왔다. 그는 민권운동이 활발하게 일어난 미시시피로 향했던 것이다. 그가 죽었다는 소식을 듣고 나는 경악했고 크게 동요했다. 지역 보안관이 계획한 범죄였는데, 사건의 부당함과 잔인함을 차마 믿기 어려웠다.

미키의 죽음으로 인한 충격이 내 인생을 송두리째 바꾸어 놓았다. 난생처음으로 나는 주변 세상을 자세히 들여다보았다. 그리고 민권운동에 적극적으로 관심을 갖기 시작했다. 자연스럽게 베트남전쟁 반대 운동으로 이어졌는데, 이는 시작에 불과했다. 그 후 나는 교내 정치 활동에 참여했고 1학년과 2학년, 그리고 3학년 때 회장으로 선출되었다.

3학년이 끝난 후 나는 워싱턴으로 갔다. 그리고 여름 내내 상원의원 로버트 F. 케네디Robert F. Kennedy 밑에서 인턴으로 일했다. 케네디는 가난한 사람들에 대해 관심이 많았다. 나는 그의 의원실에서 빈곤퇴치 이니셔티브와 관련된 일들을 했다. 4학년 때는 휴학을 하고 유진 매카시

Eugene McCarthy의 대선캠프에서 일했다. 베트남전쟁이 그릇된 판단에 의한 위험한 선택이며 시급한 국내문제로부터 국민들의 관심과 자원을 분산시킨다고 믿었기 때문이다.

다음 해 마틴 루서 킹 주니어와 로버트 F. 케네디가 암살당했다. 전국에 있는 도시에서 폭동이 일어났고 베트남전쟁을 둘러싼 갈등도 점차 심화했다. 수백만 명의 같은 세대 젊은이들처럼 나 역시 옆에서 지켜만 보고 있을 수 없었다. 공익에 대한 내 의지는 더욱 굳건해졌다. 향후 이를 발판 삼아 빌 클린턴의 임명을 받고 노동부 장관이 되었다.

시간이 지나고 경험이 쌓이면서 젊었을 때의 낙관주의가 누그러졌다. 지금은 캘리포니아 대학 버클리에서 강의하고 있는데, 학생들을 보면 다시 낙관과 희망을 품게 된다. 미국을 더 살기 좋은 나라로 만들기 위해 애쓰다가 안타깝게 목숨을 잃었을 때 미키 슈워너의 나이는 스물넷이었다. 그는 모두를 위한 자유와 정의라는 이상에 걸맞은 나라를 만들고자 했다. 내가 잔뜩 위축된 아이였을 때 미키는 나를 위험으로부터 안전하게 보호했다. 이제 다른 사람을 보호하는 것이 내게 주어진 책임이라고 생각한다. 그를 알게 되어서 영광이었다. 내가 살면서 노력한 결과가 작게나마 그의 이상주의와 용기, 그리고 희생을 기리는 것이기를 바란다.

27

메리 루 레턴

Mary Lou Retton

1934년, 위티스 시리얼 상자 뒷면에 처음으로 운동선수의 얼굴이 실렸다. 주인공은 뉴욕 양키스의 유명한 야구선수 루 게릭_{Lou Gehrig}이었다. 10종 경기 금메달리스트인 밥 리처즈_{Bob Richards}는 남자 운동선수로서 최초로 시리얼 상자의 앞면을 장식했다. 26년 후인 1984년에서야 신장 145센티미터의 메리 루 레턴이 위티스 시리얼 상자의 앞면에 실린 첫 번째 여자 운동선수가 되었다.

나는 메리 루의 인생을 결정지은 어린 시절 순간들을 자주 떠올린다. 단순히 비교 불가한 훌륭한 업적 때문이 아니라 내 아버지도 웨스트버지니아주의 가난한 광산촌에서 태어났기 때문이다. 나는 그곳에서의 고단한 삶을 누구보다 잘 알고 있다. 시작부터 불리한 조건들에 부딪히며 살아온 사람이라면 성실함과 강한 의지, 그리고 경쟁심이 토대가 된 메리 루의 인생 이야기에 깊이 공감할 것이다.

나는 웨스트버지니아주에 있는 자그마한 탄광촌 페어몬트에서 나고 자랐다. 아버지 론은 석탄 장비 사업을 했고, 어머니 로이스는 전업주부였다. 나는 아들 셋 딸 둘의 다섯 자식 중 막내였다. 우리는 유대가 돈독한 이탈리아계 미국인 가족이었다. 그뿐 아니라 경쟁심도 매우 강했다.

날 때부터 경쟁심이 남달랐던 나는 가족 분위기에 바로 적응했다. 게다가 나는 항상 키가 작았기 때문에 약점을 보완하려고 늘 애썼다. 나는 우리 가족과 동네 사람들에게, 나아가 세상에 작은 키만 보고 판단하지 말라는 메시지를 보냈다. 마음만 먹으면 무엇이든 할 수 있다는 것을 보여 주고 싶었다.

오빠들은 야구와 농구, 그리고 미식축구를 했다. 당시에는 여자아이가 할 수 있는 운동이 많지 않았다. 그래서 언니와 나는 동네 댄스 교습소에서 탭댄스와 재즈댄스를 배웠다. 발레 수업도 있었지만, 수업을 한 번 듣는 데 만족했다. 주름으로 장식한 발레복이나 끝을 세운 발은 내 적성에 맞지 않았다.

내가 특히 좋아하는 수업은 따로 있었다. 선생님이 매트를 깔아 주면 우리는 그 위에서 공중제비와 옆으로 재주넘기를 했다. 곡예라는 운동이었는데, 시작하자마자 마음에 들었다. 집에서는 어머니의 침대 위에서 뛰거나 복도에서 공중제비와 옆으로 재주넘기를 한다는 이유로 혼나기 일쑤였다. 집에서는 벌을 받는데 곡예 수업에서는 잘한다며 칭찬받았다.

1976년 몬트리올 올림픽을 보았던 것이 제일 선명하게 남은 어린 시절 기억 중 하나이다. 일곱 살이던 나는 TV 앞을 잠시도 떠나지 않았다. 나디아 코마네치Nadia Comaneci라는 이름의 작은 소녀가 등장했다. 그녀는 루마니아라는 나라에서 왔다고 했다. 나디아는 놀라운 동작들을 보여 주었다. 바로 체조라고 부르는 운동이었다. 서재에서 TV를 뚫어져라 보다가 순간 이런 생각이 들었다. '내가 하고 싶은 것이 바로 저거야!'

언니 샤리와 나는 체조 수업을 알아봐 달라고 어머니에게 애원했고 어머니는 우리의 소원을 들어주었다. 고속도로를 따라 30분 정도 내려가면 웨스트버지니아 대학이 있었다. 그곳에서 피트 롱던이라는 남자 선생님이 수업을 가르쳤다. 피트에게 배우면서 나는 키와 몸집이 작으면 체조하는 데 유리하다는 점을 곧 깨달았다. 몸을 뒤집거나 비틀 때 혹은 공중제비를 할 때 훨씬 수월했다. 나는 힘이 매우 셌다. 피트의 말을 빌리자면 '폭발적' 힘과 에너지가 넘쳤다.

1977년 피트는 페어몬트에 에어리얼 포트라는 체조 센터를 열었다. 게리 라팔로스키Gary Rafaloski가 센터 보조로 일했는데, 그는 내 첫 번째 정식 코치가 되었다. 게리는 하루에 몇 시간씩 나를 가르치고 보살폈다. 타고난 내 재능을 다음 단계로 향상한 것도 게리였다.

수업이 없을 때도 나는 몇 시간이고 연습했다. 내가 좋아하는 일이었기에 시간이 쏜살같이 지나갔다. 다음 날 아침 바로 훈련할 수 있도록 레오타드를 입은 채 잠을 잤다. 나는 나갈 수 있는 모든 대회에 빠지지 않고 참가했다. 열두 살 무렵에는 경기를 위해 전국을 돌아다녔다.

1982년 12월, 열네 살이던 나는 네바다주 리노에서 열린 대회에 참가 중이었다. 경기장에 벨라 카롤리Béla Károlyi도 있었다. 벨라는 전설이었다. 나디아 코마네치를 가르친 코치였기 때문이다. 몇 달 전 그는 미국으로 망명을 신청했었다. 그가 대회 도중 내게 다가와 어깨를 치고는 자신을 소개했다. 체조계의 왕을 만난 나는 너무 놀라 어쩔 줄 몰라 했다. 그는 이렇게 말했다. "메리 루, 나한테 배운다면 널 올림픽 챔피언으로 만들어 줄게." 나는 메리 루라는 이름의 키 작은 체조선수가 또 있는지 주위를 두리번거렸다. 벨라 카롤리가 내게 관심을 가지다니, 말도 안 되는 일이었다.

놀랍게도 진짜였다. 부모님 역시 경기장에 있었는데, 벨라는 부모님을 앉게 한 다음 말했다. "레턴 씨, 레턴 부인, 따님에게 재능이 있다고 생각합니다. 따님이 휴스턴에서 저와 함께 훈련했으면 합니다."

부모님과 나는 페어몬트로 돌아와 벨라의 제안에 대해 생각했다. 몇 시간 동안 의논도 했다. 그러고 나서 부모님은 최종 결정을 내게 맡겼다. 부모님도 나도 결론이 이미 정해졌음을 알고 있었던 것 같다. 나는 부모님에게 "도전해 보고 싶어요"라고 말했다. 지금 와서 돌이켜 보면 당시 내가 겨우 열네 살이었다는 것이 믿기지 않는다. 나는 벨라와 그의 아내 마르타 카롤리Márta Károlyi 밑에서 훈련받기 위해 짐을 싸서 휴스턴으로 향했다.

행복했고 감사했지만 동시에 겁이 나서 죽을 것 같았다. 한 번도 집을 멀리 떠나 본 적이 없었다. 난생처음 보는 가족과 함께 살아야 했고 경쟁이 심한 체육관에서 알지도 못하는 여자아이들과 훈련해야 했다. 웨스트버지니아에서 나는 유명한 편이었다. 하지만 휴스턴에서는 아무것도 아니었다. 휴스턴에 도착한 이후 나는 눈에 띄지 않도록 조용히 지냈고 운동에만 열중했다.

처음으로 참가한 큰 경기는 뉴욕 매디슨 스퀘어 가든에서 열린 1983년 아메리칸컵이었다. 벨라와 함께 훈련한 지 두 달 반밖에 되지 않았을 때였다. 국제 체조 세계에서 나는 아무도 모르는 존재였다. 주목받더라도 웨스트버지니아에서 온 키 작은 촌닭 메리 루라고 무시당했다. 정식 참가 선수도 아니었다. 부상당한 선수가 생기면 대신 들어가는 교체선수였다. 경기 전날 밤, 가장 잘하는 선수 중 한 명이 엉덩이 근육의 통증을 호소했다. 경기에 나갈 수 없을 정도의 부상인지를 바로 판단하기 어려웠다. 우리는 일단 호텔로 돌아갔다.

한 시간쯤 지나 누가 내 방문을 두드렸고, 이내 벨라의 목소리가 들렸다. "메리 루, 나다." 그는 나를 의자에 앉히고는 마주 앉았다. 무릎이 부딪쳤다. 벨라는 설득력 넘치는 눈빛으로 나를 바라보며 말했다. "메리 루, 내일 경기에 나가게 될 거야. 이건 기회야. 날 실망시키지 말렴." 나는 고개를 끄덕였다. 하지만 속으로는 '세상에! 10주 전에는 웨스트버지니아 언덕에 있었는데 내일 매디슨 스퀘어 가든에서 열리는 경기에 나간다니!'라고 외쳤다.

벨라가 방을 나간 후 의구심이 밀려오기 시작했다. 나는 '아, 어떡해. 난 안 돼. 절대 할 수 없을 거야. 준비가 아직 안 됐어'라고 생각했다. 그럼에도 스스로를 다독였다. '있잖아, 잃을 것은 하나도 없어. 난 직전에 교체된 안 유명한 선수일 뿐이야. 기대하는 사람은 아무도 없어. 망치더라도 아무도 눈치 못 챌 거야.'

다음 날 나는 매디슨 스퀘어 가든에 있는 경기장으로 향했다. 도마와 마루운동은 늘 자신 있는 종목이었다. 나는 먼저 도마를 시작했고 깔끔하게 착지했다. 마치 발바닥을 매트에 풀로 붙인 듯 뛰지도, 팔짝거리지도, 움직이지도 않았다. 심판은 10점을 주었다. 다음에 이어진 평행봉도 실수 없이 잘 끝냈고 9.8점을 받았다. 다음 순서는 평균대였다. 다른 종목에 비해 두 배는 더 열심히 노력했지만 여전히 제일 자신 없는 종목이었다. 게다가 카롤리 부부와 훈련한 지 얼마 되지 않아 아직 평균대를 완벽하게 익히지 못한 상태였다. 하지만 그날 나는 평균대를 완벽하게 마무리했다. 그 순간 1983년 아메리칸컵이 내 차지임을 확신했다.

그 후 내 삶은 매우 치열해졌다. 모든 것이 훈련 뒤로 밀려났다. 사실 올림픽 준비는 오로지 자신만을 생각해야 하는 이기적인 일이다. 나는 매일 체육관에서 여덟 시간씩 운동했다. 나머지 시간은 계속해서 훈련, 훈련, 또 훈련할 수 있도록 쉬거나 지친 몸을 돌보면서 보냈다.

1984년 6월, 올림픽 대표 선발전이 플로리다주 잭슨빌에서 열렸다. 나는 1등으로 경기를 마쳤고 대표 팀에 들어가게 되었다. 우리는 다시 비행기를 타고 휴스턴으로 돌아왔다. 올림픽이 단 6주밖에 남지 않은 시점이었다. 내 가방에는 로스앤젤레스행 비행기 티켓이 들어 있었다. 일곱 살 때 나디아 코마네치를 보며 키웠던 꿈이 이루어지기 직전이었다. 집과 학교에서 멀리 떨어져 개인 생활도 포기한 채 최선을 다해 왔다. 그동안의 노력이 드디어 결실을 맺는 듯했다.

그런데 끔찍한 일이 벌어졌다.

오른쪽 무릎이 한동안 불편했지만 크게 신경 쓰지 않았다. 운동선수는 고통을 견뎌야 한다고 배웠기 때문이다. 또 벨라는 부상을 용납하지 않았다. "불평하지 말고 테이프를 감고 얼음찜질을 해." 선발전을 끝내고 휴스턴으로 돌아온 다음 날, 나는 저녁 늦게까지 여덟 시간 동안 훈련했다. 마루운동을 한 번 더 연습하는 중이었다. 마지막 텀블링 단계를 하기 위해 공중으로 몸을 날렸는데, 순간 무릎에서 딱 하는 소리가 났다. 나는 루틴을 끝내고 숨을 고르기 위해 매트 모퉁이에 앉았다. 다시 일어서려고 하는데 다리가 말을 듣지 않았다. 무릎이 부어 오르기 시작했다. 무언가 엄청나게 잘못된 게 틀림없었다.

벨라는 체육관에서 내 맞은편에 있었다. 나는 겨우 일어서서 다리를 절뚝거리며 다가갔다. 그리고 울면서 말했다. "무릎을 못 펴겠어요. 안 움직여요."

벨라는 "그게 무슨 말이니!"라고 말했다. 마치 기분이 상한 것처럼 보였다.

"무릎을 못 펴겠어요. 뭐가 문제인지 모르겠는데, 딱 하는 소리가 났어요." 나는 점점 절박해졌다.

"돌아가서 얼음을 올려놓고 자거라. 내일 아침 훈련이 있으니까 일곱 시까지 오고."

나는 호텔로 돌아가 커다란 얼음주머니를 무릎에 올려놓았다. 그리고 잠이 들었다. 아침에 일어났더니 무릎이 축구공 크기만큼 부어 있었다. 나는 곧장 응급실로 향했다. 병원에서 여러 검사를 받은 결과 인대와 연골 손상이라는 진단이 내려졌다. 수술을 받아야 했다. 팀 담당 의사는 내가 절대로 로스앤젤레스 경기에 참가할 수 없을 것이라고 말했다. 수술 후 6주간은 무릎을 움직이지 않아야 한다고도 말했다. 훈련은 그 후에나 다시 시작할 수 있었다.

모두들 웨스트버지니아에 있는 집으로 돌아가 1988년 올림픽을 기약하라며 지금은 때가 아니라고 말했다. 나는 매우 낙심했다. '아, 왜 하필 나야? 도대체 왜 이런 일이 일어난 거야?' 하지만 몇 분이 채 지나지 않아 다시 정신을 차리고 집중하며 나 자신에게 말했다. '왜 남의 말을 듣고 무엇을 할 수 있고 없는지를 결정해야 해? 벌써 이만큼 왔어. 사람들이 내 한계를 정하도록 내버려 두지 않겠어.'

나는 미국에서 가장 뛰어난 관절경 수술의가 있는 버지니아주 리치먼드로 날아갔다. 다시 비행기를 타고 휴스턴으로 돌아왔고 바로 다음 날 무릎에 커다란 보조기를 끼고 체육관으로 갔다. 이단평행봉이 무릎에 주는 부담이 가장 적어서 처음에는 이단평행봉 훈련에 집중했다. 2주 뒤 나는 하루에 두 번 훈련을 소화했다. 로스앤젤레스에 도착했을 때 나는 경기에 나갈 준비가 되어 있었다.

거의 모든 나라에서 온 선수들이 참석하는 개막식은 정말 감동적이었다. 미국이 올림픽 개최국이었기 때문에 우리는 맨 마지막에 입장했다. 미국 대표 팀에서 키가 가장 작은 체조선수 팀이 선두에 섰다. 성조기 뒤에 서서 대경기장 안으로 걸어 들어가자 관중의 환호 소리가 들렸다. 수천만 명의 상기된 얼굴이 보였다. 모든 것이 꿈만 같았다.

내가 기억하는 올림픽의 가장 인상적인 순간은 휘돌아 내리기를 하고 착지했을 때였다. 심판이 10점을 줬을 때 올림픽 금메달을 확신했다. 나는 벨라에게 달려가 안겼다. 그는 나를 머리 위로 높이 들며 말했다. "네가 올림픽 챔피언이야." 개인종합 금메달을 포함해 모두 다섯 개의 메달을 목에 걸었다. 미국 여성이 개인종합 금메달을 딴 것은 처음 있는 일이었다.

올림픽 이후 나는 남편 섀넌 켈리Shannon Kelley와 결혼했고 딸 넷을 낳았다. 책을 두 권 썼고 여러 편의 영화에 출연했다. TV 프로그램을 단독으로 진행하기도 했다.

돌이켜 보면 멋지고 보람찬 인생을 살았다. 진심으로 감사하게 생각한다. 가끔 수없이 많은 곳에서 웨스트버지니아 페어몬트의 자그마한 일곱 살짜리 소녀를 떠올린다. 올림픽 경기를 보느라 TV 앞에 딱 붙어 있는 소녀를 생각하면 나도 모르게 웃음이 나온다. 훈련하느라 눈 깜짝할 새 지나간 8년이 내 인생에 가장 큰 영향을 미쳤다. 무릎 부상으로 인한 트라우마조차 도움이 되었다. 나 자신에 대해 많은 것을 배울 수 있었다. "너는 할 수 없어"라는 말을 들으면 나는 사람들이 틀렸다는 것을 증명하려는 의지로 불타오른다.

28

콘돌리자 라이스

Condoleezza Rice

콘돌리자 라이스가 일찍부터 음악을 전공하려고 했다는 이야기는 워싱턴에 있는 사람들 사이에서 잘 알려진 사실이다. 뛰어난 피아니스트였던 그녀는 열다섯 살의 나이에 덴버 교향악단과 처음으로 무대에서 연주했다. 그 후 셀 수 없이 많은 공공 행사와 외교 행사에서 피아노를 연주했는데, 엘리자베스 2세 여왕을 위해 연주한 적도 있다. 또 첼리스트 요요마와 같이 천부적인 재능을 타고난 음악가들과 함께 무대에 오르기도 했다. 그녀 외에 음악에 소질이 있었던 유일한 국무장관으로는 바이올린을 연주했던 토머스 제퍼슨Thomas Jefferson이 있다.

지금까지 이 책에 소개된 일화들에서 알 수 있듯이, 우리의 인생을 바꾸는 강력한 영향력과 결정적 순간은 무수히 많다. 콘돌리자의 이야기는 어떤 인생은 태어나기 전에 일어난 일들에 의해 변화하기도 한다는 것을 보여 준다.

100년 전에 구입한 책들이 내 인생을 바꿨다.

친가 쪽 중조할머니 줄리아 헤드는 노예였다. 그녀는 앨라배마주 그린 카운티에 있는 목화 농장에서 태어났다. 집안 대대로 내려오는 이야기에 따르면 주인이 그녀를 예뻐해서 읽는 법을 가르쳤다고 한다. 남북전쟁이 끝나고 중조할머니는 자유의 몸이 되었는데, 그때 나이가 열세 살이었다. 1892년 소작인과 결혼한 뒤 할아버지인 존 웨슬리 라이스를 낳았다. 할아버지는 어릴 때 똑똑하고 호기심이 많아서 중조할머니는 어린 아들에게 글을 가르쳤다. 할아버지는 배우는 것을 좋아하며 자랐고 나중에 커서 꼭 대학에 가겠다고 결심했다.

할아버지는 앨라배마주 터스컬루사에 있는 스틸먼 대학에 입학했다. 1875년 '흑인을 대상으로 한 목사 교육'을 목표로 장로교인들이 설립한 학교였다. 대학에 가기 전에 할아버지는 장시간 목화를 땄지만 1학년 학비를 낼 수 있는 정도의 돈밖에 벌지 못했다. 대학 측에서 학비가 없으면 2학년 수업을 들을 수 없다고 통보했다. 또 목사가 되기로 동의하면 장학금을 받을 수 있다고도 말했다. 그렇게 할아버지는 장로교 목사가 되었다.

졸업 후 할아버지는 할머니를 만났다. 배턴루지 출신이던 할머니는 반은 크리올인(프랑스계 이민자와 흑인 사이의 혼혈 – 옮긴이)이었다. 두 사람은 매우 역동적인 한 쌍이었다. 앨라배마와 미시시피에 여러 학교와 교회를 세운 뒤 루이지애나에 자리를 잡았다. 그리고 아버지와 고모를 낳았다.

라이스 가족은 교육에 헌신했다. 아버지는 대공황 때 할아버지가 가죽 장정에 금으로 양각을 새긴 책 아홉 권을 가지고 온 날을 생생하게 기억했다. 빅토르 위고Victor Hugo, 윌리엄 셰익스피어William Shakespeare 등 문학 거장들이 쓴 작품들이었다. 할머니는 할아버지에게 얼마를 주고 책을 샀냐고 물어보았다. 할아버지가 당시 큰돈이었던 90달러라고 대답하자, 할머니는 다시 돌려주고 돈을 받아 오라고 말했다. 할아버지는 할부로 샀다고 말했지만 할머니는 여전히 책을 환불하라며 뜻을 굽히지 않았다. 우여곡절 끝에 책은 우리 집에 남게 되었다. 할아버지는 집에 책을 두는 것, 나아가 아이들이 책을 읽도록 하는 것이 중요하다고 믿었다.

내가 박사학위를 받았을 때 아버지는 그때까지 남아 있던 다섯 권의 책을 내게 주었다. 이제 책들은 벽난로 위 선반에 가지런히 꽂혀 있다. 할아버지는 내가 태어나기 직전 세상을 떠났지만, 평생 내게 영감을 불어넣어 주었다. 책을 볼 때마다 나는 할아버지가 남긴 유산을 느끼고는 한다. 매우 깊은 연결 고리이다. 할아버지는 분명 우리 집안의 지적 안내자였다.

할아버지가 돌아가신 후 버밍햄에 있는 교회를 아버지가 물려받았다. 학사 때는 역사학을, 석사 때는 신학을 전공한 아버지는 목사가 되고 싶지 않았지만 그래야 할 것 같은 책임감을 느꼈다. 목사는 파트타임 직업이어서 아버지는 학교에서 학생들을 가르치기도 했다. 나중에 아버지는 교육학으로 두 번째 석사학위를 땄고, 덴버 대학의 부총장으로 은퇴했다. 아버지의 여동생 테리사 고모는 위스콘신 대학에서 빅토리아시대 문학을 공부하고 박사학위를 받았다. 그 후 그녀는 찰스 디킨스Charles Dickens에 대한 책을 썼다. 집안 내력으로 미루어 볼 때 내가 대학에 들어가 박사학위를 취득한 것은 전혀 놀랄 일이 아니다.

반면 외가는 비교적 교육 수준이 낮았다. 앨라배마주 동남쪽에 살았고 외증조할아버지가 백인이었기 때문에 피부가 상당히 흰 편이었다. 열세 살 때 외할아버지 앨버트 레이는 여동생을 폭행한 백인을 때려눕혔다. 죽을지도 모른다는 두려움에 외할아버지는 집을 뛰쳐나가 버밍햄에 다다랐다. 버밍햄 기차역에서 휠러라는 백인 남성을 만났고 그를 따라갔다. 휠러 가문은 광산을 가지고 있었다. 외할아버지는 그곳에서 건축과 대장장이 기술을 익혔다. 낮에는 탄광에서 일하고 밤에는 대장장이로 일했으며 주말에는 집을 지었다. 돈도 꽤 많이 벌었다.

외할머니는 아프리카 감리교회 주교의 딸이었는데, 버밍햄에서 호화스러운 어린 시절을 보냈다. 나는 외할머니가 열여섯 살 때 예비 신부 학교에서 찍은 사진을 가지고 있다. 사진 속 그녀는 레이스로 만든 드레스와 진주 목걸이를 걸치고 있다. 그 후 외할머니는 피아노를 공부했다. 외할아버지가 여러 가지 일을 하는 동안 외할머니는 집에서 동네 아이들에게 피아노를 가르쳤다.

외할아버지와 외할머니는 어머니 안젤레나를 포함해 다섯 명의 아이들을 낳았다. 어머니는 마일스 대학에 진학했는데, 그곳은 버밍햄에 있는 유서 깊은 흑인 대학이다. 졸업 후에는 고등학교에서 과학과 음악, 그리고 웅변을 가르쳤다. 어머니와 아버지는 같은 공립학교 교사로 처음 만났다. 어머니의 인생에 음악이 많은 영향을 미쳤는데, 내 이름도 '부드럽게'라는 뜻의 이탈리아 음악 용어인 콘 돌체차con dolcezza에서 따왔다.

부모님은 1954년 밸런타인데이에 결혼했다. 그리고 정확히 9개월 후 내가 태어났다. 어머니는 내가 일찍 태어나지 않은 것이 다행이라는 농담을 늘 했다.

아버지는 교육자인 동시에 운동선수였다. 또 역사와 정치에 대한 애정이 남달랐다. 당시 앨라배마 정치를 지배하던 민주당은 〈짐 크로 법Jim Crow laws〉을 제정해 실시했다. 그 때문에 아버지는 공화당을 지지했다. 아버지는 실용적인 사람인 반면 어머니는 예술적인 기질이 강했다.

부모님은 내가 세 살 때부터 프랑스어, 피겨스케이팅, 그리고 발레 레슨을 받도록 했다. 두 분이 일하러 갈 때면 외할머니 집에 나를 맡겼는데, 그 영향으로 자연스럽게 피아노를 배우게 되었다. 나는 외할머니가 가르치는 학생들이 오가는 것을 지켜보며 피아노 의자 위로 기어올라 건반을 눌렀다. 건반을 내리치는 소리를 더는 참지 못한 외할머니가 나를 가르치기로 결심했다고 생각한다. 나는 성실한 학생이었지만 연습을 좋아하지는 않았다. 격리되는 기분이 들었기 때문이다. 열 살 때 나는 어머니에게 피아노를 그만두고 싶다고 말했다. 어머니는 나를 앉힌 다음 그런 결정을 하기에는 내가 너무 어리다고 설명해 주었다. 그래서 피아노를 계속 쳤다. 귀한 조언을 해 준 어머니에게 늘 감사했다. 어머니는 내게 스스로를 훈련하는 방법을 가르쳐 주었다.

시간이 지나면서 피아노 연주가 즐거워졌고 대학에서 주전공으로 음악을 선택했다. 스탠퍼드 대학에서 대학원을 다닐 때는 피아노를 가르쳤다. 테이블 서빙보다 피아노 레슨이 더 쉬웠다. 그러다 음악적 재능의 한계를 느꼈고 다른 직업을 찾아보기로 결정했다.

2009년 드디어 워싱턴을 떠나 스탠퍼드로 돌아왔을 때, 피아노에 대한 관심이 다시 생겼다. 지금도 매주 레슨을 받고 있으며 가끔 자선 행사 때 연주하기도 한다. 2010년 필라델피아에서 열린 자선 행사에서 어리사 프랭클린Aretha Franklin과 함께 공연한 적이 있다. 어리사가 전화를 걸어와 공연을 하자고 제안했다. 솔의 여왕Queen of Soul을 어떻게 거절한단 말인가? 2013년에는 오마하 교향악단과 콘서트를 열었는데, 슈만의 〈피아노협주곡 A 단조〉 제1악장을 악보를 보지 않고 연주했다. 열여덟 살 이후로 처음 있는 일이었다. 스탠퍼드 의대 신경학과장은 내 신경가소성이 매우 발달했을 것이라고 말했다.

음악과 정반대에 있는 관심사도 있는데, 예컨대 나는 열렬한 미식축구 팬이다. 외동딸로 자랐기 때문에 아버지에게는 별다른 선택권이 없었다. 그래서 미식축구에 대한 그의 열정을 내가 고스란히 물려받았다. 해마다 8월에 《스트리트 & 스미스 프로 미식축구 리포트》와 《대학 미식축구 리포트》가 나오면 아버지와 나는 길모퉁이에 있는 드러그스토어로 달려갔다. 집으로 돌아온 후에는 나란히 앉아 한 장 한 장 읽었다. 내가 가장 소중히 여기는 추억 중 하나이다.

어린 시절 내내 나는 경쟁심이 강한 피겨스케이팅 선수였다. 썩 잘하지는 못했지만 그만두지 않았다. 나는 매일 완벽을 목표로 삼고 연습하는 훈련이 성공을 꿈꾸는 모든 이에게 큰 도움이 될 것이라고 믿는다. 똑같은 훈련 방식을 다른 일에도 적용할 수 있다.

어떤 일의 실력이 늘 때 드는 기분이 항상 만족스러웠다. 나는 골프도 치는데, 다른 골퍼들이 재미를 위해 골프를 친다고 말하면 항상 이런 생각이 든다. 엉망으로 치는데도 재미가 있다니?

물론 그동안 살면서 상당한 비판을 받는 쪽이 되기도 했다. 비난받는 것을 좋아하는 사람은 없을 것이다. 하지만 중요한 일을 하다 보면 혹독한 반대 의견에 부딪히기 마련이다. 칭찬을 받을 때도 있다. 그러나 비판을 받았을 때 마음을 다잡아야 한다. 어느 정도 진실을 포함하고 있을 가능성이 있으므로 비난의 목소리를 무조건 무시할 수 없다. 또 새로운 것을 배우는 계기가 되기도 한다. 그렇다고 자신을 끊임없이 의심하면 아무것도 할 수 없다.

살면서 힘과 영감이 필요할 때면 벽난로 위에 나란히 놓인 가죽 정장의 책 다섯 권을 바라본다. 그러면 매우 강인한 어깨가 나를 지탱하고 있다는 사실을 다시금 떠올리게 된다.

29

윌러드 스콧

Willard Scott

NBC 방송국 프로그램 〈투데이쇼〉 애청자라면 윌러드 스콧이 가장 기억에 남을 만한 순간이 언제인지 알고 있을 것이다. 바로 머리 위에 과일 그릇을 쓰는 것으로 유명한 1940년대 브라질 삼바 가수이자 댄서, 그리고 배우인 카르멩 미란다Carmen Miranda 성대모사를 했을 때였다. 그런데 왜 그가 성대모사를 했는지 이유를 아는 사람은 많지 않다. 내막은 이렇다. 〈투데이쇼〉의 진행자인 브라이언트 검벨Bryant Gumbel은 미란다를 기념하기 위해 리우데자네이루에 짓고 있는 미술관에 대한 방송을 준비했다. 검벨은 윌러드에게 미란다처럼 옷을 입고 카메라 앞에 서면 그가 선택한 자선단체에 기부하겠다고 제안했다. 윌러드는 그 제안을 받아들였다. 그 결과 아주 인상적인 장면이 탄생한 것이다.

누군가에 대한 질문을 던졌는데 "아, 그 사람은 원래 그래요!"라는 대답이 돌아온 적이 있을 것이다. 나도 윌러드에 대해 똑같이 말했다.

많은 사람이 살면서 겪은 사건이나 순간, 또는 함께하는 사람들에게 영향을 받는다. 다른 독특한 인물들처럼 윌러드의 삶에 가장 큰 영향을 미치는 것은 바로 인생에 대한 열정과 즐거움이다.

———

나는 대공황이 절정에 달하던 1934년 버지니아주 알렉산드리아에서 태어났다. 아버지 허먼은 노스캐롤라이나 출신으로 농장에서 자랐다. 젊었을 때 아버지는 농장에서 일꾼으로 일했는데, 주인이 아버지에게 줘야 할 25달러를 떼어먹으려고 꼼수를 부렸다. 화가 난 아버지는 당나귀와 쟁기를 그대로 들판에 둔 채 농장을 박차고 나왔다. 그런 다음 기차에 올라 버지니아주 댄빌로 향했다. 아버지는 섬유를 생산하는 댄 리버 방직공장에서 일을 구했다. 그러나 머지않아 공장도 농장만큼이나 적성에 맞지 않는다는 사실을 알아차렸다. 그래서 알렉산드리아에 있는 메트로폴리탄 생명보험회사에 지원서를 냈고 보험 방문판매원으로 취직했다.

아버지는 솔직하고 친절한 사람이었고 성격이 매우 좋았다. 나는 아버지에게 엉뚱함을 물려받았다. 아버지는 카르멩 미란다처럼 분장한 적은 없지만 늘 사람들을 웃게 만드는 재주가 있었다. 아버지는 고객들을 좋아했고 고객들도 아버지를 좋아했다. 내가 어린 꼬마였을 때, 주간별 보험금인 25센트를 받기 위해 고객의 집을 차례로 방문하는 아버지를 따라간 적이 있다. 한 여성이 특히 아버지를 무척 좋아했는데, 그 집에 도착하면 늘 갓 구운 생강쿠키 냄새가 났다. 그녀는 이렇게 말하고는 했다. "자요, 허먼, 하나만 맛보세요. 너도 먹으렴, 윌러드."

아버지는 선천적인 낙천주의자였고 휴머니스트였다. 가족과 고객을 진심으로 생각했다. 아버지와 나는 가장 친한 친구였다. 내 결혼식때 아버지가 신랑 들러리를 하기도 했다.

어머니 셀마는 성인군자였다. 진부한 표현이라는 것을 알지만, 어머니는 진짜 그랬다. 아버지처럼 어머니도 시골 출신이다. 애정 넘치고 마음 씀씀이가 깊었으며, 만나는 모든 사람에게 친절하고 공손하라고 내게 가르쳤다. 어머니는 나보다 먼저 내 연기력을 발견했던 것 같다. 열 살 때쯤 어느 날 학교에서 돌아온 내게 어머니가 말했다. "아들, 오늘 신문에서 봤는데 마을에서 연극을 한다는구나. 어린 조지 워싱턴을 연기할 사람이 필요하대. 한번 도전해 보는 게 어떠니?" 나는 오디션을 보았고 첫 번째 배역을 따냈다.

여덟 살 때, 어머니는 나를 데리고 워싱턴에 있는 극장에 갔다. 영화가 끝난 후에 어머니는 쇼핑을 하고 싶어 했지만 나는 썩 내키지 않았다. 극장 근처에 얼 빌딩Earle Building이 있었는데, 내가 가장 좋아하는 라디오방송국인 WTOP가 그 건물에 있었다. 나는 쇼핑 대신 얼 빌딩을 향해 걸었다. 5층까지 엘리베이터를 타고 올라간 후 매우 친절한 안내 직원에게 나를 소개하고 라디오의 팬이라고 설명했다. 그녀가 잠깐 사무실을 구경시켜 주었는데, 마지막으로 들른 곳이 통제실이었다. 그녀가 말했다. "조용히 있을 수 있으면 여기 앉아도 돼." 그녀는 판유리 너머에 있는 녹음실을 가리켰다. "저기 저 사람이 곧 라디오 생방송을 시작할 거야."

그녀가 가리킨 남자가 바로 머지않아 전설적인 언론인이 된 에릭 세버라이드Eric Sevareid였다. 당시에 그는 CBS의 국제 특파원이었다. 막 버마에서 돌아온 후였는데, 몇 달 동안 정글에서 길을 잃고 헤맸다고 했다. 나는 세버라이드가 그간 겪은 시련을 자세하게 전달하는 것을 넋을 놓고 바라보았다. 마이크와 방음장치, 고요하지만 긴장이 가득한 분위기, 다이얼로 뒤덮인 제어판까지 녹음실은 감동적이고 신비했다.

다음 날 우리 집 지하실에 나만의 라디오방송국을 차리기 시작했다. 부모님은 작은 발진기와 사방으로 45미터까지 방송을 송출할 수 있는 전자 장비들을 사 주었다. 방송국 개국일은 토요일로 예정되어 있었다. 나는 동네 친구들에게 모두 라디오방송에 참여해 달라고 부탁했다. 우리는 뉴스를 읽거나 축음기로 음악을 틀었고 이런저런 이야기를 나누기도 했다.

지금은 랍비인 지미 루딘Jimmy Rudin은 우리의 에드워드 R. 머로였다. 그는 소리를 낮추기 위해 소파 밑으로 들어가 '제임스 루딘의 논평'을 진행하고는 했다. 우리 라디오방송국은 비영리단체가 아니었다. 광고 당 25센트를 받고 동네 쇼핑센터를 홍보했다.

라디오방송을 시작한 지 6개월 정도가 지난 어느 토요일 아침, 가죽 재킷을 입은 남자 세 명이 집으로 찾아왔다. 별로 기분이 좋지 않아 보였다. 연방통신위원회인 FCC에서 나온 사람들이었다. 우리가 송출한 신호가 국립 공항까지 닿았다고 했다. 팬아메리칸항공 여객기 라디오에서 아이들이 떠드는 소리와 음악 소리가 잡힌다고 말이다. 그길로 지하실 라디오방송국이 문을 닫았다.

FCC에 의해 방송국을 폐쇄해야 했지만, 라디오를 향한 내 열정은 흔들리지 않았다. 나는 열여섯 살 때 워싱턴에 있는 NBC 소유 라디오 방송국인 WRC-AM에서 안내원으로 일하게 되었다. 심부름을 하거나 방문객을 맞이하는 것 외에도 시키는 일이면 뭐든 했다.

하루는 전 영부인 엘리너 루스벨트Eleanor Roosevelt 여사가 인기 있는 토크쇼인 〈아메리칸 포럼 오브 더 에어〉에 출연하기 위해 방송국에 방문했다. 안내원으로서 그녀의 코트를 받아 보관하는 것이 내 일이었다. 그녀는 따스한 미소를 지으며 코트를 건넸다. 나는 전 영부인의 코트를 다른 코트와 함께 복도에 걸고 싶지 않았다. 그래서 부사장 사무실로 가서 그곳에 코트를 걸어 두었다. 한 시간쯤 후에 나는 스태프가 먹을 머핀을 사러 나갔다. 다시 돌아왔을 때 엘리너 루스벨트 여사는 이미 떠나고 없었다. 방송국장이 내 멱살을 잡고 물었다. "도대체 엘리너 루스벨트의 코트를 어떻게 한 거야? 코트도 안 입고 가셨다고!" 나는 당황해하며 코트를 다른 장소에 보관한 이유를 설명했다. 루스벨트 여사의 다음 목적지는 워싱턴 기자클럽이었다. 나는 그녀의 코트를 챙겨 서둘러 방송국을 나섰다. 넋이 나간 채 시뻘게진 얼굴로 코트를 건네는 내게 그녀는 너무나도 우아하게 "고마워요, 청년"이라고 말했다.

고등학교를 졸업할 때까지 나는 방송국 일과 학교 공부를 병행했다. 주말과 방학 때는 주로 방송국 일을 했다. 나는 아나운서에 도전하고 싶어 안달이 나 있었다. 여러 번 오디션을 보았지만 매번 떨어졌다. 그러던 어느 날 고정 아나운서들 중 한 명이 휴가를 떠났다. 대체할 사람이 마땅치 않자 상사가 "뭐 어때, 스콧에게 맡겨 보자고. 어차피 2주밖에 안 되는데 뭐"라고 말했다. 그럭저럭 잘해 낸 모양이었는지 아나운서가 휴가에서 돌아오고 난 뒤에 고정 임시 아나운서로 채용되었다.

대학 졸업 후 WRC에서 오후에 새로 방영하는 어린이 TV 프로그램 〈헛간 파티〉의 고정 출연자로 채용되었다. 벳시 스테크가 진행을 맡았는데, 《오즈의 마법사》에 나오는 착한 마녀처럼 헛간 안에서 화려한 드레스를 입고 작은 마술 지팡이를 흔들며 긴 대사를 소화했다. 나는 농부 윌러드 역이었다. 그 외 출연자들은 대부분 꼭두각시 인형들이었다. 꼭두각시 인형을 부리는 사람 중에 짐 헨슨Jim Henson이라는 젊은 친구가 있었는데, 그는 우리 프로그램에 등장한 인형들을 토대로 머펫Muppets을 만들었고, 머펫은 1년 후 WRC의 다른 어린이 프로그램에서 정식 데뷔를 했다.

나는 눈 깜짝할 새 매우 바빠졌다. 내가 친구 에드 워커Ed Walker(최근에 세상을 떠났다)와 출연한 대학 공연이 WRC의 상사 귀에까지 들어갔고 우리는 〈조이 보이스Joy Boys〉라는 라디오 프로그램을 하게 되었다. 1955년에 첫 방송을 시작해 1974년까지 쭉 전파를 탔다. 프로그램은 주로 즉흥적인 코미디로 구성되었는데, 〈헌틀리 브링클리 리포트〉에서 착안한 '세탁기 건조기 리포트'를 비롯해 풍자하는 콩트를 많이 했다. 우리가 직접 대본을 썼고 다양한 캐릭터를 연기했다. 에드는 목소리 연기의 전문가였다. 맥스웰 스마트(1960년대 말에 인기를 끈 첩보 시트콤 〈겟 스마트Get Smart〉의 주인공 – 옮긴이)에서부터 리처드 닉슨, 만화 주인공까지 이름만 대면 바로 목소리를 흉내 냈다.

〈조이 보이스〉의 첫 방송 이후 1년이 지났을 무렵, 나는 해군에 입대했다. 기본 훈련을 받은 후에 쿠바 관타나모만의 해상 구축함에 파견되었다. 하루는 기지 라디오방송국의 기상통보관이 후두염에 걸렸고 내가 대체 투입이 되었다. 그날 처음으로 기상예보 방송을 했다.

해군을 제대하고 나는 바로 TV로 돌아왔다. 〈헛간 파티〉 덕분에 어린이 프로그램 연기자로 얼굴이 알려진 터였다. 그래서 방송국에서 〈광대 보조Bozo the Clown〉의 지역 방송권을 산 이후 수월하게 주인공으로 캐스팅되었다.

보조 역할은 정말 재미있었다. 분장하지 않은 광대로 넘쳐 나는 워싱턴에서는 더욱 그랬다. 케네디 대통령이 막 취임했을 때 나는 백악관을 다녀왔다. 대통령의 아들 존은 아직 갓난아기라서 볼 수 없었지만 보조는 캐럴라인과 대통령을 만났다.

시간이 지나면서 보조 역할을 하는 것이 힘들어졌다. 1959년부터 1962년까지 보조를 연기했는데, 매일 한 시간씩 진행되는 생방송뿐 아니라 여러 행사 일정을 소화해야 했다. 게다가 〈조이 보이스〉도 병행했기 때문에 육체적으로 힘이 들었다. 나는 신경쇠약에 걸릴 지경에 이르렀다. 행사 장소는 대개 맥도날드 매장이었는데, 그것이 인연이 되어 보조 쇼를 그만둔 뒤에 맥도날드의 광대 마스코트인 로널드 맥도날드를 만드는 것을 도왔다. 서른을 앞두고 있던 나는 이제 광대로 분장하기에 나이가 너무 많다는 생각이 들었다.

나는 〈조이 보이스〉를 계속해서 공동으로 진행하다가 1970년에 WRC의 생방송 기상캐스터가 되었다. 기상예보를 하면서 재미와 즉흥

성을 둘 다 잡을 수 있었다. 그래서 이내 그 일이 무척 마음에 들었다. 기상예보와 나는 둘 이상의 태풍이 충돌해 엄청난 영향력을 자랑하는 퍼펙트 스톰 Perfect Storm 같았다.

어느 날 워싱턴 지국장 빌 스몰이 스튜디오로 들어오더니 말했다. "윌러드, 〈투데이쇼〉에서 기상예보를 해 보는 게 어때요?" 나는 짐을 싸서 뉴욕으로 향했다. 첫 한두 달은 약간 힘들었다. 그런데 곧 다른 출연자보다 훨씬 더 많은 편지를 받기 시작했다. 물론 그중 상당수가 방송국 측에 나를 해고해 달라고 부탁하는 내용이었다.

사실 우연한 기회에 백 살 생일을 맞은 시청자와 75주년 결혼기념일을 맞은 부부에게 방송 도중 축하 메시지를 보냈다. 한 팬에게 카드를 받았는데 "삼촌이 백 살이 되셨어요. TV에서 이름을 불러 줄 수 있나요?"라고 적혀 있었다. 예전에 폴 하비 Paul Harvey가 라디오에서 애청자 이름을 불러 주는 것을 보고 멋지다고 생각했었다. TV에서 못 할 이유는 없지 않은가? 그래서 기상예보 도중에 시청자 이름을 언급했고 그 일을 크게 신경 쓰지 않았다. 그런데 일주일 정도 지나자 카드가 두 장, 네 장, 그리고 여섯 장으로 늘어난 것이다.

나는 운 좋게도 인상적인 사람들을 많이 만날 수 있었다. 한번은 칵테일파티에 갔다가 미니애폴리스에서 온 리바 켈리라는 여성과 마주쳤다. 얇은 철사로 만든 안경테에 레이스 깃이 달린 블라우스를 입고 동그랗게 머리를 말아 올린 모습이 백 살 된 사람의 전형 같았다. 한 가지 다른 점은 그녀가 잭대니얼스를 마시며 담배를 피우고 있다는 것이었다. 나는 '세상에, 정말 멋진 여성이야. 나도 꼭 리바처럼 백 살까지 살아야지'라고 생각했다.

사람들을 즐겁게 하는 일은 아주 멋진 직업이다.

어렸을 때 나는 친절하고 예의 바른 사람이 되라고 강조한 어머니와 늘 긍정적인 면을 찾고 웃는 방법을 가르쳐 준 아버지에게서 영감을 받았다. 사람들에게 즐거움을 주고 싶어 하는 열정 역시 분명 영향을 미쳤다. 그 외에는 그저 주어진 상황에 최선을 다했을 뿐이라고 생각한다.

30

톰 설리번

Tom Sullivan

톰 설리번은 유아 때 시력을 잃었다. 그 대신 날카로운 통찰력을 얻었다. 예컨대 그는 줄곧 1950년에 일어난 유명한 보스턴 브링크스 강도 사건 때 범인들이 훔쳐 간 돈의 일부가 아버지에게 흘러 들어올 것이라고 생각했다. 사건 당시 120만 달러의 현금이 사라졌지만 그중 겨우 5만 8000달러만이 발견되었다. 톰이 대학에 들어간 후 그의 이론을 뒷받침하는 일이 벌어졌다. 어느 날 아버지가 현금을 가득 채운 여행가방 두 개를 끌고 학장 사무실에 나타나 톰의 학비를 모두 완납한 것이다. 인상 깊은 그의 여정에서 일어난 수많은 우여곡절 중 하나였다.

톰 설리번의 인생 이야기를 듣고 영감을 얻지 않는 것은 불가능한 일이다. 장애라는 시련에도 굴하지 않는 그의 끈기와 이를 바탕으로 이룬 성공은 본받아 마땅하다. 그러나 톰이 겪은 결정적 순간들은 단순한 고난 극복 외에도 여러 시사점을 던진다. 나는 그의 훌륭한 업적보다 삶에 대한 날카로운 인식에 더욱 큰 감명을 받았다. 톰은 세상을 '바라보는' 방법은 다양하다는 점을 우리에게 보여 준다.

———

내 이야기는 1947년 보스턴에서 시작된다. 나는 예정보다 3개월이나 빨리 태어났다. 바로 인큐베이터로 보내졌는데, 너무 많은 양의 산소가 인큐베이터 안으로 공급되었다. 그 때문에 나는 눈 혈관에 회복할 수 없는 손상을 입었고 그 후 앞을 보지 못했다.

지금과는 다른 시절이었다. 부모님은 나를 데리고 최고로 손꼽히는 안과의사를 찾아갔다. 내 눈을 진찰한 의사가 부모님 쪽으로 몸을 돌려 말했다. "설리번 씨와 설리번 부인, 아드님은 실명했습니다. 입원시키세요." 의사는 말이 끝나자마자 진료실 밖으로 걸어 나갔다.

나는 아일랜드계 천주교인이 모여 살던 보스턴 웨스트록스베리에서 자랐다. 아버지 토머스 시니어는 술집을 아홉 군데 운영했는데, 동시에 프로 권투선수의 매니저이자 마권 업자였다. 아버지는 흥미로운 사람이었다. 아일랜드 서부 해안에 자리한 킨세일이라는 마을에서 태어나 아홉 살 때 가족과 함께 미국으로 이민 왔다. 2주 후, 할아버지가 세상을 떠났다. 아버지는 학교를 그만두고 돈을 벌기 시작했다. 그후 《보스턴 글로브》 신문 배달부에서 부두 일꾼까지 닥치는 대로 일했다. 그러다 1920년 수정헌법 제18조(금주법)가 시행되면서 운이 트였다. 아버지는 곧바로 술을 몰래 옮기는 일을 시작했다. 밤이 되면 자그마한 고속 모터보트를 몰고 보스턴 항구에 있는 커다란 선박까지 간 다음 위스키 상자를 싣고 다시 해안으로 돌아왔다. 아버지는 주류 밀매로 꽤 많은 돈을 벌었고 내가 태어날 무렵에는 술집 아홉 군데가 아버지 소유였다.

아버지는 보스턴 정치에 관심이 많았다. 팁 오닐Tip O'Neill 하원의원과 좋은 친구 사이였는데, 나중에 그는 하원 의장을 지냈다. 아버지는 또 존 F. 케네디가 상하 양원 선거와 1960년 대통령 선거에 출마했을 때 '도움의 손길'을 내밀었다.

나는 아버지의 성공 비결이 우리 집 뒤 베란다였다고 생각한다. 네트워킹이라는 말이 생기기 전부터 아버지는 인간관계를 중요하게 여겼다. 일요일에는 그 도시에 사는 모든 아일랜드계 정치인과 경찰서장이 미사를 마치고 우리 집에 들렀다. 대부분 전날 밤 마신 술에 여전히 취해 있었다.

하지만 그렇게 숙취 상태에서도 우리 집 뒤 베란다에서 거래가 성사되고는 했다. 내가 직접 보았으니 분명한 사실이다. 나는 오가는 대화의 내용만큼이나 말소리의 리듬과 억양에 매료되어 베란다에 귀 기울였다. 어머니는 손님들을 위해 베이컨과 달걀을 담은 접시를 내왔다. 어머니가 정한 유일한 규칙은 욕을 할 때마다 1달러를 압정으로 벽에 붙여야 한다는 것이었다. 벽을 따라 늘어선 1달러를 모아 내 대학 등록금을 냈던 것 같다. 아니면 적어도 브링크스 사건에서 빼돌렸다는 혐의를 받는 돈에 보태어 등록금을 감당했을 것이다.

많은 주당들이 그렇듯 아버지에게는 어둡고 폭력적인 면이 있었다.

그러나 아버지는 내 실명은 무덤덤하게 받아들였다. 그는 거리에서 다른 아이들과 함께 뛰어노는 거칠고 소란스러운 아들을 원했다. 하지만 나는 뒤뜰 울타리 밖으로 나갈 수 없는 아들이었다.

어머니는 내가 공부나 음악, 예술, 또는 내면에 집중하기를 바랐다. 부모님은 나를 두고 종종 언성을 높이더니 내가 열두 살 때 이혼했다. 나는 부모님의 이혼 때문에 많이 힘들었다.

나는 보스턴 외곽에 있는 퍼킨스 맹인학교로 보내졌다. 끔찍한 곳이었다. 나는 다양한 방법으로 반항했고 학교에서 여러 번 퇴학당했다. 한번은 부엌에서 음식을 훔치다 들켜 교장실로 불려 갔다. 당시에는 경범죄에 해당하는 행동이었다. 어쨌든 아침 내내 '처벌 의자'에 앉아 있어야 했다. 의자에 앉아 있는데 헬렌 켈러 Helen Keller 가 들어왔다. 학교 동문인 그녀는 내가 기억하기로 80세 생일을 맞아 학교를 방문 중이었다. 그녀 옆에는 켈러의 손바닥을 잡고 단어의 알파벳을 써 주는 사람이 있었다. 그녀의 동행이 내가 말썽을 일으켜 벌을 받고 있다고 그녀에게 알려 주었다.

"왜죠?" 켈러 양이 물었다.

"제멋대로 굴었거든요."

잠시 후 그녀가 내 쪽으로 다가오는 것이 느껴졌다. 그녀는 내 손바닥을 펼쳐 이렇게 썼다. '애야, 듣자 하니 네가 악마라던데. 맞니?'

나는 그녀의 손바닥에 '네'라고 썼다.

이번에는 그녀가 글씨를 썼다. '잘했어, 앞으로도 분발하렴!'

나는 그 말을 훈장처럼 여겼다.

나는 반항아였지만 학업성적은 꽤 좋은 편이었다. 특히 체육(레슬링과 육상)과 음악에 소질이 있었다. 내가 좋아하는 음악 선생님이 있었는데, 행크 산토스라는 이름의 아프리카계 미국인이었다. 행크는 뛰어난 피아니스트로, 나를 많이 챙겨 주었다. 그가 가르치는 교실에서 나는 음악을 향한 열정을 키웠다.

하루는 수업 도중에 나는 바흐와 쇼팽을 치는 것이 지겹다고 말했다.

"그럼 어떤 곡을 연주하고 싶니?" 그가 물었다.

"스탠더드 음악요. 노래도 하고 싶어요."

행크는 '그레이트 아메리칸 송북Great American Songbook'에 들어 있는 노래의 브라유 점자 악보를 내게 건넸다. 그리고 엘라 피츠제럴드Ella Fitzgerald나 빌리 홀리데이Billie Holiday와 같은 가수들이 부르는 유명한 노래들을 연습시켰다. 어느 날 행크는 그의 집에 와서 친구들을 위해 연주를 해 달라고 부탁했다.

나는 그의 부탁을 승낙했다. 돌아오는 토요일 오후, 행크 집까지 어머니가 차로 데려다주었다. 나는 행크의 아내 낸시와 인사했다. 그녀는 따뜻한 목소리로 반겨 주었다. 그런 다음 피아노 앞에 앉아 대략 스무 명 되는 사람들을 위해 연주했다. 연주가 끝나자 박수가 터져 나왔다. 그 소리가 무척이나 마음에 들었다.

한 남자가 다가와 말을 걸었다. "저, 학생, 행크한테 듣자니 화가 많다던데. 이유가 뭐지?"

나는 장황하게 설명했다. 어렸을 때 실명에 속수무책으로 당했고 세상이 공평한 기회를 주지 않으며 내가 어디에도 어울리지 못한다고 말했다. 앞을 볼 수 있는 사람들과 공평해질 방법을 모르겠다고 덧붙였다.

그가 내 말을 경청하는 것이 느껴졌다. 그는 진심을 다해 듣고 있었다. 내 말이 끝나자 그가 말했다. "불평불만이 정말 많구나. 그런데 불평한다고 해서 상황이 나아질까? 넌 볼 수 없지만 확실히 다른 재능을 타고났어."

무슨 이유에서인지 남자의 목소리가 내 마음 깊은 곳까지 내려가 꽉 닫힌 문을 활짝 열었다. 눈에 보이는 대신 귀에 들리는 것들도 있기 마련이다. 물론 나는 여전히 화가 가득한 10대 소년이었다. 그래서 내가 할 수 있는 최선은 "아, 네. 감사합니다"라고 대답하는 것이었다.

"행크와 나는 보스턴 대학에서 룸메이트였어. 행크한테 부탁해서 네 소식 자주 들을게." 걸어가면서 남자가 덧붙였다. 나중에 행크한테 그 남자의 이름이 마틴 루서 킹이라는 이야기를 들었다. 당시에는 그가 누구인지 몰랐다.

나는 드디어 퍼킨스를 졸업했다. 믿기 어렵겠지만 졸업 후에 프로비던스 칼리지와 하버드 대학에 진학했다. 당시 하버드 대학의 네이선 퓨지Nathan Pusey 총장은 나를 가리켜 그가 만나 본 가장 똑똑한 맹인이라고 말했다. 바보 같은 말이라고 생각했다. 그냥 똑똑한 사람일 수는 없었을까?

피아노 앞에 앉아 연주하고 노래할 때가 가장 편안했다. 나는 또 여자들이 피아노를 좋아한다는 사실을 알아차렸다. 내게 음악은 입장권이나 다름없었다. 3학년 때는 지역 술집에서 공연하기 시작했다. 그해

여름에는 케이프 코드의 야머스에 있는 디컨스 퍼치라는 레스토랑에
연주가로 취직했다.

단골손님 중에 내 연주를 좋아하는 사람들이 있었는데, 한 커플은
매일 밤 레스토랑에 와서 술을 시킨 다음 그들이 가장 좋아하는 곡을
연주해 달라고 부탁했다. 사랑스럽고 활기찬 한 쌍이었다. 몇 번 방문
끝에 두 사람은 자신들을 베티 화이트Betty White와 앨런 루든Allen Ludden이
라고 소개했다. 그들은 케이프 코드에서 여름 공연을 하는 중이었는데
공연이 끝나면 레스토랑을 찾아 긴장을 풀고는 했다.

베티 화이트가 내 인생을 바꾸었다고 해도 과언은 아니다.

어느 날 밤, 한 여자가 〈피닉스에 닿을 무렵By the Time I Get to Phoenix〉을
연주해 달라고 부탁했다. 연주를 들으면서 그녀는 눈물을 훔쳤다. 곡이
끝나자 그녀가 말했다. "질문 하나 해도 될까요?"

"하세요."

"어쩌다 시력을 잃었나요?"

"그 얘기는 하고 싶지 않네요."

그녀는 나를 다그쳤다.

"조종사였는데 공격을 받고 추락했어요. 몇 년을 포로수용소에서
보냈죠. 탈출한 후 처음 만난 여자가 바로 당신이에요."

내 말을 들은 베티 화이트는 웃음을 터뜨리고는 내게 질문한 여자
를 향해 몸을 돌렸다. "아가씨." 그녀가 말했다. "이 친구 말 전부 거짓
말이에요." 여자가 사라지고 난 뒤 베티가 내게 말했다. "신경 쓰지 말
아요. 사실 아주 예쁜 아가씨가 당신의 연주를 들으러 매일 밤 이곳에

오고 있어요. 당신이 그녀의 표정을 볼 수 있다면 좋을 텐데. 나와 함께 가요." 베티는 내 손을 잡고 레스토랑을 가로질러 젊은 여자가 앉아 있는 테이블로 향했다. 그러고는 서로 소개하게 했다. 결과가 어떻게 되었을까? 패티와 나는 46년째 행복한 결혼 생활을 유지하고 있다.

케이프 코드에서 보낸 여름 이후, 베티와 앨런의 소개로 뉴욕으로 건너가 〈마이크 더글라스 쇼〉에 출연했다. 두 사람은 또 나를 캘리포니아로 초대했는데, 그곳에서 자니 카슨Johnny Carson이 진행하는 〈더 투나잇 쇼〉에 나가기도 했다. TV를 통해 얼굴을 알린 덕분에 가수이자 작곡가, 그리고 배우로서의 커리어가 순조롭게 출발할 수 있었다. 라스베이거스에서 메인 공연도 하고 마이클 랜던Michael Landon이 나오는 〈천사조나단〉이라는 드라마에서 조연을 맡는 등 여러 TV 프로그램에 출연도 했다. 그런가 하면 슈퍼볼 X에서 미국 국가를 부르기도 했다. 내가 쓴 책《내가 듣는 것을 당신이 볼 수 있다면If You Could See What I Hear》도 좋은 성적을 거뒀고 영화로도 제작되었다.

한번은 〈굿모닝 아메리카〉에 출연해 책을 홍보하기로 되어 있었다. 찰리 깁슨Charlie Gibson과의 인터뷰가 끝난 뒤 프로그램 프로듀서가 어땠냐고 물었다.

"형편없었어요"라고 내가 대답했다.

"왜요?"

"깁슨은 내가 어떤 사람인지 전혀 모르고 있던데요. 숙제를 제대로 안 했나 보죠. 내가 더 잘할 것 같은데요."

"정말요?"

"네, 앞이 보이지 않으면 듣는 방법을 익혀야 하죠."

"좋아요." 그가 말했다. "카메라 팀을 붙여 드릴게요. 나가서 세 가지 스토리를 찍어 오세요. 만약 마음에 들면, 더 많이 출연시켜 드리죠."

그렇게 〈굿모닝 아메리카〉에 출연하기 시작했다. 처음에는 역경을 극복한 사람들의 희망적인 이야기를 다뤘다. 그러던 중에 프로그램에서 유명 인사 취재를 담당하던 리포터가 그만두면서 내가 그 일을 맡게 되었다. 영화 〈텐〉이 개봉한 직후였는데, 내 첫 임무는 보 데릭Bo Derek 을 인터뷰하는 것이었다. 방송국에서 몇몇 사람들은 세계에서 가장 아름답다고 알려진 여성과의 인터뷰를 맹인이 진행한다니 말도 안 된다며 비웃었다. 그러나 나는 아랑곳하지 않고 인터뷰를 하러 갔다.

보에게 어떤 질문을 할지 많이 고민했다. 가장 먼저 "사람들이 말하길 당신의 외모가 10점 만점에 10점이라고 하던데, 저는 당신을 볼 수가 없네요. 당신이 정말로 아름다운지 어떻게 알 수 있죠?"라고 질문했다. 그녀는 잠시 아무 말이 없다가 이렇게 대답했다. "저는 마음도 외모도 모두 아름다워요. 하지만 제가 생각할 수 있다거나 문학 석사학위를 받기 위해 공부하고 있다거나 환경보호에 앞장서고 있다는 사실에는 아무도 관심을 보이지 않아요. 동물을 사랑하고 나보다 서른 살이 많은 남편을 사랑한다는 것에 대해서도요. 사람들이 신경 쓰는 건 오로지 수영복을 입었을 때 내 엉덩이가 예쁘다는 것뿐이에요."

나 역시 비슷한 기분을 느끼며 살아왔다. 수영복을 입은 엉덩이가 아니라 사람들이 시각장애인인 나를 대하는 태도가 그랬다. 하지만 분명한 것은 우리 모두 어떤 식으로든 장애를 갖고 있으며 그냥 극복하는 수밖에 없다는 것이다. 그렇다. 나는 앞을 볼 수 없다. 그러나 골프를 치고(잭 니클라우스Jack Nicklaus가 내게 "당신 스윙에서 가장 좋은 점은 당신이 볼 수 없다는 것이에요"라고 말한 적이 있다) 스키를 타며 마라톤을 뛴다. 심지어 비행기에서 뛰어내린 적도 있다. 더욱 평범한 삶을 살려는 노력의 일환으로 자동차 운전에 도전하기도 했다. 앞이 안 보이는 사람이 운전이라니, 다소 무서운 시도이기는 했지만 말이다.

당시에는 별로 신경 쓰지 않았지만, 내가 '다른 재능을 타고났다'던 마틴 루서 킹 주니어의 말이 맞았다. 눈앞에 어떤 장애물이 있다고 생각하든 우리 모두 각기 다른 재능을 타고났다. 인생에서 잘못되거나 좋지 않은 부분에 대한 불평을 멈추고 올바르고 긍정적인 것들을 찾아야 한다. 마틴 루서 킹 주니어의 지혜와 헬렌 켈러의 자세가 내게 영감을 주었다. 그녀는 내가 '제멋대로 군다'는 이야기를 듣고는 '앞으로도 분발하라'고 조언했다. 내가 지닌 날카로움을 도구 삼아 활용하라는 뜻이었다. 앞으로 나아가고 삶에 집중할 수 있도록 도와주는 무언가가 우리 모두에게 필요하다. 약간의 까칠함만큼 효과적인 것은 없다.

31

피터 유버로스

Peter Ueberroth

1972년 뮌헨 하계올림픽 당시 검은 9월단이라는 팔레스타인 테러리스트 단체가 이스라엘인 운동선수 아홉 명을 살해했다. 1976년 몬트리올 올림픽에는 50억 달러의 비용이 들어갔고 그로 인한 부채를 2005년이 되어서야 청산할 수 있었다. 1979년 러시아의 아프가니스탄 침공으로 미국을 비롯해 60개국이 넘는 국가에서 1980년 모스크바 올림픽을 보이콧했다. 이렇듯 올림픽의 최근 역사가 그리 좋지 않았고 러시아의 보이콧까지 예상되는 상황에서 1984년 로스앤젤레스 올림픽이 발표되자 많은 사람이 회의적인 시각을 내비쳤다. 그런데 잘 알려지지 않은 사업가였던 피터 유버로스가 홀연히 나타나 올림픽을 성공으로 이끌었다. 로스앤젤레스 올림픽은 총 2억 4000만 달러의 이익을 올리며 막을 내렸고 유버로스는《타임》지가 선정한 올해의 남자로 뽑혔다.

우리는 대개 인생을 바꾸는 전환점이 사람이나 사건, 또는 특정 순간이라고 여긴다. 하지만 늘 그런 것은 아니다. 때로는 어린 시절에 배운 중요한 원칙을 바탕으로 일련의 의사결정을 하게 되고 다시 이것이 모여 인생의 전환점을 만들어 낸다.

―――――

1959년의 일이다. 아내 지니와 나는 결혼기념일을 맞이해 당시 거주하던 호놀룰루의 와이키키 해변에서 점심 식사를 하고 있었다. 굉장히 그럴싸해 보이지만 사실 한 달에 한 번씩 돌아오는 기념일이어서 우리는 가격이 조금 덜 비싼 메뉴판 오른쪽을 보고 음식을 주문했다. 여느 신혼부부처럼 우리는 돈이 별로 없었다. 하지만 성실하고 부지런하게 생활하던 우리 자신을 다독이는 의미에서 매년 말고 매달 결혼기념일을 축하하기로 했다. 매우 멋진 라나이에 앉아 아이스티를 마시며 음식을 기다리고 있는데, 옷을 잘 차려입은 아프리카계 미국인 부부가 레스토랑으로 들어왔다. 늦은 오후라 빈 테이블이 많았는데도 부부는 가장 안 좋은 테이블로 안내를 받았다. 부엌으로 들어가는 반회전문 바로 옆에 놓인 테이블이었다. 누가 봐도 직원이 부부를 무시했을 뿐 아니라 차별한 것인데도 부부는 품위를 지켰다.

"저건 아니지"라고 지니가 말했다. "우리가 나서야 해." 나는 매니저에게 말하자고 제안했다. 레스토랑 건너편이 내 일터였기 때문에 그와 아는 사이였다. 하지만 지니는 내 말을 가로막았다. "우리랑 같이 식사하자고 하는 건 어때?"

"좋은 생각이네." 나는 부부의 테이블로 다가가 말했다. "저희와 점심 식사를 같이 해 주시면 정말 영광일 것 같습니다."

"친절하시네요." 남자가 말했다. "그러도록 하죠."

부부는 우리 테이블로 자리를 옮겼고 아주 맛있는 점심 식사를 했다. 정말 선한 사람들이었다. 우리 네 사람은 즐겁게 웃으면서 좋은 시간을 보냈다. 지나친 질문으로 그들을 귀찮게 하고 싶지 않았다. 남자가 연설을 하기 위해 하와이를 방문 중이라고 말하기는 했지만 솔직히 말해 그의 말을 귀담아듣지 않았다. 우리는 각자 따로 계산한 뒤 악수를 하고 헤어졌다. 지니는 시어스Sears 야간 근무를 위해 옷을 갈아입으러 집으로 돌아갔고 나는 당시 일하던 그레이트레이크스 항공사 사무실로 향했다.

며칠이 지나고 호놀룰루 신문에서 점심 식사를 같이한 남자의 사진을 발견했다. 그는 마틴 루서 킹 주니어 목사였다.

그때만 해도 민권운동이 막 시작하는 단계였다. 나는 민권운동을 지지했다. 고등학교 때 미식축구 팀과 야구 팀, 그리고 수영 팀 활동을 했기 때문에 팀원들의 피부색은 중요하지 않다는 것을 잘 알고 있었다. 좋은 팀을 만드는 바탕은 노력, 집중력, 그리고 협동심이다.

점심 식사 이후 나는 민권운동에 더 큰 관심을 갖게 되었다. 관심을 기울일수록 더욱 열성적으로 지지하고 감탄했다. 나와 조국이 같은 동료 미국인들이 굳은 결의를 바탕으로 위엄 있고 절도 있게 기본적인 시민권 보장을 요구하고 있었다. 또 자신들이 끔찍한 폭력을 당했음에도 비폭력에 대한 강력한 의지를 여러 번 밝혔다. 그들이 세운 명분은 공정했고 그들이 선택한 방법은 모범적이었다.

아버지 빅터 유버로스가 아니었다면 아마도 내 인생을 바꾼 점심 식사를 눈앞에서 놓쳤을지도 모른다. 아버지는 '모든 인간은 평등하다'는 말을 매우 진지하게 받아들였고 나와 형제자매들에게 만나는 모든 사람을 존중해야 한다고 가르쳤다. 아버지는 9학년까지만 학교를 다니고 자퇴했다. 대공황 시기였는데, 가정 형편이 좋지 않았기 때문에 아버지는 서둘러 일자리를 찾고자 했다. 열렬한 독서광이었던 아버지는 혼자 힘으로 공부했다. 우리 집에는 백과사전이 있었는데, 아버지는 저녁 식사를 하는 동안 언급된 주제에 대해 찾아보기 위해 늘 가장 먼저 백과사전을 펼쳤다.

아버지는 주로 농부들에게 알루미늄 지붕과 판자벽을 판매하는 일을 했다. 월요일부터 금요일까지는 늘 집을 비웠기 때문에 아버지와 보내는 시간이 매우 소중했다. 아버지와 함께하는 저녁 식사는 지루한 적이 없었다. 아버지는 세상에 대한 호기심으로 가득했고 우리는 주제를 가리지 않고 자유롭게 대화했다. 세계정치에 대해 논하는 것과 지도를 좋아했던 아버지는 우리에게 이렇게 말하고는 했다. "우리는 모두 세계시민이란다."

전 세계를 돌아다니며 여행하기에는 집안 형편이 넉넉지 않았다. 그러나 아버지가 자주 전근을 갔기 때문에 미국의 방방곡곡을 볼 수 있었다. 한 지역에서 제품을 모두 팔고 나면 다른 곳으로 이동했다. 나는 일리노이, 위스콘신, 펜실베이니아, 캘리포니아(북부와 남부), 아이오와, 네브래스카 등 여러 주에서 학교를 다녔다. 워터폴로water polo 장학금을 받으며 새너제이 주립대학을 다녔고 졸업 후에는 호놀룰루에 있는 그레이트레이크스 항공사에 취직했다. 소규모 항공사라서 항공권 예약, 탑승 수속, 짐 가방 적재까지, 비행기 조종만 빼고 모든 일을 담당했다.

여러 가지 일을 담당하다 보니 여행사를 직접 차리게 되었고, 퍼스트트래블은 점차 성장해 미국에서 두 번째로 큰 여행사로 자리 잡았다.

1979년에 로스앤젤레스 시민들로 구성된 민간위원회와 톰 브래들리Tom Bradley 시장(대도시의 시장직을 역임한 최초의 아프리카계 미국인)으로부터 1984년 로스앤젤레스 올림픽의 조직위원장을 맡아 달라는 부탁을 받았다. 사업을 하면서 배운 교훈과 아버지가 물려준 가르침, 그리고 민권운동을 지켜보면서 깨달은 것들이 모두 길잡이가 되어 주었다. 심한 스트레스에 시달릴 때면, 훨씬 더 심각한 난관에 부딪혀도 평정을 잃지 않았던 킹 목사를 떠올렸다. 1984년 말 나는 메이저리그의 총재로 임명되었다. 내가 총재로 지낸 5년 동안 시즌마다 관중 수가 신기록을 달성했다. 또 필드에서뿐 아니라 메이저리그 전반에 걸쳐 소수민족 채용을 개선하는 정책 지침을 제도화했다.

1986년, 킹 목사의 생일이 국경일로 지정된 것을 축하하기 위해 애틀랜타에서 퍼레이드가 열렸다. 그리고 감격스럽게도 내가 두 명의 그랜드 마셜(축제의 주인공 – 옮긴이) 중 한 명으로 선정되었다. 다른 한 명의 그랜드 마셜이 로자 파크스Rosa Parks였기에 더욱 황송했다.

퍼레이드가 예정된 1986년 1월 20일, 애틀랜타의 아침은 무척이나 추웠다. 대략 100만 명의 아프리카계 미국인이 퍼레이드 경로를 따라 길게 줄지어 서 있었다.

나는 퍼레이드가 시작되기 전에 로자를 만났다. 그녀는 유쾌하고 겸손하며 매력이 넘치는 사람이었다. 특히 미소가 매력적이었다. 동시에 그녀가 지닌 고요한 힘이 느껴졌다. 새하얀 캐딜락 컨버터블 두 대가 준비되었고 우리는 각각 차량에 올라타 퍼레이드가 시작되기를 기다렸다. 미처 날씨를 생각 못 한 채 짐을 챙기는 바람에 온몸이 벌벌 떨렸다. 로자가 내게 다가와 말했다. "추워 보이네요."

"날씨에 대한 메모를 받지 못했거든요."

우리는 웃음을 터뜨렸다. 그녀가 말했다. "좋은 생각이 있어요. 차가 두 대씩이나 필요 없잖아요. 나와 함께 타는 게 어때요? 두꺼운 담요를 많이 챙겨 왔어요."

"오늘 들었던 것 중에 최고의 제안이군요."

그렇게 두 시간 반에 걸쳐 천천히 퍼레이드가 진행되는 동안 나는 어린이와 아이를 전달하는 역할을 했다. 부모들이 잇따라 아이를 건네주면 나는 예의를 갖춰 로자에게 보여 주었다. 그리고 로자가 아이에게 입을 맞추거나 쓰다듬고 나면 다시 아이를 부모에게 전달했다. 그동안 내게 주어진 역할 중에 단연 최고였고 내 인생에서 가장 감동적인 날 중 하나였다. 사진을 찍는 사람도 엄청 많았다. 오늘날 가족 앨범을 보면서 "로자 파크스 옆에 앉아 있는 백인 남자는 누구예요?"라고 물어보는 아이들이 있을지도 모르겠다.

메이저리그를 떠난 후 1992년에 나는 또다시 브래들리 시장의 부탁을 받아 리빌드 로스앤젤레스 프로젝트Rebuild Los Angeles project를 이끌었다. 로드니 킹Rodney King을 폭행하는 장면이 비디오에 찍힌 경찰이 무죄

선고를 받자 도시 곳곳에서 폭동이 일어났었다. 그 후 엉망이 된 도시를 재건하고 치유하는 것이 프로젝트의 목적이었다. 다시 한번 평등에 대한 아버지의 신념과 민권운동에서 배운 협동, 존중, 그리고 화합의 가르침이 나를 인도했다.

50년도 더 지난 와이키키에서의 점심 식사를 돌이켜 보면 가장 먼저 모두 지니 덕분이라는 생각이 든다. 젊은 아프리카계 미국인 부부에게 식사를 같이하자고 제안한 것도 그녀였고, 내가 어렸을 때 아버지에게 배운 평등 의식을 실천한 것도 그녀였다. 당시 나는 고작 스물두 살이었지만, 열아홉 살이었던 아내 덕분에 용기와 품위, 그리고 믿음으로 미국과 전 세계를 변화시켰을 뿐 아니라 매우 운 좋은 사내의 인생도 변화시킨 남자와 함께 식사할 수 있었다.

때때로 우리는 부모님이나 배우자, 만나는 사람들, 혹은 주어진 일 덕분에 영감을 받거나 변화를 경험한다. 그리고 꽤 자주 이러한 요소들이 모두 모여 우리 삶에 영향을 미친다.

32

주디 우드러프

Judy Woodruff

기자 주디 우드러프가 남편이자 칼럼니스트 앨 헌트AI Hunt와 함께 레이건 대통령의 호출을 받아 백악관에 들어갔을 때의 일이다. 백악관 기자실에서, 태어난 지 두 달 된 아들 제프리에게 분유를 먹인 직후였다. 소화가 잘되도록 아기의 등을 두드릴 겨를도 없이 두 사람은 대통령 집무실로 안내받았다. 레이건 대통령은 환한 미소를 지으며 제프리를 안아 들었다. 그러고는 본인의 자녀들에 대해 이야기하기 시작했다. 이야기 끝에 대통령은 말을 타는 내용의 자장가를 불러 주었다. "숙녀들은 이렇게 말을 타지"라는 소절을 부르며 제프리를 천천히 아래위로 흔들었다. "신사들은 말을 이렇게 타지"라는 소절에 다다르자 움직임이 좀 더 커졌다. 마침내 자장가는 "카우보이는 이렇게 말을 타지!"라는 소절과 함께 끝이 났다. 자장가가 계속되는 동안 주디와 앨은 바로 다음 일정으로 이동해야 하는 대통령의 재킷을 제프리가 엉망으로 만드는 모습을 상상하며 숨을 참았다. 대통령은 아프리카 국가 수장과 만날 예정이었다. 하지만 제프리는 수많은 사람들처럼 레이건 대통령의 매력에 푹 빠져들어 차분하고 침착하게 잘 견뎌 주었다.

우리 모두 사랑을 경험한다. 누구를 사랑하는지, 언제 사랑을 느끼는지, 또 누구에게 사랑받는지가 여러 면에서 우리를 변화시킨다. 무조건적인 가족의 사랑처럼 때때로 사랑은 우리 인생의 가장 큰 영향력으로 작용할 만큼 강력하다.

내 이야기가 우울하다고 생각하지 않았으면 좋겠다. 이 이야기는 인생을 살다 보면 만나는 예기치 못한 전개에 관한 것이다. 내 아들이 여러 능력을 상실했던 것처럼 말이다. 그러나 그런 경험 덕분에 우리는 깊은 영감과 행복을 찾을 수 있었다.

결혼에 대해 처음 이야기할 때 앨과 내가 곧바로 동의했던 한 가지는 아이를 낳자는 것이었다. 우리 둘 다 아이를 무척 좋아한다. 만약 일을 하지 않았다면 지금의 세 명보다 더 많은 아이를 낳았을 것이다. 우리가 하는 일은 일주일에 7일을 계속 대기해야 하는 일이다. 하지만 이점이 문제가 된 적은 없다. 앨과 나는 둘 다 의욕이 넘치는 편이기 때문이다. 우리 같은 사람들은 바쁠수록 일을 더 잘한다. 저널리즘은 나와 앨이 매우 좋아하는 일이다. 우리는 또 가족을 사랑했기 때문에 굉장히 운이 좋은 케이스라고 생각했다. 우리에게 주어진 삶에 매우 만족했다.

그러다 우리 가족을 산산조각 낸 일이 벌어졌다. 아무리 노력해도 떨쳐 낼 수 없고 그 일에 대해 생각하는 것은 늘 어렵다. 그 일에 대해 이야기하는 것은 더더욱 어렵다. 하지만 결국 이는 희망의 이야기이다.

첫아들 제프리는 가벼운 수준의 이분척추증을 앓았다. 척수와 관련된 선천적 장애로 알려진 증상이었다. 생후 열 달이 되었을 때 제프리는 션트 삽입 수술을 받았다. 머리 속 뇌척수에 난 구멍에서 과도한 체액을 빼내는 관을 션트라고 부른다. 이는 통상적인 치료법이었다. 이분척추증 환아가 태어날 때 션트를 삽입하는 경우도 있다. 물론 나는 몹시 걱정했지만 다행히 제프리에게 문제가 생긴 적은 없었다. 자라면서 제프리는 대부분의 이분척추증 환아가 하지 못하는 수많은 일을 해냈다. 그는 여느 아이들처럼 생후 열세 달 때 걷기 시작했다. 자전거를 타는 법도 배웠다. 에너지가 넘치는 활동적인 아이였다. 축구를 했고 고등학교 때는 레슬링 팀과 미식축구 팀의 매니저였다. 또 스키를 엄청 좋아했다. 공부도 잘해 늘 학업성취도가 높았다.

그런데 1998년 제프리가 10학년일 때, 의사에게 션트가 제구실을 하지 못해 교체해야 한다는 이야기를 들었다. 우리는 예상치 못했던 소식에 놀랐다. 제프리는 여름방학 계획이 틀어질 수도 있다며 못마땅해했다. 의학에 관심이 많았기 때문에 미국식품의약국에서 여름 인턴을 하기로 되어 있었다. 그래서 우리는 기말고사 직후에 수술을 받기로 했다. 하루나 이틀 정도 입원한 후에 퇴원해서 집에서 이틀 정도 회복하면 문제없이 인턴 프로그램을 시작할 수 있을 것 같았다.

그러나 2주 후, 제프리는 합병증으로 다시 입원해야 했다. 의사는 문제를 해결하기 위해 다른 치료법을 제안했는데, 그 과정에서 무언가 크게 잘못되었다. 제프리는 수술 도중 뇌에 심각한 손상을 입었다. 수술이 끝난 후에도 깨어나지 못했다. 처음에는 제프리가 살 수 있을지도 정확하지 않았다. 두 달이 넘도록 혼수상태였다. 그 후 석 달 동안은 먹지도 말하지도 못했다.

앨과 나에게는 제프리 말고도 두 아이들이 있었다. 아홉 살 로런과 열한 살 벤저민, 그리고 우리 부부는 제프리의 사고로 크게 충격을 받았다. 제프리에게 이런 일이 생겼다는 것을 도저히 받아들일 수 없었다. 그러나 삶은 아랑곳하지 않고 계속되었다.

우리는 제프리를 메릴랜드주 볼티모어에 있는 존스홉킨스 병원과 연결된 신경 재활 전문 소아병원인 케네디 크리거 연구소로 옮겼다. 전 세계에서 최고로 인정받는 의료진과 치료 팀이 있는 곳이었다. 의사와 치료사는 혼수상태에서 깨어난 제프리에게 가장 적합한 치료를 제공했다. 제프리는 음식을 삼키고 말하는 방법을 다시 배워야 했고 직업 훈련를 받아야 했다. 그러는 동안 우리는 볼티모어로 이사했고 다섯 달 동안 워싱턴에 있는 직장으로 출퇴근했다. 결국 나는 CNN에서 휴직했다.

제프리가 살 수 있다는 것을 확인한 후에는 언제 집으로 돌아올 수 있을지, 그리고 상태가 얼마나 호전될지가 문제였다. 가혹하게도 제프리의 담당 의사들은 낙관적이지 않았다. 어느 정도 기능은 되찾겠지만 완벽하게 회복할 수는 없다고 말했다.

우리는 포기하지 않겠다고 결심했다. 그리고 제프리를 담당하는 의사들과 친하게 지냈다. 한 의사는 우리에게 저녁을 사 주며 조언을 해 주었는데, 그의 조언이 많은 도움이 되었다. 그는 우리에게 이런 일은 삶을 송두리째 바꾸며 대개는 결혼 생활도 유지하기 힘들다고 말했다. 또 우리 부부에게 평생의 짐이 될 것이며 제프리뿐만 아니라 다른 두 아이들과 우리 서로를 돌보는 방법을 찾아야 한다고도 덧붙였다. 우리는 그의 말을 항상 의식했다. 15년 전쯤에도 그랬고 지금도 마찬가지이다. 결혼 생활을 위태롭게 할 수 있는 난관들을 신중하게 헤쳐 나갔다. 서로를 향한 진심 어린 사랑이 큰 도움이 되었다.

제프리가 드디어 집으로 돌아왔을 때 그의 신체 기능은 3학년 수준이었다. 더 이상 걸을 수 없어서 휠체어를 타고 다녀야 했다. 오른팔을 쓸 수 없었고 한쪽 눈은 영구적으로 떠지지 않았다. 반대편 눈의 시력도 손상되었다. 단기기억력도 사라졌다. 말하는 능력도 심각하게 손상되어 말을 알아듣기 어려웠다. 제프리가 앞으로 어떤 인생을 살아갈지 짐작조차 할 수 없었다.

그런데 꽤 멋진 일이 일어났다. 제프리를 가르쳤던 교사들이 뜻을 모아 과외를 해 주겠다고 자원했다. 제프리의 친구들도 자주 놀러 왔다. 누군가 의과대학 진학을 앞둔 대학 졸업생들을 1년 동안 도우미로 쓰라고 제안했다. 우리는 그렇게 했다. 그 일은 제프리와 졸업생 모두에게 득이 되었다. 학생들은 제프리를 돌본 경험 덕분에 더 좋은 의사가 될 수 있었다고 말했다.

요즘 제프리는 꽤 좋은 인생을 살고 있다. 제프리에게 도움의 손길을 내민 마음씨 넓은 사람들이 중요한 역할을 했다. 그러나 가장 큰 이유는 제프리의 용기와 의지에 있다. 학교를 1년 빠졌지만 그 후 바로

11학년으로 돌아갔다. 과외를 해 준 교사들 덕분에 금방 진도를 따라잡을 수 있었다. 고등학교 졸업 후 제프리는 집에서 가까운 전문대학에 들어갔다. 대학에서 고생을 좀 했는데, 장애가 있는 학생들을 위한 시설이 마련되어 있긴 했지만 복잡한 제프리의 상태에 도움이 되지 않았기 때문이다. 제프리는 흔치 않은 장애를 가지고 있다.

제프리는 사고 이후에도 예전만큼이나 똑똑하다. 그러나 신체장애와 특히 단기기억력의 손상 때문에 하루하루가 에베레스트 등반이나 다름없다. 무엇을 하든 평범한 사람보다 훨씬 더 많은 시간이 걸린다. 기억장애는 학교 공부에 지장을 준다. 제프리는 과거에 일어난 일은 거의 다 기억할 수 있다. 열 살 때 갔던 가족 휴가 장소라든지 일주일 전 나눴던 중요한 대화 주제 등은 문제없이 떠올린다. 하지만 도움 없이는 어젯밤에 본 영화 혹은 몇 분 전에 전화 온 사람을 대개 기억하지 못한다. 그렇기 때문에 무언가를 배우고 정보를 기억하려면 여러 번 반복해서 외우고 또 외워야 한다. 그가 다시 떠올릴 수 있는 기억이 될 때까지 반복해서 공부해야 시험을 볼 수 있다. 많은 노력이 필요한 일이다.

남동생 벤저민이 고등학교 졸업을 앞두고 대학에 대해 이야기하기 시작하자 제프리는 자기도 4년제 대학에 가고 싶다고 말했다. 앨과 나는 제프리를 대학에 보낼 수 있는 방법을 고민했다. 제프리와 같은 학생을 수용할 수 있는 학교를 찾아 전국을 뒤졌다. 마침내 노스캐롤라이나에 있는 세인트앤드루스 장로회 대학을 찾았다. 2005년 당시에 중증 신체장애가 있는 학생을 받았을 뿐 아니라 별도의 특별 기숙사까지 마련된 대학이었다. 학교에 방문했을 때 깜짝 놀랐다. 우리는 눈과 마음이 활짝 열리는 경험을 했다. 학생들이 휠체어를 타고 캠퍼스를 돌아다니고 있었고 수업을 들으러 가거나 친구들과 어울리며 최대한 평범한 인생을 살고 있었다. 제프리는 대학에 입학했고 2010년에 학위를 받았다.

졸업하기 직전에 제프리가 다시 한번 우리를 놀라게 했다. 그는 졸업 후에 부모님 집에서 살고 싶지 않다고 말했다. 우리는 그동안 장애인 공동체에서 생활하는 친구들과 전문가들을 많이 만났다. 그래서 그들에게 수소문해 제프리가 살 만한 곳을 찾기 시작했다. 마침내 메릴랜드주 웨스트민스터에 있는 '타깃 공동체 및 교육 서비스Target Community and Educational Services'라는 기관을 알게 되었다. 20년 전 장애가 있는 딸을 키우던 항공우주 회사 임원의 기부금으로 설립된 곳이었다.

대학을 졸업한 제프리는 집에서 잠깐 머무른 뒤 웨스트민스터로 이사했다. 지금은 공동 주거 공간에서 생활하며 맥대니얼 대학에서 일하고 있다. 앨과 나는 제프리에게 딱 맞는 환경을 찾았다는 사실에 매우 감사한다. 제프리도 굉장히 만족해하고 있다. 제프리는 한 달에 한 번 정도 집에 와서 함께 시간을 보낸다. 같이 휴가도 가며 즐겁게 지내고 있다. 집에 오면 제프리는 늘 웨스트민스터로 돌아가고 싶어서 안달이다.

나는 내 인생과 가족의 미래를 잘 준비해 두었다고 생각했다. 그런데 제프리 일을 겪으면서 언제든지 커다란 변화가 일어날 수 있으며, 또 전혀 예상하지 못한 곳에서 영감을 얻을 수 있다는 사실을 배웠다. 그 누구도 우리가 경험한 일을 겪지 않기를 바란다. 하지만 너무나도 불리한 상황을 잘 헤쳐 낸 아들을 지켜보면서 말로 다 표현 못 할 보람을 느꼈다. 만약 당신이 제프리 헌트를 만나 하루 동안 어떤 노력을 기울여야 하는지 본다면, 그런데도 긍정적인 태도와 유머 감각을 잃지 않는 그를 본다면 아마도 개인적인 문제들이 사소하게 느껴질 것이다. 제프리는 본인에게 일어난 일을 자세히 알고 있다. 평생 원통해할 수도 있었다. 앨과 나도 평생 분개하며 살아갈 수 있었다. 하지만 우리는 제프리를 본받았다. 그리고 앞으로 나아갔다. 모두 제프리가 우리에게 준 영감 덕분이었다.

33

리 우드러프

Lee Woodruff

2005년 12월, 밥 우드러프가 같은 해 폐암 합병증으로 세상을 떠난 우리의 좋은 친구 피터 제닝스의 후임으로 〈ABC 월드 뉴스 투나잇〉의 앵커 자리에 앉았다. 그리고 약 1년 후, 부시 대통령의 국정연설에 앞서 밥은 파병된 미군 부대를 취재하기 위해 이라크를 찾았다. 그런데 급조 폭발물이 터지는 바람에 밥과 카메라맨이 치명적인 부상을 입었다.

리 우드러프가 겪은 인생의 전환점은 분명 많은 영감을 준다. 하지만 그녀가 이렇게 일화를 이야기하는 것 자체가 진정한 결정적 순간이다. 때때로 우리에게 허락된 유일한 선택은 그저 나아가는 것뿐이다. 아무리 험난한 길이 끝도 없이 펼쳐져 있어도 한 번에 한 걸음씩 내디뎌야 한다.

2006년 1월 9일 아침 일곱 시에 내 인생을 바꾼 전화 한 통을 받았다. 전화기가 울렸을 때 나는 디즈니월드 호텔 방 안에서 잠을 자고 있었다. 나는 모닝콜이라고 생각했다. 아이들과 놀이동산에서 보낼 신나는 하루를 앞두고 있었기 때문이었다. 그러나 호텔 프런트 데스크에서 건 전화가 아니었다. ABC 뉴스의 보도국장 데이비드 웨스틴David Westin 이었다. 그는 〈ABC 월드 뉴스 투나잇〉을 공동으로 진행하던 남편 밥 우드러프가 이라크에서 많이 다쳤다고 말했다.

'급조한 폭발물'과 '머리 부상', 그리고 '파편'이라는 단어가 들렸지만 도대체 무슨 말인지 이해할 수 없었다. 나는 전화를 끊고 무의식적으로 충격과 불안, 슬픔을 밀어냈다. 돌봐야 할 아이들이 네 명이나 있기 때문이었다. 아이들에게 소식을 전하는 것으로도 모자라 밥의 부모님과 친정 부모님에게도 전화를 걸어야 했다. 그리고 뉴욕주 웨스트체스터로 가는 비행기를 타야 했다.

나는 밖으로 나가 호텔 옆에 있는 작은 호수 주변을 걸었다. 호수를 따라 걸으면서 시부모님과 친정 부모님에게 전화를 걸었다. 또 데이비드에게 전화를 해서 사고에 관한 뉴스를 공개해도 좋다고 말했다. 그런 다음 크게 숨을 들이쉬고 호텔로 돌아가 아이들에게 아빠가 폭발물 사고로 다쳤다고 말해 주었다.

종종 사람들은 어떻게 견뎠냐고 물어본다. 어디에서 힘을 찾았냐고 말이다. 솔직히 말하자면 아이를 키우는 부모에게 주저앉을 여유 따위는 없다. 물론 당시에는 신경안정제 몇 알과 잭대니얼스 한 병이 좋은 해결책처럼 느껴졌지만 말이다.

안타깝게도 스위트룸에서 묶고 있던 아이들은 이미 잠에서 깨어 있었다. 열다섯 살이던 맥은 CNN을 보고 있었는데, 무언가 잘못되었음을 이미 알아차린 듯했다. 어른스럽게도 근심 가득한 얼굴로 침착하려 애쓰고 있었다. TV 화면에 나오는 뉴스를 보자 머리를 망치로 얻어맞은 기분이었다. 금방이라도 눈물이 쏟아질 것 같았다. 나는 화장실로 들어갔다. 하지만 미처 눈물을 흘리기 전에 당시 열두 살이던 캐서린이 문을 열었다. 그녀는 위태로워 보였다. "아빠는 괜찮을 거야"라고 나는 말했다. 그 말을 나 자신도 믿어야 했다. 아이들을 위해서, 나를 위해서, 그리고 밥 자신을 위해서 남편은 무사해야 했다.

다섯 살이던 쌍둥이 노라와 클레어는 아빠가 무릎이 까지는 정도의 상처를 입었다고 생각했다. 맥과 캐서린은 잔뜩 겁에 질렸지만 침착함을 유지했다. 나는 아이들에게 아빠가 병원으로 실려 갔고 훌륭한 군의관들이 아빠를 돌보고 있다고 말했다. 최대한 이해하기 쉽도록 간단하게 설명했다. 아이들과 나를 위해서였다. ABC와 월트디즈니 측에서 집으로 돌아가는 비행기 편을 마련해 주었다. 나는 밥이 이송된 독일의 병원으로 날아갔다. 결정할 것들이 굉장히 많았는데, 어떻게 보면 그 덕분에 견딜 수 있었다.

나는 그날 데이비드와 여러 번 통화하며 자세한 정황을 들었다. 밥과 카메라맨 더그 보그트Doug Vogt는 이라크 타지Taji 근처 미 육군 보병 부대에 파견되어 취재 중이었다. 이라크인들이 순찰을 강화하고 자국을 안전하게 만들고 있다는 점을 보여 주는 것이 취재의 목적이었다. 밥과 더그는 탱크를 타고 5분 전 폭발물 수색이 끝난 길을 따라 이동하고 있었다. 길옆으로 나무들이 서 있었는데, 그 뒤에 숨어 있던 반란군이 수색이 끝나자 뛰어나와 구멍을 파고 급조폭발물을 묻은 다음 돌과 흙으로 덮은 것으로 나중에 추정되었다.

밥와 더그는 탱크 출입구 바깥으로 머리를 내밀고 서 있었다. 나무에 가까워졌을 때 반란군이 폭발물을 폭파했다. 아마 원격조종 장비를 사용했을 것이다. 폭발 당시 남편과 카메라맨은 폭발물로부터 약 7미터 정도 떨어져 있었다. 밥과 더그 둘 다 돌과 흙 등 파편을 맞았다. 많은 양의 파편이 밥의 얼굴과 머리뼈, 그리고 등으로 날아와 박혔다. 폭발 후 밥이 처음으로 한 말은 "저 지금 살아 있나요?"였다.

반란군의 목적은 폭발물로 최대한 많은 군인을 밖으로 유인한 다음 소총으로 사격하는 것이었다. 격렬한 총격전이 벌어졌다. 폭발 이후 의료 헬기가 출동했지만 안전하게 착륙할 수 없는 상황이라 다시 돌아오라는 명령이 헬기에 떨어졌다. 헬기에는 두 명의 젊은 위생병이 타고 있었다. 그들의 지휘관에 따르면 그중 한 명이 무전기를 보며 이렇게 말했다고 한다. "난 아무것도 못 들었는데?" 그러자 다른 한 명이 대답했다. "아무 소리도 안 들렸어."

헬기는 무사히 착륙해 밥과 더그를 싣고 바그다드로 날아갔다. 그곳에서 밥은 상태가 위중하다는 진단을 받았다. 의사들은 그가 살지 못할 것이라고 생각했다. 그들은 밥을 다른 헬기로 갈아태워 이라크 발라드에 있는 미 공군병원으로 이송했다. 병원에서는 뇌가 부으면서 생기는 압력을 제거하기 위해 머리뼈 일부를 잘라 냈다. 모든 일이 한 시간 안에 일어났다.

수술을 마친 밥은 독일에 있는 육군 란트슈툴 지역의료센터로 공수되었다.

나는 병원에 도착해 중환자실로 안내되었다. 어떤 상황인지 상상조차 할 수 없었다. 온도가 낮아야 부기를 완화할 수 있기 때문에 실내가 몹시 추웠다. 밥은 커튼 너머에 누워 있었다. 커튼을 걷자 산소호흡기를 쓰고 침대에 누워 있는 밥이 보였다. 그의 몸에 어림잡아 여덟 개의 관이 연결되어 있었다. 내가 그의 오른쪽에 있을 때는 머리에 입은 부상이 제대로 보이지 않았다. 그래서 그의 상태가 생각보다 양호한 것처럼 보였다. 반대편으로 걸어가자 이내 끔찍한 상처가 눈에 들어왔다. 얼굴 왼쪽이 돌에 짓이겨 있었고 온통 흙 범벅이었다. 머리뼈가 16센티미터 잘려 나갔고 럭비공만큼 부풀어 오른 뇌 때문에 머리가 툭 튀어나와 있었다. 나는 너무 놀라 말을 잇지 못했다. 그러다 생각했다. '자, 여기는 훌륭한 병원이야. 세계 최고의 의사들이 그를 고치고 있어.' 의사 중 한 명이 밥의 CT촬영과 MRI를 보여주겠다고 했지만 거절했다. 작은 희망의 거품 안에 조금만 더 있고 싶었다.

그날 밥을 면회하려면 내 허락이 필요했다. 그의 회복에 대해 속단할 것 같은 사람들은 들여보내지 않았다. 비관적인 사람들도 마찬가지였다. 시간이 지나고 누군가 나에 대해 한 말을 전해 들었다. "아내를 조심하세요. 아무도 그냥 지나갈 수 없어요." 나는 이를 칭찬으로 받아들였다. 금발 머리의 멍청한 여자를 기대했다면 틀려도 한참 틀린 생각이었다. 그들이 만난 사람은 암사자였다.

다음 날인 1월 31일, 밥은 워싱턴 외곽에 있는 앤드루스 공군기지를 거쳐 메릴랜드주 베서스다에 있는 베서스다 해군 병원으로 이송되었다. 그는 36일 동안 혼수상태였다. 부상을 당한 지 2주 반이 지났을 때 목에서 구슬 크기의 돌을 제거하는 수술을 받았다. 목 깊은 곳에 박혀 있던 돌과 경동맥 사이 공간은 겨우 10분의 1밀리미터였다.

목 수술을 받고 얼마 지나지 않아 염증과 폐렴 때문에 다시 죽음의 문턱까지 갔다. 아이들은 많은 것을 궁금해했다. 이제 아이들이 아빠를 볼 때라고 생각했다. 나는 먼저 캐서린을 병실로 데려갔다. 우리는 손을 잡고 있었는데, 밥의 침대를 가린 커튼을 치우려고 하자 캐서린이 바이스(공작물을 끼워 고정하는 기구 – 옮긴이)처럼 내 손을 꽉 잡았다. 아빠의 모습을 본 캐서린은 "아빠, 사랑해요!"라고 외치며 밥의 이마와 뺨, 손에 뽀뽀하기 시작했다. 밥은 눈물을 터뜨렸다. 밥이 들을 수 있다는 첫 신호였다. 그가 아직 살아 있고 우리 곁에 있다는 것을 알 수 있었다. 나는 '어쩌면 다 괜찮을지도 몰라'라고 생각했다.

시간은 천천히 흘렀다. 나는 불안정한 생활에 익숙해졌다. 가장 기초적인 것들이 제일 중요했다. 나는 이를 네 가지로 정리했는데 가족, 친구, 믿음, 그리고 웃음이었다. 물론 이런 여정에서 친구와 가족은 무척이나 중요한 역할을 한다. 혼자서는 헤쳐 나갈 수 없다. 믿음은 또 다른 핵심이다. 내가 만났던 사람들 모두 믿음의 크기가 달랐다. 나는 불교 신자이든, 기독교인이든, 이슬람교도이든, 뭐든 간에 우리보다 더 큰 힘이 존재한다고 믿는 사람에게 더 긍정적인 미래와 회복이 주어진다고 믿었다. 유머 또한 절대로 가볍게 볼 수 없는 요소이다. 농담을 하고 웃다 보며 잠시나마 불행의 힘이 약해진다.

밥의 부상 이후 나는 뇌 외상에 대해 알아보기 시작했다. 그러나 이내 공부를 중단하고 희망의 거품 안으로 다시 들어갔다. 구글 검색이나 인터넷 웹사이트를 보면서 쓸데없이 겁먹고 싶지 않았다. 또 의사들에게 자세하게 질문했다가 최악의 시나리오를 듣게 될까 봐 두려웠다. 물론 병원에서 이런저런 정보를 주워듣기는 했지만, 적극적으로 찾아다니지는 않았다. 그러다 밥이 평생 식물인간 상태일 수 있으니 급성 환자 치료 시설을 알아보라는 이야기를 들었다. 그날 나는 의사에게 이렇게 말했다. "전부 다 이야기해주세요." 나는 열성적인 학생이었다. 손에 잡히는 대로 읽었고 끊임없이 질문했다. 놀랍게도 알면 알수록 더 큰 희망을 얻을 수 있었다.

어느 날 아침 병원에 도착했더니 간호사가 나를 의아하다는 듯이 쳐다보는 것이 느껴졌다. 나는 밥의 병실로 들어갔다. 그는 얼굴에 환한 미소를 띠고 파란 눈동자를 반짝이며 침대에 앉아 있었다. 밥이 말했다. "안녕 내 사랑, 어디 갔다 왔어?" 마치 카페에서 꾸물거린 나를 기다렸다는 듯이 말이다. 나는 입을 맞추고 그의 손을 내 뺨에 댔다. 동시에 상처가 덜한 쪽의 얼굴을 때리고 이렇게 말하고 싶었다. "이봐요 아저씨, 어디 갔다 왔는지 아주 자세하게 말해 줄게." 병실 안에 있던 의사가 말했다. "새벽 네 시께에 일어나서 '내 아래는 어디에 있죠? 내 아래는 어디에 있죠?'라고 반복해서 물었어요." 아래가 아니라 '아내'라고 말하려고 했을 것이다. 기특하다는 생각이 들었다.

그날 병원의 거의 모든 의사가 밥을 보러 왔다. 뇌 손상을 입은 환자가 한순간에 깨어나는 일이 흔치 않기 때문이었다. 대개 서서히 단계별로 회복한다. 밥이 처음으로 던진 질문 중 하나가 동료들에 관한 것이었다. 더그의 부상이 자신보다 덜 심각하다는 이야기를 듣자 밥은 안심했다.

우리는 새로운 회복 단계에 들어섰다. 예상했던 것처럼 밥의 시냅스가 때로는 이상하게 작동했다. 밥은 종종 말을 만들어 내거나 틀린 단어를 썼다. 게다가 꽤 뜻밖에도 프랑스어나 중국어 단어를 내뱉기도 했다. 밥은 어렸을 때 프랑스어를 배웠고 성인이 된 후에 중국어를 배운 적이 있다. 여섯 살이 되기 전에 외국어를 배우면 뇌의 문서 보관함에 저장된다고 한다. 그런데 어른이 되고 나서 배운 외국어는 다른 문서 보관함으로 들어간다. 혼수상태에서 깨어난 직후 밥의 뇌는 영어 보관함에서 적절한 단어를 못 찾자 프랑스어 보관함과 중국어 보관함으로 옮겨 갔다.

베서스다에서 6주간 입원한 후 밥은 집 근처에 있는 재활시설로 옮겨 왔다. 믿을 수 없는 속도로 회복하고 있었지만, 가끔 변덕을 부리기도 했다. 그의 뇌는 신경세포들을 새로 연결하며 일종의 재정비를 하고 있었다. 재활치료 시간에 밥이 바보 같은 농담을 하자 의사는 내게 평소 그의 유머 감각처럼 들리는지 물었다. 나는 바보 같은 농담이 밥의 전문 분야라고 대답했다. 의료진은 밥의 성격이 사고 이전과 바뀌었는지를 관찰했다. 내성적인 성격이 외향적으로 바뀌거나 감정이나 공감 능력이 결여되는 것이 뇌 손상을 입은 환자의 특징이다. 기적처럼 밥은 이러한 증상을 보이지 않았다. 물론 그가 바보 같은 농담을 계속해서 받아 줘야 했지만 말이다.

재활시설에서 3주 동안 입원 치료를 받은 후 밥은 집으로 돌아왔다. 걷고 말하고 웃는 데 아무런 문제가 없었고 하루빨리 일을 다시 시작하고 싶어 했지만, 아직은 조심해야 했다. 게다가 잘려 나간 머리뼈를 메우는 수술을 받기 전이었다. 장기적인 손상이 그의 인지능력에 어떤 영향을 미칠지 확실하지 않았다. 집에 돌아온 직후 어느 날 밤 우리는 〈다빈치 코드〉라는 영화를 보러 갔다. 영화관을 나오면서 밥이 말했다. "무슨 말인지 하나도 모르겠어." 순간 심장이 멎는 것 같았다. 그러나 이내 나 역시 영화의 내용을 전혀 이해하지 못했다는 생각이 들었다. 책을 읽지 않았더라면 복잡한 줄거리를 따라가지 못했을 것이다.

처음 집에 돌아왔을 때 밥은 매우 기뻐했고 자신감에 차 있었다. 초반의 희열이 잦아들고 나자 그는 자신이 무엇을 잃어버렸는지를 이해하기 시작했고 우울해했다. 하지만 이는 오래가지 않았다. 밥은 너무나도 훌륭하게 대처했다. 그의 긍정적인 태도 덕분에 회복이 가능했다. 책을 읽고 운동을 하며 시간을 보냈고 주말에는 언어치료사를 집으로 불렀다.

나 역시 힘에 부치는 날이 있었다. 물에 빠진 사람을 구한 후 쓰러지는 구조대원 같은 기분이 들었다. 실제로 그게 내 모습이었다. 사람들이나 아이들 앞에서는 절대 티를 내지 않았다. 하지만 높이 올라가면 다시 아래로 떨어지기 마련이다. 나는 엉망진창이었다. 감정적으로도 육체적으로도 완전히 고갈되어 있었다.

나는 일상을 내가 한 번에 감당할 수 있는 아주 짧은 순간들로 나누는 요령을 배웠다. 한 번에 하루씩 감당하는 것이 너무 힘들면 한 시간씩 쪼개서 견뎠다. 밥이 퇴원했을 때, 기능을 회복했을 때, 집으로 돌아왔을 때, 다시 일을 시작했을 때 등 작은 성과나 진전을 축하하고 기념했다. 하지만 모든 성과에는 대가가 따랐다. 나는 늘 숟가락에 달걀을 올린 채 옮기고 있는 듯한 기분이 들었다.

너무 많은 것을 감당해야 했기에 가끔 온전히 집중하지 못할 때도 있었다. 하루는 잠옷 차림으로 아이들을 학교에 데려다주고, 게다가 정지신호도 그대로 지나쳤다. 속으로 '리, 지금은 온전한 상태가 아니야. 운전은 너무 위험해'라고 생각했던 것이 기억난다. 아이들에게 무슨 일이 일어나는 것을 바라지 않았다. 인생은 예측할 수 없다는 사실을 애써 무시했다.

어느 날 아침, 밥을 재활시설에 데려다주고 아이들을 등교시킨 후였다. 거실로 들어와 소파에 누웠는데, 갑자기 눈물이 흘러내렸다. 얼마나 오래 울었는지는 모르지만, 어느 순간 머릿속에서 목소리가 들렸다. '다 괜찮을 거야.' 나는 울음을 멈췄다. 평온한 기분이 들었다. 어쩌면 한바탕 정신없이 울지 않으려고 스스로 만들어 낸 목소리였는지도 모른다. 아니면 울 만큼 울었거나, 나보다 더 큰 힘을 가진 나의 믿음에 의존한 것일 수도 있다. 몇 해 전 말기 난소암에 걸린 친구가 이렇게 말한 적이 있다. "나쁜 일이 일어나면 할 수 있는 일은 두 가지야. 억울해하거나 더 나아지거나. 그런데 미움이 가득한 할머니를 좋아하는 사람은 아무도 없어." 나는 그녀의 말을 많이 생각했다.

나는 밥이 회복하려면 시간이 필요하다는 것을 잘 알고 있었다. 누구도 그에 대해 섣부른 판단을 하는 것이 싫었다. 그래서 우리는 거의 1년 동안 매우 사적인 삶을 살았다. 나는 다시 한번 사나운 문지기 역할을 자처했다. 밥이 세상으로 나가기 전에 자신감을 완전히 되찾아야 한다고 생각했다. 밥의 상태가 나아질수록 나도 안정을 찾았다.

많은 사람에게 어려움을 극복한 내 여정이 경이롭다는 말을 들었다. 뉴욕에서 정신과의사로 일하는 친구가 나와 이야기를 나누기 위해 온 적이 있다. 그녀는 엄청난 트라우마를 겪었는데도 내가 지극히 '정상적'이라는 점이 놀랍다고 말했다. 나는 그 말이 칭찬인지 욕인지 혼란스러웠다. 인간의 정신은 우리가 생각하는 것보다 훨씬 더 강인한 회복력을 가지고 있다. 내 모성 본능, 엄마로서 가지는 사랑, 그리고 밥에 대한 사랑이 내 행동의 대부분을 이끌었다고 생각한다. 우리 가족에게 일어난 일로 아이들이 상처받는 것을 원치 않았다. 오히려 더 강해지는 계기가 되기를 바랐다. 아이들의 희망의 크기를 더욱 키우고 싶었다.

34

밥 우드워드

Bob Woodward

20세기에 가장 위대한 정치 및 언론 미스터리 중 하나인 디프 스로트Deep Throat는 리처드 닉슨 대통령과 그의 행정부의 비행을 조사한 밥 우드워드와 칼 번스틴Carl Bernstein의 정보원이었다. 워터게이트로 잘 알려진 사건이다. 디프 스로트의 정체는 철저히 베일에 가려졌다. 오직 우드워드와 번스틴, 그리고 《워싱턴포스트》의 편집장 벤 브래들리Ben Bradlee만이 그가 누구인지 알고 있었다. 러처드 닉슨이 사임한 지 30년이 지난 2005년 5월 31일, 잡지 《베니티페어》에서 디프 스로트가 FBI의 부국장 마크 펠트Mark Felt라는 사실을 밝혔고 이를 밥 우드워드가 확인해 주었다. 밥을 만나는 사람마다 그에게 디프 스로트에 대해 묻는다. 그러나 밥의 이야기는 그것이 전부가 아니다.

이 책에 등장하는 다른 사람들처럼 밥의 결정적 순간은 역대 가장 위대한 탐사보도 기자라는 그의 업적에 많은 기여를 했다. 그가 경험한 전환점은 우리가 관심을 가지고 관찰하고 연구하고 또 진지하게 질문할 때 우리 자신과 세상에 대해 어떤 점을 발견할 수 있는지를 보여 준다.

나는 1950년대 일리노이주 휘턴에서 자랐다. 시카고에서 서쪽으로 40킬로미터 떨어진 휘턴에 휘턴 대학이 있는데, 전도사 빌리 그레이엄 Billy Graham이 다닌 학교이기도 하다. 모두가 그레이엄의 설교 말씀처럼 살아가는 매우 도덕적인 마을이었다. 적어도 겉으로는 그랬다.

아버지는 변호사였다. 고등학교 때 나는 아버지의 작은 로펌에서 청소 아르바이트를 했다. 평일 저녁마다 한 시간씩 사무실을 청소했고 토요일에는 서너 시간씩 일했다. 청소하다 보면 종종 변호사들의 책상에 놓인 서류 파일들이 눈에 띄었다. 그러면 호기심이 발동해서 서류 몇 장을 몰래 보고는 했다. 한번은 반 친구 부모님의 이름이 적힌 파일이 있었다. 꽤 암울한 이혼 사건에 대한 내용이 자세히 나와 있었다.

이미 처리된 사건의 파일들은 다락으로 옮겨 보관했다. 어느 토요일 나는 다락으로 올라가 파일들을 살펴보았다. 세금 사기, 부정행위不 貞行爲, 민사소송, 범죄 수사 등 휘턴 주민들과 관련된 내용들을 읽었다. 내가 아는 사람들도 포함되어 있었다. 나는 인심 좋고 살기 좋은 우리 마을이 허울뿐이라는 사실을 이내 알아차렸다. 곱게 자란 열다섯 살 소년에게 이는 충격적인 폭로나 다름없었다.

그날 다락에서 서류를 들춰 보며 나는 사람들의 말과 행동이 다르다는 사실을 처음으로 경험했다. 이미 처리된 사건들의 파일은 내게 의미가 큰 상징이 되었다. 요즘에도 나는 사람들의 말을 듣고 믿으려고 하는 동시에, 좀 더 솔직한 이야기 혹은 그 이면에 숨겨진 어두운 면을 궁금해한다.

다락에 있던 파일 중에는 10대 소녀가 휘턴 교육청 소속의 공무원과의 불륜 중에 도청 장치를 달고 녹음한 테이프의 녹취록도 있었다. 녹음테이프가 증거로서 가지는 의미를 처음 깨달았던 순간이다. 녹음테이프는 누군가의 기억, 즉 누군가의 손을 거친 사건 정황이 아니라 진실 그 자체이다.

나는 예일 대학에서 역사를 공부했다. 그러면서 공개적인 발언과 진실의 불일치를 보여 주는 예를 더욱 많이 발견했다. 특히 그런 가식은 정치인이나 권력자들에게서 가장 두드러진다는 것을 깨달았다. 역사는 모든 사건을 있는 그대로 기록하지 않는다. 많은 것이 숨겨져 있다. 그래서 진실을 파헤쳐야 한다. 의도는 좋을 수 있으나 때로는 행동이 의도와 일치하지 않고, 대개는 자기를 보호하기 위해서 그런 행동을 한다. 1949년 노벨문학상 수락 연설에서 윌리엄 포크너William Faulkner는 이렇게 말했다. "사람의 갈등하는 마음이야말로 글로 쓸 만한 가치가 있는 유일한 주제입니다." 그의 말은 씨앗이 되어 내 안에서 무럭무럭 자랐다.

예일 대학 졸업 후 해군에 입대했다. 군복무 마지막 해에는 국방부 공보실에서 일했다. 나는 업무와 관련해서 자연스럽게 베트남전쟁과 관련한 극비 문서 일부를 접하게 되었다. 육해군 장성들과 국방부 장관은 대중 앞에서 좋은 소식을 전했지만, 사실 그 뒤에는 굉장히 부정적인 정보들이 감춰져 있었다. 한번은 하노이에 있는 호텔을 실수로 폭격했다는 보고가 들어왔다. 또 공습이 군에서 주장하는 것과 달리 효과적이지 않다는 내용도 있었다. 나는 눈부시게 빛나는 거짓들을 날마다 마주했다.

원래는 해군을 제대한 후 로스쿨을 갈 생각이었다. 하지만 당시 스물일곱이던 나는 '세상에, 졸업하고 나면 서른이네'라고 생각했다. 대학 동기 중에 이미 로스쿨을 나와 대법원의 서기로 일하는 친구들도 있고, 내가 아는 사람들은 온갖 흥미로운 일을 하고 있어서 나는 '서른은 너무 늦어'라고 생각했다. 그때만 해도 나이 서른을 실제로 존재하는 경계선으로 여겼다.

그러다 기자가 좋은 직업이라는 생각이 들었다. 그동안 내 마음속에서 커진 진실에 대한 호기심과 집착을 충족해 줄 것 같았다.

그때 나는 워싱턴에 살고 있었는데, 여섯 블록 떨어진 곳에 《워싱턴 포스트》 사무실이 있었다. 젊음의 무모함과 순진함으로 가득했던 나는 보도국 안으로 걸어 들어가 지역 편집장 해리 로즌펠드Harry Rosenfeld에게 말했다. "저널리즘에 한번 도전해 보고 싶습니다." 관련 경험은 거의 없었다. 대학 시절 졸업 앨범과 대학 출판물을 담당하는 예일 배너에서 일한 것이 다였다. 그런데 당시 《워싱턴포스트》의 회장이던 폴 이그네이셔스Paul Ignatius가 마침 해군 장관 출신이어서 해군에서 복무한 내게 기회를 줄 것을 제안했다. 그렇게 내게 2주간의 실습 기회가 주어졌다.

나는 열 편이 넘는 기사를 썼지만 하나도 신문에 실리지 않았다. 사실 그중 괜찮은 기사는 하나도 없었다. 결국 로즌펠드가 "자네 말이야, 어떻게 기사를 쓰는지 모르는군"이라고 말했다. 나는 이렇게 대답했다. "동의합니다. 하지만 기회를 주신 덕분에 기자직이 제가 진짜로 하고 싶은 일이라는 것을 깨달았습니다." 로즌펠드는 내가 워싱턴 북쪽 끝에 있는 메릴랜드주 몽고메리 카운티의 주간지 《몽고메리 카운티 센티널》에 취직할 수 있도록 도와주었다.

《몽고메리 카운티 센티널》에서 1년 정도 일했는데, 일이 무척 마음에 들었다. 내가 쓴 여러 기사 중에서 몇 편이 《워싱턴포스트》에 실리기도 했다. 하나는 《워싱턴포스트》의 1면을 장식했고 또 하나는 《뉴욕타임스》의 1면을 장식했다. 몽고메리 카운티를 담당하던 《워싱턴포스트》 기자 두 명이 로즌펠드에게 내가 특종기사를 쓰고 있다며 나를 데려와야 한다고 말했다. 1971년 9월 로즌펠드는 나를 기자로 채용했다. 내가 《워싱턴포스트》에 출근한 바로 그날, 향후 워터게이트 사건에 연루되는 하워드 헌트Howard Hunt와 고든 리디Gordon Liddy가 반전론자 대니얼 엘스버그Daniel Ellsberg의 정신과의사 사무실에 몰래 침입하기 위해 워싱턴에서 로스앤젤레스로 향하는 비행기에 올랐다. 물론 당시에는 이러한 사실을 전혀 알지 못했다. 그저 우연의 일치에 불과했다.

《워싱턴포스트》에서 주어진 첫 임무는 야간에 경찰서에서 벌어지는 일을 취재하는 것이었다. 내 적성에 딱 맞았다. 9개월 후인 1972년 6월 17일, 워터게이트 복합건물에 있던 민주당 전국위원회 본부가 도난당하는 일이 발생했다. 날씨가 끝내주게 좋은 토요일이었다. 베테랑

기자들이 처음에는 경범죄처럼 보이던 이 사건을 취재하는 데 관여하고 싶어 하지 않았다. 지역 편집장은 내게 전화했고 나는 뒤도 돌아보지 않고 바로 착수했다. 칼 번스틴 역시 취재 기회를 놓치지 않았다. 그때만 해도 우리는 얼굴만 알고 지낼 뿐 서로를 꽤 못 믿는 사이였다.

물론 닉슨 행정부는 곧바로 사건을 삼류 범죄라고 부르며 어떠한 개입도 하지 않았다고 주장했다. 나는 회의적인 사고방식에 따라 그 주장을 해석했다. 나와 칼은 《워싱턴포스트》의 편집장 벤 브래들리와 발행인 캐서린 그레이엄 Katherine Graham의 전폭적인 지지 아래 사건을 취재했다. 우리가 쓴 기사 한 줄 한 줄이 쌓여 결국 1974년 8월 9일 닉슨의 대통령직 사임으로 이어졌다.

그 후 진실을 전하겠다는 의지가 나를 전진하게 만들었다. 매번 옳은 사람은 아무도 없다. 나는 더더욱 그렇다. 하지만 지도자와 정부가 지속적으로 잘못된 정보를 내놓는다면, 이를 바로잡는 것이 기자의 책임이라고 생각한다.

진실에 닿으려면 땅을 파는 작업이 필요하다. 부시 대통령에 대한 책을 쓰기 위해 조사를 할 때였는데, 한 장군이 계속 나를 만나 주지 않았다. 이메일을 보내고 전화도 했지만 아무런 반응이 없었다. 그래서 나는 그의 주소를 수소문했다. 그리고 화요일 저녁 여덟 시 십오 분에 그의 집으로 가서 문을 두드렸다. 문을 연 장군이 나를 보더니 인상을 쓰며 말했다. "아직도 이런 짓을 하나요?" 그러고는 안으로 들어오라고 손짓했다. 두 시간 동안 대화를 나누면서 내 질문에 거의 모두 대답해 주었다. 누군가 찾아온 것만으로도 그의 강력한 거절 의사가 승낙으로 바뀌었다.

어떤 기사를 어떤 정치적 입장에서 쓰든 간에 나는 항상 진실을 추구한다. 내가 살면서, 그리고 일하면서 느낀 것이 있다면 바로 어딘가에 늘 진실이 존재한다는 점이다. 그저 진실을 찾기 위해 시간과 노력을 들이기만 하면 된다. 여러 면에서 내 인생은 고등학교를 다니던 10대 때부터 크게 바뀌지 않았다. 나는 여전히 아버지의 로펌 다락에 있는 이미 처리된 사건 파일들을 찾아보고 또 그것에서 영감을 받고 있다.

이제 그동안 이 책의 스토리텔러들에게 했던 질문을 나 자신에게 던져 보려 한다. 무엇이 지금의 나를 만들었을까? 나는 이 질문을 던지는 것만으로 강력한 경험을 할 수 있다는 점을 배웠다. 이는 나의 소중한 친구들이 일깨워 준 교훈이다. 스스로를 돌이켜 봄으로써 참된 깨달음을 얻을 수 있다. 성과와 보람, 행복 등 우리가 인생에서 찾는 것은 무엇이든, 타고나거나 살면서 마주친 강력한 영향력과 결정적 순간을 알아보고 이해하며 이를 장점으로 활용해야 얻을 수 있다. 이는 누구에게나 적용되는 진실이다.

이 책의 마지막 장을 넘기면 이 질문을 스스로에게 던지고 진실을 찾기 바란다. 내가 찾은 진실은 이렇다.

어머니는 버지니아 중부에서 자랐다. 외조부모님은 농사를 지으며 땅에서 일군 것으로 살아가는 겸손한 사람들이었다. 스물셋의 나이에 가정을 꾸린 외할아버지는 윌리엄 매킨리William McKinley 대통령의 부름을 받고 미국·스페인전쟁에 참전하기 위해 의용 기병대에 입대했다. 어머니는 사냥과 비행을 매우 좋아했다. 20대 때는 찰스 린드버그Charles Lindbergh를 비롯해 당시 유명했던 젊은 비행사들과 친하게 지냈다. 외가에서 대학을 간 사람이 아무도 없지만, 모두 모험심이 가득하고 임기응변에 뛰어났으며 사업 수완도 좋은 사람들이었다.

아버지는 웨스트버지니아에서도 가장 가난한 광산촌 중 한 곳에서 자랐다. 방이 두 칸인 집에서 대가족이 살았는데, 아기들이 태어났고 친척들이 한동안 머물기도 해서 항상 먹을 것이 부족했다. 할아버지가 아내와 자식들을 버리고 집을 나가자, 혼자 힘으로 가족을 돌볼 수 없었던 할머니는 자식 중 몇몇을 멀리 보내야만 했다. 그래서 아버지는 어린 시절에 고아원에서 보낸 적이 있다. 아버지 가족은 살아남기 위해, 식탁에 음식을 놓고 난로에 불을 지피기 위해 애썼다.

돌이켜 보면 프로야구선수가 되는 것이 내가 유일하게 꿈꾼 장래 희망이었다. 나는 버지니아의 내 방에서 지직거리는 트랜지스터라디오로 뉴욕 양키스의 야구 경기 중계를 듣고는 했다. 미키 맨틀Mickey Mantle은 내 영웅이었다. 야구장 위에 오른 내 모습을 상상하면서도, 그것이 비현실적인 희망이라는 것을 누구보다 잘 알고 있었다.

사실 운동선수들이 내 인생에서 매우 핵심적인 역할을 했다. 물론 내가 상상했던 방식은 아니었지만 말이다.

형과 나는 버지니아주 알링턴에 있는 워싱턴리버티 고등학교를 다녔다. 나는 운동을 매우 좋아했다. 12학년 때는 미식축구 코치이자 체육부 감독으로 카리스마가 넘치던 존 C. 영블러드John C. Youngblood와 좋은 친구처럼 지냈다. 수많은 학생이 그를 우상으로 삼았다. 그는 내 롤모델이었다. 나도 그처럼 체육부 감독이 될 수 있다고 생각했다. 어쩌면 대학에서 운동을 가르칠지도 모른다고 말이다. 고등학교 졸업 후 15년 동안 나는 계획한 대로 움직였다. 대학에서 체육을 전공했고, 졸업 후에는 내가 다닌 중학교의 교사이자 미식축구 수석 코치로 부임했다. 몇 년 후 나는 석사학위를 땄고, 젊은 나이에 조지워싱턴 대학의 체육부 부감독이 되었다.

조지워싱턴 대학에서 일한 지 5년이 되던 해, 체육부 감독이 은퇴를 선언했고 후임으로 내가 확실시되었다. 그런데 해리 로즈가 《포춘》지에 실린 운명적인 기사 하나를 보내며 함께 강연 에이전시를 차리자고 제안했다.

잡지 기사에 붙은 친구의 농담 섞인 메모를 폴라는 진지하게 받아들였다. 나는 그녀 역시 농담하는 것이라고 여겼고 말도 안 되는 생각이라고 일축했다. 나는 고등학교 때부터 벗어난 적이 없는 길을 걷고 있었다. 그리고 드디어 그 결실을 맺기 직전이었다. 나는 오래전에 존과 함께 세운 계획을 착실하게 이행하고 있었다.

폴라는 뜻을 굽히지 않았다. 그녀는 그동안 대학 체육부를 개선하기 위한 내 생각이 받아들여지지 않을 때마다 내가 크게 실망하는 모습을 옆에서 보아 왔다. 대학 체육부를 포함해 교육기관의 거의 모든 결정이 위원회에서 내려지는데, 위원회는 대개 정치적이며 행동보다는 말이 앞서는 편이다. 나는 폴라의 말이 맞다는 것을 알면서도 그동안 그런 행태에 익숙해 있었다.

폴라는 몇 해 전 일어난 일을 다시 상기시켰다. 대학원 시절 나는 지역 커뮤니티 수영장에서 부감독으로 일했다. 일이 나쁘지 않은 데다 여름방학 동안 돈을 벌어야 대학원 학비를 마련할 수 있었다. 일주일에 한 번 정도, 대개 금요일이나 토요일에 수영장이 폐장하면 직원들만 남아 맥주를 마셨다. 규정상 허용되지 않았지만, 내가 열두 살 때부터 알고 지낸 감독은 직원들의 사기를 높이는 데 좋다고 생각해 못 본 척 넘어가 주었다. 어느 날 밤, 우리는 평소보다 많은 친구를 초대하기로 했다. 파티가 시작되고 한 시간 정도가 흘렀다. 근처에 살던 이사회 회원 중 한 명이 수영장에 불이 켜져 있는 것을 보고 감독에게 전화를 걸었다. 이내 감독이 모습을 드러냈고 파티는 끝이 났다. 다음 날 나는 해고되었다.

나는 일부러 그 일을 생각하지 않았고 시간이 지나면서 농담처럼 웃어넘겼지만, 폴라는 내가 늘 괴로워한다는 것을 알았다. 그녀는 내가 성공 또는 실패를 스스로 결정하지 않으면 행복할 수 없다는 것도 알고 있었다. "당신은 자신의 운명을 스스로 결정하지 못하거나 제어하지 못하면 진정한 행복이나 자신감을 절대 찾지 못할 거야"라고 그녀는 말했다.

나중에 안 사실이지만, 폴라의 조언은 비단 커리어에 관한 것만이 아니었다. 우리의 위대한 성공의 밑바탕이 된 철학, 즉 기업가정신의 본질을 이야기했던 것이다.

폴라의 선견지명 덕분에 나는 존 C. 영블러드의 진짜 재능을 알게 되었다. 내게 청사진을 제공한 것이 아니라 나 자신을 믿도록 영감을 불어넣어 준 것이 그의 진짜 재능이었다. 나 자신을 믿기 시작하자 무한한 가능성이 열렸다. 나는 터무니없는 생각이 현실이 되는 그런 인생을 살게 되었다.

나는 존 C. 영블러드에게 많은 것을 빚졌다. 그는 누구나 살면서 만나기를 바라는 결정적인 길잡이였다. 하지만 그보다 많은 것을 폴라에게 빚졌다. 폴라는 내가 혼자 힘으로는 상상조차 할 수 없었던 인생을 대신 그렸다. 다른 무엇도 아닌 그녀의 통찰력, 선견지명, 그리고 집념이 완벽한 타이밍에 내 인생을 바꾸었다. 그렇게 완전히 새로운 세계가 내 눈앞에 펼쳐졌다. 폴라가 없었다면 워싱턴 스피커스 뷰로는 탄생하지 않았을 것이다. 이 책도 쓰이지 않았을 테고, 인상 깊은 일화들도 세상의 빛을 보지 못했을지 모른다.

모든 것이 바뀌는 변화의 순간을 알아차리는 것은 매우 강력한 경험이다. 내 인생이 그 증거이다.